KB170489

사무실의
정치학

THE OFFICE POLITICS HANDBOOK by Jack Godwin, PhD
Copyright © 2013 Jack Godwin, PhD.
Original English language edition published by Career Press, Inc.,
12 Parish Drive Wayne, NJ 07470 USA.
All rights reserved
Korean translation rights © 2018 ECHAK
Korean translation rights are arranged with Career Press
through Amo Agency Korea

이 책의 한국어판 저작권은 AMO 에이전시를 통해 저작권자와 독점 계약한 이책에 있습니다.
저작권법에 의해 한국 내에서 보호를 받는 저작물이므로 무단 전재와 무단 복제를 금합니다.

권력이 강한 사람에 맞서
어떻게 스스로를 방어할 것인가?

사무실의 정치학

잭 고드윈 지음 | **신수열** 옮김

THE
OFFICE
POLITICS
HANDBOOK

이책

인간은 모두 정치적 동물이다

내가 대인관계와 정치라는 주제에 매료된 것은 어린 시절부터였다. 나는 1960년대와 70년대에 아버지와 어머니, 형 둘과 남동생 하나로 이루어진 캘리포니아 남부의 매우 전통적인 가정에서 자라났다. 자족적이고 창의적이며 조금 내성적인 이른바 평범한middle 아이였던 나는 어찌어찌하다가 우표 수집에 흥미를 가지게 되었다. 인터넷이 없었던 그 느리게 돌아가던 시절에도 우표 판매상들에게는 우표 수집가들을 찾아내는 방법이 있었고, 그들은 내게 전 세계의 우표가 가득 들어 있는 소포들을 보냈다. 나는 우표에 실린 나라들의 역사, 지리, 문학, 그리고 당연하다는듯 정치에 관한 공부의 필요를 느끼게 되었고, 빠르게 늘어나는 우표만큼이나 나의 공부에도 속도가 붙었다.

나는 우표 수집이라는 취미, 중간에 끼인 출생 순서, 그리고 성격이 어떻게든 작용하여 어린 시절부터 정치학을 견습한 셈이다. 이른바 평범한 아이였기 때문에 주목은 덜 받았지만, 가족의 일상적인 삶의 정치 역학을 관찰하는 데 알맞은 기질과 사려 있는 관점이 내게는 있었다. 그러한 성장 과정 중에 배운 첫 번째 정치적 교훈은 이렇다. **여러 부류의 사람들이 동석한 자리에서는 절대로 정치나 종교를 논하지 말라.** 주지하듯 정치와 종교는 분열을 부추기고 감정을 북받치게 하여 불가피하게 다툼과 악감정을 초래한다. 바로 이 등식—**정치는 정서적 긴장 상태다**—때문에 정치에 관한 대화는 저녁 식탁에서 엄격히 금지된다.

정치를 그처럼 민감한 주제로 만드는 것은 무엇일까? 그것은 권력power과 관계가 있다. 권력은 인간 존재와 함께하는 삶의 기본적인 조건이며, 우리의 삶에서 피할 수 없는 객관적 현실이다. 이때 권력이란, 단지 누구나 피할 수 없는 삶의 현실인 데 그치지 않고, 사회과학자들을 위한 매혹적인 주제가 된다. 심리학자들은 권력을 탐탁하지 않은 주제로 느낄 수도 있겠지만, 권력이 대인관계에 있어 하나의 중요한 차원임을 그들도 기꺼이 인정한다. 사회학자들에게도 권력은 정의하기 어렵고 그 개념의 운용은 그보다 훨씬 더 어려울 수 있으나, 그들 역시 둘 또는 그 이상의 사람과 집단들이 서로 영향을 주고받는 사회적 상호작용에서 권력을 중요한 변수 중 하나라고 인식한다.

정치학자인 나에게도 권력은 대단히 흥미로운 주제이며, 우리의 대인관계와 인간 사회에서도 매우 중요한 차원이라고 말하고 싶다. 권력은 정치학 이외의 모든 사회과학에서도 실로 중요한 개념이지만, 무엇보다도 정치학에 있어 그야말로 한 점의 의혹도 없이 최고의 개념이다. 정치학에서는 권력에 관한 양면가치란 없으며, 오직 권력에 대한 열광만이 있을 뿐이다. 이것이 정치학이 다른 모든 사회과학과 구별되는 지점이다.

내가 첫 책을 준비하던 시절에 나는 내 연구실에서 일하는 한 학생의 추천으로 스티븐 킹Stephen King의 《글쓰기에 관하여On Writing》를 읽게 되었다. 킹의 팬도 아닌 내게 그는 "그저 그렇고 그런 종류의 책이 아니에요. 그 책은 글쓰기를 다룬 회상록이지요. 2000년에 나왔어요. 차 사고를 당한 후에 말이에요. 꼭 읽어보세요"라고 말해주었다. 그래서 그 책을 읽게 되었고 특히 한 구절이 기억난다. 킹의 말에 따르면, 작가는 동시에 다른 작가들의 독자이자 팬이다. 만약 당신이 꽤나 독서를 즐기는 사람이라면, 당신은 아주 잘 쓴 어떤 글을 읽을 때 종종 혼자 이렇게 중얼거린다. '나는 절대로 저렇게는 못 쓸 거야.' 이러한 생각은 결국 당신이 읽는 어떤 글이 너무 형편없어서 '나도 저것보다는 잘 쓸 수 있어'라고 혼자 중얼거리는 순간이 온다는 의미이기도 하다. 즉 독서를 즐기는 당신은 나름의 글쓰기의 지식과 기술을 습득하고 있는 것이다.

그리고 어떤 책을 읽다가 킹의 통찰이 떠올랐던 적이 있었다. 문제의 문구도 기억할 수 있다. 어느 매우 유명한 작가가 '20세기의 마지막 10년 무렵이면'이라고 썼는데—이 작가의 이름은 계속 익명으로 두려고 한다―나는 나름 계산을 하여 '1990년 무렵이면'이라고 했다면 독자가 더 간결하게 이해할 수 있었을 것이라고 결론을 내렸다. 킹의 책에서 얻은 조언은 내가 글을 쓰는 데 씨앗이 되었고, 그 씨앗이 자라나 나의 첫 책과 다른 책, 그리고 지금의 이 책이 되었다.

언어를 공부하기 위해서는 언어를 학습해야 한다는 말이 있다. 이 동어 반복의 말과, 작가는 또한 다른 작가의 독자이자 팬이 되어야 한다는 킹의 주장에 차이가 있는 걸까? 만약 당신이 어떤 작가를 온전히 이해하려면 당신은 그 작가가 쓴 언어의 **팬**이 되어야 한다. 팬이 된다는 것은 공부하는 학생이 되는 것과는 한 가지 중요한 점에서 다르다. 팬에게는 열정이 있다는 것이다. 팬이 된다는 것은 필요한 지식과 기술을 얻기 위해 몇 주, 몇 달, 그리고 몇 년을 (열정적으로) 쏟아 부어 공부하고 연습하고 읽고 쓰고, 그리고 고쳐 써야 한다는 것을 의미한다. 마찬가지로 정치의 팬이 되는 데도 못지않은 헌신과 열정이 필요하다. 이 책은 많은 은유를 사용하고 있기 때문에 접근이 용이하지 않다. 또한 정치와 정치적 개념에 익숙하지 않은 독자에게는 더욱 쉽지 않다. 그럼에도 불구하고 당신은 정치의 팬이 되어야 한다. 하지만 안타깝게도 정치는 인간 본성 안에 깊이 뿌리를 내리고 있기 때문에 팬의 열정만으로는 충분하지가 않다.

이 책을 쓰려는 구체적인 계획은 하와이 대학 대학원생 시절로 거슬러 올라간다. 내가 치러야 하는 종합시험(박사학위 지원자가 정식으로 논문을 쓰기 시작하기 전에 통과해야 하는 시험)에 정치학에서 권력이 맡는 역할에 관한 문제가 나왔는데, 이것은 내가 기억하는 과거 어느 순간에도 나의 흥미의 대상이 되지 않은 적이 없었던 주제였다. 아무튼 시험을 통과하고 대학원에 진학해 나는 계속 그 문제에 골몰했다.

몇 년 뒤 나는 샌프란시스코에서 론 오언스Ronn Owens가 진행하는 프로에 나가 라디오 인터뷰를 하게 되었다. 1시간 분량의 인터뷰가 끝날 무렵 화제는 다가오는 주지사 선거전으로 옮겨갔다. 얼굴을 찌푸리며 론은 캘리포니아의 상황이 좋지 않은데 **애초에 왜** 그런 어려운 직무를 원해 선거에 뛰어드는 사람이 있는 것이냐고 내게 물었다. 나는 정치란 권력에 관한 것이고, 삶에서 귀하게 여기는 다른 가치, 가령 부, 건강, 존경, 도덕, 사랑 같은 것들보다 권력의 획득을 더 중요하게 여기는 사람들도 있는 법이라고 말해주었다. 이 개인들은 정치적 행동이 다른 유형의 행동보다 그들의 이익에 더 기여할 것이라는 타산打算을 하고는 권력 추구에 기댄다. 그리고 그들은 권력이 자신의 삶에서 경시(또는 박탈)한 다른 가치들을 보상해줄 것이라고 기대하며, 그런 식으로 그들의 권력 추구를 정당화한다. 만약 이러한 개인들에게 권력 이외의 가치가 있다면,

그것은 그러한 가치들이 그들의 권력욕 충족에 도움이 되기 때문이다.

간략하게 말해서, 남달리 권력의 문제에 능한 사람들도 있고 그렇지 않은 사람도 있지만, 결국 우리는 모두 정치적인 동물이다.

오래 전 아리스토텔레스가 만든 이 구절의 말처럼 우리는 누구나 정도의 차이는 있지만 권력을 추구하는 정치적 동물이다. 동물이라 불리는 것이 반드시 모욕은 아니겠지만 그렇다고 그리 경의를 표할 만한 것도 아니다. 이러한 약식 언명을 타당하게 해주는 것은 무엇일까? 정치를 싫어하는 사람은 동의하지 않는다 하더라도 정치적 행동은 인간 본성의 본질적 요소, 즉 원시적이고 본능적인 요소라는 것이다. 이 맥락에서 **원시적**이라는 단어는 정치가 지극히 자연스러운 것이고 사람들은 유사 이래로 **본능적**으로 정치적 충돌을 벌여왔다는 점에 유의해야 한다. '정치'는 박테리아가 당신의 몸을 감염시켜서 당신을 아프게 하듯 인간 종족 안으로 침투한 외래의 실체가 아니다. 정치적 행동이란 애초에 인간 종족 안에 고착화되어 있는 것이다.

그럼에도 불구하고 피를 보고는 질겁을 하는 사람들처럼 정치와 권력에 대해 비위가 약한 사람들이 있다. 혈액 공포증에 시달리는 사람들은 인간의 피든 동물의 피든, 심지어 피가 찍힌 사진조차 역겹게 여긴다. 피에 대한 이러한 공포의 기원은 알려져 있지 않다. 정치 또는 권력에 대해서도 이러한 공포 또는 혐오가 존재한다. 이러한 공포를 낳는 원인은 무엇일까? 확신할 수는 없지만 나는 그 기원이 정치만큼이나 인간의 본성, 즉 인간 종족 누구나 공유하는 원시적이고 본능적인 **집단적 요소** 안에 깊숙이 파묻혀 있다고 믿는다. 그리고 정치와 권력에 대한 공포감에도 불구하고 정치가 사람 안에 있는 최선을 끄집어낼 수 있다고 나는 믿는다. 왜냐하면 정치의 주체는 사람이며, 사람은 분명 옳고 그름을 인식할 수 있는 능력을 가졌고 사랑을 실천할 훌륭한 역량을 가졌기 때문이다. 하지만 그렇다고 해서 착각하지는 말자. 정치는 권력에 관한 것이며, 권력은 사람을 부패하게도 하니까.

그렇다면 권력이란 무엇인가? 한 인간이 다른 인간에 대한 통제를 용이하게 하는 것이 있다면 그것은 권력이다. 직장이나 조직이라면 상사가 권력의 주체가 되고, 친구 사이라면 직업, 경제력, 리더십 등이 권력으로 작용할 수 있다. 부모와 자식, 부부 사이에서도 권력의 역학 관계는 존재한다. 권력은 정치학을 다른 모든 사회과학과 구별하는 개념이다. 만약 이 개념이 없다면 정치학에 대한 필요는 전혀 존재하지 않을 것이다. 정치란 무엇인가? 권력이 개입되는 사회적 상황이 있다면 그것은 정치이다. 즉 한 사람(또는 그 이상)이 다른 사람을 통제하는 상황에는 반드시 정치가 개입한다. 정치의 본질은 자기이익이다. 자기이익은 정치 행위의 성공을 측정하는 가장 신뢰할 만한 기준이다. 다른 분야들도 성공을 측정하는 그들 자체의 기준과 방식이 있지만, 정치 역시 자기이익이라는 독자적인 성공 기준이 존재한다.

《사무실의 정치학》은 정치를 싫어하지만 자신의 주변 어디에서나 일어나는 권력 게임에서 자신을 지키고 더 효과적으로 자신의 이익을 얻어내는 기술을 배우기 위한 책이다. 이 책은 스티븐 킹의 글쓰기 기술에서 몇 가지 조언을 얻었다. 특히 그가 사용하는 '공구상자'의 개념은 작가가 자신에게 주어진 글쓰기 작업이라는 목적을 처리하는 데 필요한 모든 기술, 책략, 그리고 글의 구성 원리들, 즉 도구들을 기술하기 위한 은유로 사용됐다. 이 공구상자의 은유는 이 책의 목적을 달성하기 위해서도 도움이 된다. 왜냐하면 그것은 정치의 언어가 전쟁과 무기라는 폭력적인 이미지를 넘어설 수 있도록 돕기 때문이다. 나아가 이 공구상자 은유의 압권은 정치와 글쓰기가 길러낼 수 있는 기술이라는 발상이다. 이 기술들은 함양하면 함양할수록 예리해져서, 단지 **어떻게**의 기술인데서 그치지 않고 **얼마나 잘**의 기술로 발전할 수 있다.

이 **얼마나 잘**이라는 발상이 중요한 것은 정치가 권력, 즉 권력의 획득, 권력의 분배, 그리고 권력의 사용과 남용에 관한 것이기 때문이다. 이 **얼**

마나 잘을 나는 정치의 경제학이라 부르고 싶다. 정치는 섬뜩하고 모욕적이며 잔인할 수 있지만, 반드시 폭력적이지만은 않다. 정치와 권력은 결국 사람이 어떻게 하느냐에 따라 결정되기 때문이다. 이 점 때문에 **얼마나 잘**이라는 발상은 정치와 권력이 인간에 대한 이해, 도덕성, 자기숙달과 연관될 수밖에 없다. 권력은 유용한 도구이지만 상대의 굴복을 강요하기 위해 처벌의 위협이나 보상의 약속이라는 수단을 상습적으로 사용하는 사람들-인간에 대한 이해와 자기숙달이 부족한 사람들-에게는 무딘 도구이다.

정치의 핵심은 정확히 필요한 만큼의 권력을 사용하는 것이며, 그렇기 때문에 당신은 다양한 유형의 권력들, 그것들을 사용하는 방법, 그리고 못지않게 중요한 것으로 누군가가 당신에게 불리하게 작용하도록 그러한 권력들을 사용하고 있을 때 그것들을 인지하는 방법에 관해 알아야 한다. 다양한 유형의 권력들을 알아두고, 인지하며 그리고 사용하는 것은 당신의 리더십 능력을 키우기 위한 필수적인 단계이다. 리더십은 정치의 공구상자 안에 들어 있는 연장이며, 내가 당신에게 그 사용법을 제일 먼저 익히라고 추천하는 연장이다. 그런 이유로 나는 이 책을 썼다. 그리고 그런 까닭에 당신은 완전한 공구상자를 가져야만 한다. 진정한 리더십은 굴복을 강요하기 위해 처벌의 위협이나 보상의 약속에 의존하지 않는다. 리더십은 조직도 상에서 당신이 놓인 위치에서 나오는 것이 아니라 **추종자**의 반응으로부터 나온다. 리더십은 수완을 필요로 하지 않는다. 리더십은 강요가 아닌 구성원들의 자발적 동의를 필요로 한다. 리더십을 갖출 때 당신은 평범한 정치적 동물과 뚜렷이 구별될 것이다.

● ● ●

이 책은 일곱 개의 장으로 되어 있다.

1장 〈왜 우리에게 정치가 필요한가?〉에서는 왜 인간이 정치적 동물이며, 왜 사람들은 권력 추구에 열을 올리는지, 그래서 왜 우리에게 정치가 필요한지에 대하여 상세하게 논의된다.

2장 〈우리가 알아야 할 미시정치의 법칙〉에서는 인간의 본성에 뿌리를 두며 우리의 선호에 구애받지 않는 정치 특유의 논리와 규칙들이 요약된다. 또한 이 장에서는 사람들의 개인적 특성이 그들이 배우고 소통하고 신호를 주고받고 정보를 분류하는 방식에 어떻게 영향을 주는가에 대한 논의가 진행된다. 더불어 이러한 개인적 특성, 정치 논리와 규칙들이 어떻게 정치를 가능성의 예술로 만드는지, 그리고 이를 가능케 하는 객관성 감각과 자기숙달에 대해 언급한다.

3장 〈미시정치의 신비로움〉에서는 왜 '개인적인 것이 정치적이며', 왜 정치적인 것이 개인적인 것인가를 설명하며 모든 조직은 정치적일 수밖에 없음을 논의한다. 이 장에서는 또 정치적 갈등의 구조, 권력의 다양한 수단들, 그리고 유형pattern 인식의 과정이 서술된다. 또한 우리의 지각에 심대한 영향을 미치며, 정치의 신비를 알아보는 당신의 능력을 방해하는 문화적 조종의 막강한 영향력에 관해서도 언급할 것이며, 이 정치 시스템이 같은 또는 다른 시스템과 상호작용하는 복합 시스템임을 설명할 것이다.

4장 〈내면으로의 여행〉은 독자가 인간 본성 안에서 작용하는 문화적 및 집단적 힘들, 그리고 정치적 동물이 이따금씩 드러내는 공격적 특성들을 이해하는 일을 돕는다. 이 장에서는 또한 당신의 원칙에 인도되는 주체적 결정의 행위자(자율적 행위자)로 살기 위한 자율적 동의와 개성 형성, 그리고 자기숙달의 의미가 설명된다.

5장 〈원형이란 무엇인가?〉에서는 원형archetype으로 알려진 보편적인 행동 유형과 행동 양식을 소개한다. 당신은 이 장에서 중요한 결정들에 대한 영향력을 얻기 위해, 즉 상대방의 계획을 방해하고 그의 약점을 최대한 활용하며 그리고 싸우지 않고도 이기기 위해 정치적 원형들을 어떻게 사용할 것인가를 보게 될 것이다.

6장 〈미시정치의 신들: 8개의 정치 원형〉은 이 책의 핵심이다. 여덟 가지의 정치적 원형들, 즉 섬김의 리더, 반항인, 멘토, 은둔자, 유도 사범, 저항인, 기회주의자, 그리고 생존자에 관해 구체적으로 설명하려 한다.

　7장 〈어떤 삶을 선택할 것인가?〉는 이 책의 요약에 해당하는 부분으로, 나의 개인적 여정을 파고들며 왜 힘의 우월이 지적 전략을 당하지 못하는가를 설명한다. 미시정치의 필요성을 다시금 환기시키는 이 장에서는 삶의 고난과 역경은 필연적이며, 이러한 삶에서 우리는 어떤 선택을 하고, 어떻게 살아야 할지에 대한 마지막 당부를 전한다.

| 대명사에 관한 메모 |

책을 쓰는 저자들은 편의를 위해 으레 남성 대명사를 사용한다. 이 책의 목표 독자의 성별을 국한할 이유는 전혀 없지만 나는 정반대로 하기로 선택했다. 내 주변에는 근면하고 똑똑하며 교양 있는 여성들이 넘쳐난다. 나의 가족들도 그러하다. ('근면하고 똑똑하며 교양 있음'은 나의 가치 체계에서 상위를 차지한다.) 나의 아내와 나는 함께 딸 하나를 키우고 있다. 나는 언젠가 그녀가 이 책을 읽게 되기를 바라며, 그래서 그녀를 염두에 두고 가급적이면 여성 대명사를 사용하려고 한다.

1장
왜 우리에게 정치가 필요한가?

모든 부위들, 뇌와 몸, 신경조직과 섬유조직은 가장 정교한 강도에 맞추어졌고, 그 모든 부위들 간에는 완벽한 균형 또는 조화가 있었다. 행동을 필요로 하는 광경들, 소리들 그리고 사건들에 그는 번개 같은 속도로 반응했다.

그는 동일한 순간에 인지하고 결정하고 반응했다. 실제로는 인지하고 결정하고 반응하는 세 개의 행동은 순차적이었지만 그들 사이의 시간의 간격이 너무 극미하여 동시적인 듯 보였다.

생生은 기쁨과 흉포함으로 눈부시게 넘쳐나며 그를 관통하여 흘렀고, 이윽고 그를 순전한 황홀경 속에 터뜨려 산산조각내고는 아낌없이 솟구쳐 나와 세상에 넘칠 것 같았다.

잭 런던Jack London, 《야성의 외침Call of the Wild》(1903)

이 책은 권력 게임을 싫어하지만 사람들이 있는 곳에서는 어디에서나—상사와 부하 직원, 교사와 학생, 부모와 자녀, 그리고 친구, 동업자, 배우자들 사이에서—정치가 일어난다는 것을 인정할 수 있는 사람들을 위한 책이다. 정치는 어느 나라, 어느 문화에서든 일어난다. 정치는 공식적 및 비공식적 상황에서, 그리고 모든 종류의 조직 안에서—정부, 기업, 학술 기관 및 종교 기관, 그리고 가정에서—일어난다.

다행스럽게도 우리 현대 사회에서는 권력의 독점이란 없다. 다만 개인과 기관들이 그 안에서 권력의 지분을 얻기 위해 서로 경쟁하는 일종의 '권력 시장'(불완전하고 비효율적이며 비이성적이기는 하지만) 이 각 분야에 존재할 뿐이다. 만약 당신이 당신의 삶과 인간관계에서—당신의 상사, 직장 동료, 친구, 가족들과의 관계에서—더 많은 권력을 가지고 의사 결정에 더 중요하게 참여하고 싶다면 당신은 계속 이 책을 읽어야 할 것이다. 왜냐하면 이 책은 인간관계에 있어 힘의 균형을 당신에게 유리하게 옮기도록 도와줄 터이니까. 만약 당신이 스스로 '이 책을 왜 샀을까?'라고 자문하고 있었다면, 곧 깨닫게 될 것이다. 우리 가운데 비참하게 끝난 언쟁에 관여한 뒤 그 당시 '무슨 말을 해야 했을까?', 그리고 달리 '어떻게 행동해야 했을까?'라고 생각하며 그때 당시의 장면을 뇌리에서 재현해보고 후회하지 않은 사람이 과연 얼마나 되겠는가.

정치에는 신비로움, 즉 중요하다고 여겨지면서도 사람들이 잘 알지 못하는 무엇이 있다. 정치의 신비로움 때문에 권력—권력의 획득과 권력의 분배—은 특별한 의미를 띠게 된다. 정치의 이 신비로움은 인간 삶의 토대 자체에 뿌리를 둔 것이며, 권력, 자유, 안전에 대한 우리의 가장 기본적인 본능을 충족시킨다. 많은 세대들이 태어났다가는 떠나가고, 출현한 지 수십 년이 흘러 나라 전체가 붕괴하기도 한다. 정치 지도자들은 얼마 동안 지배하고 군림하다가는 결국 반대 세력과 경쟁 세력이 나타나 권력의 평형을 다시 파괴한다. 새 지도자가 권좌에 오르는 것은 당연하다. 당연히 반대 당파들은 저항하며, 권력의 주기는 다시 시작된다. 이와 같이, 권력은 정치의 법칙에 따라 분배되고 재분배된다.

정치는 인간의 본성

견해를 달리하는 학자들도 있겠지만, 나는 전체적으로 보아 인간 본성이 변화(개선 즉 진보라는 의미)했다는 어떤 증거도 찾을 수 없다. 우리의 조상들은 알지 못한 무수히 많은 문화 발전, 발견, 발명, 과학기술, 그리고 수백 년에 걸친 이른바 진보라는 것을 감안해도 사정은 마찬가지다. 이 새로운 것들로 인해 인간 본성이 이전 세대보다 더 진보한 것처럼 보인다. 이는 아주 가까운 곳에서 일어나는 사건들이 멀리 떨어진 곳에서 일어나는 사건들보다 더 중요해 보이는 것과 마찬가지다. 이러한 경향 때문에 최근의 사건이 역사 속의 사건보다 더 중요하다는 인상을 갖게 됨은 분명하지만, 나는 우리가 동굴에서 나와 걸어온 긴 여정이 우리 인간의 본성에 거의 영향을 주지 못했다고, 아니 전혀 영향을 주지 못했다고 믿는다. 이는 인간 본성이 생명이 없거나 휴면 중이어서가 아니라 완성된complete 것이기 때문이다. 완성된 것이라 표현할 때 나는 그것을 완벽한perfect이라는 뜻으로 사용하는 것은 아니다. 인간의 본성이란 원시적이고, 본능적이며, 이따금 품위 있기도 하고, 종종 혐오를 일으키는 성질의 것이다. 우리가 이러한 인간의 본성 ─그 어두운 면과 밝은 면까지도─ 을 제대로 이해한다면 다음과 같은 객관적 사실을 받아들여야 한다.

우리는 누구나 자기 몫의 인간 본성을 가지며, 정치는 인간 본성에 뿌리를 둔다. 그러므로 우리는 누구나 정치를 위한 잠재력과 능력을 가지고 있다.

이 말에 이의를 제기하는 것은 우리 내면에 내재된 인간 본성의 조건을 외면하는 것이다. 어느 누구도—남자든 여자든—이 본질적 제약에서 벗어날 수 없다.

하지만 이 제약의 범위 안에서도 운신할 수 있는 공간은 존재한다. 이 공간은 핀의 머리보다 작을 수 있고 그 시간 간격은 불과 1초밖에 지속되지 않을 수도 있지만 그것은 관리가 가능하다. 그렇게 하기 위해서는 당신의 주의와 기운은 이 공간에 집중되어야 한다. 정치적이라는 당신의 인간성을 부정할 것이 아니라 그것의 낯을 익혀 당신의 정치 본능들을 짚어 봐야만 한다. 당신이 정치를 혐오하거나 무관심하다고 하여 이 조건들—정치를 위한 잠재력과 능력—을 외면하면 당신과 당신이 보호하고자 하는 사람들은 보호받지 못할 것이다. 당신은 당신의 인간 본성을 알아봐야 하고 나아가 타인 안의 그것을 알아볼 수 있어야 한다. 명확한 적을 상대할 때는 물론이고 친구를 대할 때도, 인간관계 안에 정치를 최소화하려 할 때도, 그리고 필요시 자신을 방어하려 할 때도 이것은 삶과 사무실에서 지극히 중요하다.

그렇다면 어디서부터 시작해야 할까? 아마 이 책은 상호 의존의 이론이면서 동시에 독립 선언이라 할 수 있다. 왜냐고? 정치는 최소한 두 사람 이상이 필요한 상호적이고 즉각적인 반응이 요구되는 즉응적인 것이기 때문이다. 그래서 당신은 당신의 적에게 다가가 접촉해야만 한다. 이론과 실제 사이의 차이, 즉 정치에 관한 글을 읽는 것과 당신이 행동한 결과를 물리적으로 경험하는 것에는 차이가 있다. 당신이 착수한 일들이 당신이 바라고 기대한 바로 그대로 전개되고 있을 때조차 상황이 한창 고조되어 급변할 때는 객관적 태도를 유지하기 어렵다. 객관적 태도를 유지하려면 특별한 기술이 필요하다. 다행스럽게도 이것은 당신이 길러낼 수 있는 기술이다.

우리의 정치 이해는 개인으로부터 시작해야 하지만 거기에 머물러서는 안 된다. 전적으로 개인에 기초하여서만 정치를 이해하려 한다면 결과는 불완전할 것이다. 그러므로 우리는 안으로는 당신의 개인적 심리 작용, 표면적으로는 둘 이상이 상호 작용하는 우리 모두 사이의 공간, 그리고 심층적으로는 인간 본성의 기본 요소들을 살피러 감연히 나서야 한다.

정치는 대인관계의 상황이다. 따라서 그 정의상 최소한 두 사람이 상호작용—끊임없이 이어지는 쌍방 거래의 나선형 속에서 서로에게서 신호를 받고 서로에게 응답하는—을 해야 한다. 가령 먹는 것이나 자는 것 같은 활동은 자연적이지만 반드시 사회적이지는 않다. 정치는 언제나 적어도 두 참여자가 필요한 사회적 행동이다.

정치가 일어나는 공간

디즈니랜드는 남부 캘리포니아의 내가 자란 곳에서 약 한 시간 거리에 있었고, 나의 가족은 이 공원을 거의 해마다 방문했다. 내가 특히 좋아하는 놀이기구 중 하나는 몬산토Monsanto의 이너 스페이스 어드벤처Adventure thru Inner Space였다. 이 기구는 '투모로우랜드Tomorrowland'라

불리는 구역에 있었는데, 이 랜드는 당시 이상화된(그리고 기업화된) 미래 상을 전시하고 있었다. 이너 스페이스 어드벤처는 1960년대 후반 개장 하였지만 결국 폐쇄되어 스타 워즈Star Wars라는 새로운 놀이기구에게 자리를 내주었다. 이 이너 스페이스 어드벤처가 개장되었을 당시 그것은 놀이기구 이상이었다. 그것은 진정 하나의 모험이었다.

이너 스페이스Inner Space는―외부 공간outer space과는 전혀 달리― 아원자亞原子의 세계였다. 이너 스페이스 어드벤처의 발상은 아원자 수 준의 세계를 실제로 볼 수 있도록 사람들을 축소시키는 것이었다. 처음 에 사람들은 거대한 현미경 안으로 들어가게 되는데, 이것은 조금 무서 운 일이었다. 앞에 있는 탑승객들―작아진 상태의―이 출구를 빠져나 가는 것을 볼 수도 있었으니까. 탑승객들은 계속 오그라들어 처음에는 눈송이보다 작아졌다가, 다음에는 눈송이의 결정체보다 작아지고, 급기 야 눈송이의 벽을 통과하여 거의 물 분자가 보일 정도로 작아졌다. 그들 은 오그라들기를 거듭하여, 결국에는 원자 하나에 무리 없이 들어갈 수 있게 되었다. 시간은 거의 정지한 채 소립자들이 느린 움직임으로 서로 충돌하였다. 그후 사람들은 도로 정상 크기로 커지기 시작하여 결국 이 너 스페이스 어드벤처에서 빠져나와 밝은 햇살 속으로 다시 모습을 드 러냈다.

만약 우리가 이너 스페이스처럼 정치의 내부 공간을 통과하는 모험 을 할 수 있다면 정치의 기본 구조를 내부로부터 보는 것이 가능할까? 만약 우리가 모든 왕조와 정복들, 모든 정부와 정당 및 당파들을 제거해 내어 정치를 본질적인 것들만 남도록 줄인다면 어떻게 될까? 양성자와 중성자가 충돌하듯 사람들이 서로 부딪치는 게 보일까? 정치의 내부 공간에서 일어나는 이러한 것들은 일정한 기준이나 원칙없이 임의적일 수는 없다. 훈련되지 않은 눈으로 보면 모든 것이 임의적인 듯 보일지 몰라도 분명 일정 수준의 질서가 존재한다. 잠시 핵에너지에 관해 생각해보자. 핵분열을 할 때, 원자핵은 분열하여 엄청난 양의 에너지를 방출한다. 핵융합이 이루어질 때도 작은 입자들이 결합하여 자신보다 큰 원자핵을 형성하는데, 이것 또한 엄청난 양의 에너지를 방출한다. 이것이 초보적 수준, 즉 대인관계 수준의 미시정치이다. 이처럼 대인 간의 분열과 융합 수준의 미시정치를 보다 주의 깊게 연구하면 할수록 우리는 가장 사소한 원천들로부터 비롯되는 온갖 강력한 힘들을 발견할 수 있다.

• • •

모든 정치는 지역적이다 All politics is local. 당신은 아마 이 인용구를 들어본 적이 있을 것이다. 이것은 로널드 레이건의 백악관 시절에 하원의장을 역임한 팁 오닐Tip O'Neill이 한 말이다. 이 말과 동의어로 소매小賣정치retail politics가 있는데, 이는 가가호호를 방문하며 선거운동을 하거나 잠재적 유권자들을 찾아 한 사람씩 유세를 펼치는 것을 의미한다. 흔히 사용되는 '소매'라는 말은 상품과 서비스를 개별 소비자들에게 파는 것을 뜻한다. 소비자는 최종 사용자이며 다른 누구에게도 되팔 의도가 전혀 없다. 소매 정치는 경멸적 함의─표를 사들이는 것─를 가지기도 하지만 나는 이 점을 말하려는 것이 아니다. 정치적 동물은 저항하거나 무관심한 자들을 중립화하거나 자신의 편으로 설득할 수 있는가의 여부에 성공이 달려 있는 권력 추구자다. 서문에서 말했듯 권력을 위해 자신의 삶에서 다른 가치들을 최소화하는 권력 추구자들이 있다면, 다른 가치를 중시하기 때문에 권력을 포기하는 권력 양도자들도 있다. 나는 지금 권력 추구자와 권력 양도자 사이의 개인적 상호 교류를 언급하려고 한다. 이 상호 교류는 개별 경제단위 대신 개별 정치단위를 다룬다는 점을 제외한다면 미시경제학과 비슷한 차원의 교환이 일어난다. 그래서 권력 추구자와 양도자 간-대인관계-의 이 정치는 미시정치학이 된다.

만약 당신이 정치에 대한 당신의 관점을 이―권력 추구자와 양도자 간의 교환―수준에서 바라볼 수 있다면 당신은 인간관계의 미시정치가 어디에서 일어나는가를 이해할 수 있을 것이다. 미시정치를 연구하는 학도와 미시정치를 행하는 현역 정치인들에게 교환이 일어나는 이 지점은 아르키메데스의 점―당신이 문화적 또는 정서적 편견을 버리고 완벽한 객관성을 가지고 서 있게 되는 곳―과 같다. (그리스의 수학자 아르키메데스는 충분히 큰 지렛대와 받침대만 있다면 지구를 들어올릴 수 있다고 주장했다. 지렛대와 만나는 받침대의 한 점이 아르키메데스의 점이다. 이 점은 움직일 수 없는 확실한 지식의 기초이자 모든 지식을 떠받치는 근본적인 토대를 일컫는다_편집자주) 아르키메데스의 점은 가상의 것이어서 도달할 수 없지만, 그렇기 때문에 아르키메데스의 점은 미시정치의 받침대에 대한 완벽한 비유가 될 수 있다.

이제, 이 가상의 받침대에 서서, 정치가 일어나는 **우리 모두 사이의 공간**에 주목해 보자. 이 공간은 둘 이상의 사람들이 있는 곳이라면 어디서나 그리고 권력의 분배가 비대칭적인 곳이라면 어디서나 존재하는 온갖 종류의 공식적이거나 비공식적인 사회적 상황이다. 직장을 예로 들면 모두가 회의 원탁 주위에 모여 있는 공식 회의를 생각해보자. 이런

회의가 시간 낭비임을 모르는 사람은 없다. 하지만, 당신이 이를테면 **생산성** 기준 대신 **정치적** 기준을 이 회의에 적용한다면 회의실은 정치의 공간 — 우리 모두 사이의 공간, 사회적 상황작용이 일어나는 공간 — 으로 변형되며 회의는 사람들이 권력과 위신을 놓고 겨루는 무대로 변형된다.

미시정치를 생각할 때 우리 모두 사이의 공간적 크기를 추정하는 것은 의미가 없다. 미시정치의 이 자연 지형은 규모가 매우 작으니까 — 때로는 회의 탁자의 폭 정도거나 때로는 불과 두 사람 사이의 공간 정도에 불과하다. 미시정치는 역동적이고 상호적이며 즉각 반응하고 친밀하다. 당신이 응시해야 할 곳은 이 지점이다. 여기서 미시정치가 활기를 띠기 때문이다.

미시정치가 **어디에서** 일어나는가를 알았으니 당신은 미시정치가 일어나는 이 현장을 이해하고 현장에서 활약하는 동안 당신의 받침대를 어디에 만들어야 할지, 그리고 당신의 공구상자를 어디에 두어야 할지 알아야 한다. 이 용어 — 현장field — 은 프랑스 사회학자 피에르 부르디외Pierre Bourdieu가 사회적 상호작용이 일어나는 공간을 묘사하기 위해 사용한 말이다. 부르디외에게 현장이란 자체의 구조와 규칙과 자율성을 가진 사회적 공간이었다. 하지만 부르디외가 말하는 사회적 공간은 권력이 도입되는 시점 전까지는 내게(정치학자로서 말하자면) 그리 흥미롭지 않다. 왜냐하면 권력이 도입되는 시점이 되어야 사회적 공간은 정치적 공간이 되니까. 처음에 말했듯이 정치는 권력이 도입된 온갖 사회적 상황이다. 권력은 정치학을 사회학, 심리학, 그리고 다른 모든 사회과학과 구별해주는 개념이다.

구별하기

오래 전에 내 대학 교수 한 분은 삶에서 할 만한 가치가 있는 일은 두 가지뿐이라고 말했다. 하나는 섹스이고, 나머지 하나는 **구별**을 하는 것이다. 이 잘 준비된 멘트는 학부생들로 가득 찬 강의실에서 언제나 열광적 반응을 끌어냈다. 권력이라 말할 때 나는 그저 당신의 조직 안에서 다른 사람들을 휘어잡는 것에 관해서만 말하는 것이 아니다. 나는 동시에 당신의 **자율**, 당신의 **자유**, 그리고 당연히 당신의 **자기숙달**에 관해 언급하고 있음을 유념해야 한다. 이것이 구별이다. 당신이 힘든 시기를 겪을 때 당신의 자율, 자유, 그리고 자기숙달은 당신의 영혼을 먹여 살릴 것이다. 그것은 당신에게 초연함의 느낌과 새로운 균형감 곧 아르키메데스의 관점을 준다. 그리하여 당신은 힘든 상황으로부터 문화적 또는 정서적 영향으로부터 절연된다. 그리고 그것은 당신에게 행동력을 주는데, 이는 세계를 움직이게 하는 종류의 것이 아니라 당신이 세계를 알 수 있게 해주는 종류의 행동력이다. 그것은 당신에게 돈으로 환산할 수 없는 통찰력이란 선물을 준다. 당신은 이 통찰력을 사용하여 구별을 지을 수 있다. 대부분의 사람들은 선과 악의 차이를 이해하고 구별할 수 있다. 하지만 미시정치의 법칙과 관련된 구별과 같은 보다 미묘한 구별을 할 수 있는 사람은 이보다 적으며, 우리는 2장에서 이 점을 논의할 것이다.

하찮은 듯 보일 수도 있지만 구별을 짓는 것은 당신이 세계(또는 회사) **안에** 소속되게는 하지만 세계**의 일부**가 되게 하지는 않을 것이며, 당신에게 법의학자나 검시관에게서 볼 수 있는 그런 초연함을 줄 것이다. 과학수사대를 다루는 인기 있는 TV 프로들을 보면 예외 없이 검시대에 시신이 누워 있는 검시실 안의 장면이 나온다. 검시관은 망자의 위 안의

28

내용물을 막힘없이 열거한다. 소화되다 만 페퍼로니 피자, 체리 콜라 그리고 치즈 케이크. 미시정치를 이런 식으로 검시할 수 있다면 좋을 것이다. 검시관의 냉정한 과학적 초연함을 갖추면 매우 유리할 터이니까. 그러나 안타깝게도 당신의 정치적 적수들은 당신이 검시를 할 만큼 오래 누워 있지 않을 것이다. 이것은 당신이 현장을 읽고 대안적 행동 방침들의 목록을 작성하며, 무대책의 결과에 대해 숙고하고, 그런 다음 아주 짧은 순간 안에 당신의 행동을 모두 일으켜야 한다는 것을 의미한다. (그러려면 적절한 시기 선택과 자기숙달이 필요하며, 우리는 4장에서 이 점에 관하여 다룰 것이다.)

당신의 적수들은 누구이며, 그들이 행동에 나서는 것을 어떻게 인지할까? 이때 적수는 누구든 될 수 있다. 조직도를 버리고 자문하라. **내 결정에 관한 거부권은 누가 행사하는가? 직접적이든 간접적이든 나에게 반대하거나 나를 방해하는 것은 누구인가? 부나 인정을 놓고 나와 경쟁하는 사람은 누구인가?** 대답이 당신 마음에 들지 않을지는 몰라도 그럼에도 불구하고 당신은 물어야 한다.

정치는 진지한 놀이

왜 우리는 자주 정치를 게임과 결부지을까? 미국의 작가 로버트 그린 Robert Greene은 《권력의 48가지 법칙The 48 Laws of Power》에서 권력은 게임이라고 거듭 주장한다. 당신은 사내社內 정치 게임에 참여하고픈 충동이 너무나 유혹적이라 여기거나 당신의 조직 안에서 사람들을 능란하게 다룬다는 이유로 스스로를 최고의 현실주의자라고 여길지도 모른다. 그러나 나는 정치 게임을 벌이는 대부분의 사람들은 자기 훈련이 부족하고 그들의 행동이 불러올 결과에 대해 전혀 개념이 없다고 생각한다. 그들은 그들의 적수들에게 상처를 주거나 망신을 주는 데는 성공할지 모르지만 그 과정에서 틀림없이 스스로도 상처를 입는다. 어쨌거나 이러한 종류의 게임을 하느라 시간 낭비를 하지는 말자.

하와이 대학의 내 스승 리처드 채드윅Richard Chadwick은 스스로 '결핍의 교육학 이론'이라 부른 착상을 떠올렸다. 채드윅의 간단명료한 설명을 소개하면 다음과 같다.

"심리학자들은 허약한 자아를 가지고 있고, 수학자들은 덧셈을 할 줄 모르며, 인류학자들은 문화를 이해하지 못하고, 사회학자들은 대체로 '외집단外集團, outgroup' 출신이며, 정치학자들에게는 권력 콤플렉스가 있다 등등. 결핍이란 소중하게 여기면서도 스스로 원하거나 필요한 만큼보다 적게 가졌다고 여기는 어떤 것이다. 이 결핍을 극복하지 못할 수도 있다는 공포는 그들의 동기 부여가 된다."

그들이 선택한 분야에 지속적인 기여를 하는(결핍을 제거하기 위해) 사람들과 그렇지 못한 사람들 사이의 주된 차이는, 기여자들은 그들의 동기 부여를 놀이로 변환시키고 그런 다음 그들의 놀이를 진지한 목적으로 탈바꿈시키지만, 자신의 동기 부여를 변환시킬 수 없거나 변환시키려 하지 않는 사람들은 세상에 대한 복수를 위해 모종의 대상을 찾는다. (예컨대 배트맨의 강적 조커나 슈퍼맨의 강적 렉스 루터.)

이 차이는 일상적 놀이와 진지한 놀이 사이의 구별과도 관계가 있다. 일상적 놀이에는 상상력과 창의성이 요구되며, 이 놀이의 도움을 통해 당신은 중요한 사회적 기술들을 학습하고 사회의 비공식적인 규칙과 기대를 학습할 수 있을지도 모른다. 이 모든 것은 매우 소중한 것이지만 일상적 놀이에는 목표와 끈기가 필요 없다. 하지만 진지한 놀이는 어떤 특별한 목적에 소용된다. 진지한 놀이를 위해서는 하나의 **목표를 향한 끈기**가 필요하다. 일상적 놀이와 진지한 놀이의 구별은 유혹과 구애 간의 구별과도 유사하다. 유혹을 하는 것에는 진지함이 없지만 구애를 하는 것에는 진심이 담겨 있다. 누군가에게 구애를 할 때 당신은 그들의 사랑을 얻으려고 애를 쓰고 있는 것이지 그들을 일회적인 만남의 상대로 여기는 것이 아니다. 유혹과 구애의 순간을 사진으로 찍으면 그 차이는 분명하지 않을 것이다. 이것은 유혹과 구애의 차이가 끈기이기 때문이며, 끈기는 사진이 어떤 순간 속에 담아낼 수 없는 성질의 것이다. 구애는 진지한 놀이다.

이것이 어떤 식으로 우리 주제와의 관련성을 획득할까? 만약 당신의 성격에 결핍—당신이 소중하게 여기면서도 원하거나 필요로 하는 만큼보다 더 적게 가졌다고 스스로 여기는 어떤 것—이 있다면 그것이 스스로에게나 타인들에게 당신을 해로운 존재로 만드는 비이성적인 공포와 행동을 만들어낼지 모른다. 언급했듯이, 정치는 언제나 사회적 상황—그리고 상호작용적인 상황—이며, 많은 것이 사람들이 당신에게 부여하는 권력, 위신 그리고 존중에 달려 있다. 당신의 자아상은 주로 타인들이 당신에 관해 빚어낸 상像의 반영이며, 당신의 자존감은 당신이 소중하게 여기는 집단들 안에서 당신이 가지는 지위에 크게 의존한다. 하지만 이러한 외부에서 주어진 자아상과 자존감은 필요하긴 하지만, 그것에 결핍이 생기면 당신을 파괴할 수도 있다. 비록 대부분의 사람들은 친구, 가족, 동료의 사랑과 존중을 얻을 수 있다면 그것으로 충분하다. 높은 직책을 얻기 위한 도전 같은 것은 필요 없다고 생각할 수도 있지만,

위신이나 지위에 대한 필요는 인간의 본성에 뿌리를 둔 것이며, 이는 이 필요가 당신의 본성에도 뿌리를 내리고 있다는 뜻이기도 하다. 부분적이기는 하지만 본성에 뿌리 내린 이러한 필요의 성취를 위해서도 나는 당신에게 정치를 알라고 말하고 있는 것이다.

미시정치는 어떤 특별한 목적에 소용되는 것이며, 그렇기 때문에 끈기가 필요하다. 이 목적이란 힘이 덜 센 사람들에게 힘이 더 센 사람들을 상대로 자신을 방어하고, 잇따라 개시되는 공격에 그저 응대할 게 아니라 당신에 대한 적수의 영향력을 약화시키며, 선제공격/반격 능력이 아니라 스스로를 방어하는 능력을 키우는 것을 가르치는 것이다. 나는 당신이 늘상 '체중 이상으로 가격punch above your weight'(이 표현은 권투에서 가져왔으며, 자신보다 더 무거운 체급의 파이터처럼 주먹을 휘두르는 것을 말한다) 하라고 제안하는 것은 분명 아니다. 어떤 면에서 체중 이상으로 가격하는 것은 기대치를 초과하는 것이며, 이것은 감탄스러운 특성이지만, 그것은 당신의 능력 밖의 일이다. 자기 방어에 있어 자신의 능력을 넘어서는 모험을 감행하는 것—자신의 체중 이상으로 가격하는 것—은 허락되는 일이며 때로 필요한 일이기도 하다. 그러나 이것은 말썽을 일으키거나 갈등을 촉발할 수 있다. 따라서 당신은 하나의 체계화된 원리라 할 수 있는 이 미시정치를 당신을 공격하려는 이들로부터 자신을 지키는 방화벽이라고 생각해야 한다. 이 방화벽은 당신으로 하여금 문제에 대처하러 나서도록 해주지만 문제를 불러들이거나 문제를 유발하는 일은 없다.

이러한 미시정치의 핵심은 **자기숙달**self-mastery이다. 많은 중요한 발상들이 그렇듯이 자기숙달은 다차원적이다. 한 가지 요소를 예로 들면 자기통제인데, 전설적인 작가이자 경영 컨설턴트인 스티븐 코비Stephen Covey는 이것을 충동을 하위에 놓는 능력이라 서술했다. 자기숙달의 이 개인적 요소는 반드시 있어야 할 요소이지만 자기숙달의 사회적 요소를 등한시할 수 있기 때문에 구별되어야 한다. 둘의 구별은 개인적 권력(어딘가에 속한 또는 누군가에서 나오는 권력)과 사회적 권력(누군가에 미치는 권력)의 구별이다. 언급했듯이 정치는 사회적 사안이며, 미시정치를 전적으로 개인에 근거해서만 이해하는 것은 불완전할 것이다. 같은 이유로 자기숙달의 달성이 완전하기 위해서는 이 양자(개인적 및 사회적 요소)만으로는 안 되고 피드백 회로까지 갖추어야 한다.(자기숙달에 관해서는 4장에서 다룰 것이다)

당신의 정치적 본능을 깨워라

답해야 할 물음이 몇 가지 더 있다. 당신은 사내에서 일어나는 정치적 행동을 어떻게 해석하는가? 당신은 사내의 정치적 행동을 어떻게 인지하고 정치적 사건들을 어떻게 분류하는가? 사내정치는 조잡하고 규율이 없는 것일 수도 있지만 꼭 그래야만 하는 것은 아니다. 권력 게임은 아무리 그것이 창의적이더라도 전략적 가치는 제한적이며 전술적 수준에서 최대한 작동된다. 사람들이 '정치'를 탓할 때 그들은 실은 그들 자신의 정치에 대한 이해理解가 제한적임을 공개하고 있는 것이다. 내가 사내정치를 다루는 대부분의 책들에 이의를 제기하는 대목은 그들이 권력 게임을 마치 모종의 무해한 오락이기라도 되는 듯 이 주제를 하잘 것 없는 것으로 만드는 작풍作風 때문이다. 나의 또 다른 불만은 대부분의 경영 컨설턴트들이 그들이 싫어하는 모든 것을 한데 뭉뚱그린 다음 그 모두를 '정치'라고 일축해버리는 태도다.

눈에 띄는 예외를 들면 피터 블록Peter Block의《관리자의 권력 분산 Empowered Managers》정도다. 이 책은 관리자들에게 어떻게 자기 권리를 주장하고 더 나은 리더와 청지기가 되기 위한 책임을 떠맡으며 어떻게 관료주의를 신뢰할 수 있는 조직으로 탈바꿈시킬까에 대해 탁월하게 서술하고 있다. 블록의 논지에 안타까운 점은 정치란 태생적으로 부정적이고 파괴적이며 조작에 능한 것이라는 것, 그리고 정치의 해독제는 권력 분산─'긍정적인' 정치 기술이라는 의미─이라는 것이다. 만약 당신이 모든 정치는 나쁜 것이며 우리는 정치적 행동이 적어질 때 더 형편이 나아질 것이라 생각한다면 이것은 정치의식의 발달이 충분치 못함을 보여주는 것이다. 정치 그 자체는 나쁜 것이 아니다.

정치를 탓하는 대신, 만약 당신이 당신 문제의 많은 부분이 인간 내면에 장착된 정치적 본능의 상실과 정치적 상상력의 부족의 결과임을 깨닫게 된다면 어떻게 될까? 아마도 당신은 문제의 해결을 위해서라도 정치를 알고 싶어할 것이다. 그저 한낱 인간이 단지 한 권의 책을 읽음으로써 미시정치를 완전히 익히는 일이 가능할까? 아마도 불가능할 것이다. 그러한 책은 어디에도 존재하지 않는다.《사무실의 정치학》은 당신의 삶을 변화시킬 것을 약속하는 다른 자기계발서들과 전적으로 똑같은 책일까? 당신이 그런 책을 사면, 그 책은 당신을 잠시 확신에 차도록 만든다. 몇 페이지를 읽고 당신은 잠시 행복감에 젖는다. 그러고는 당신은 도로 땅에 추락하여 기분이 한층 더 불쾌해진다. 이 책은 그런 류의 책들과는 다르다. 나는 여타의 자기계발서처럼 당신에게 행복감을 주었다가 뺏지는 않을 것이다. 오히려 당신에게 불쾌감을 주어 도중에 책장을 덮게 할지는 모르겠다. 그만큼 이 책에는 많은 은유와 상징들로 넘쳐 나며, 당신에게 끊임없이 상상력을 요청할 것이다. 이 책은 결코 어린아 이에게 밥을 먹여주듯 친절하지 않다. 나의 목적 중 하나는 미시정치에 관한 그리고 당신 자신의 잠재력에 관한 통찰을 제공하는 것이다. 자기 계발서의 거품은 기대가 지속 불가능한 수준까지 치솟았다가 나중에는 터져서 추락하고 마는 여타의 경제적 거품들—닷컴 회사, 주식, 부동 산—과 전적으로 똑같은 것일까? 나는 그렇 게 생각하지 않는다.

앞으로 여러 개의 장들을 진행하면서 우리는 자기계발의 의미를《영 혼을 위한 닭고기 수프》이상으로 확장하게 될 것이다. 이 과정 중에 정 치적 우선치료 분류political triage를 가장 먼저 할 과제로 삼는 데 당신도 동의해주면 좋겠다. 배급제를 시행하는 응급실이나 전장에서 환자들을 돌보는 것이 당신의 임무라면, 당신은 어떻게 하겠는가? 치료받아야 할 사람은 많고 자원은 부족하다. 당신의 임무는 가장 많이 아픈 사람들을 먼저 치료하고 가급적 많은 수의 사람들을 치료하는 것이지만, 당신은 자신 또한 돌봐야 한다. 이러한 절박한 임무에 성공하기 위해서 당신은 당신이 정치에 둘러싸여 있으며 공격을 받고 있음을 잊지 말아야 한다. 시간은 제한되어 있다. 계획을 짤 여유도 없고 자원은 부족하며 모든 것 은 유효 기간이 있다. 이런 상황에 놓인 당신을 상상해보라. 인간이 정치 적 동물이라는 의미는 당신이 겪는 또는 겪을 물리적 고통으로부터 정 서적 고통, 특히 당신이 분노와 모욕으로부터 겪게 되는 종류의 고통을 분리하는 법을 배울 수 있다는 것이다. 당신의 정치적 숙달도가 늘어가 면서 당신 주위의 사람들, 당신의 상사들, 부하들, 그리고 동료들을 돕는 당신의 능력도 늘어갈 것이다.

물론 당신이 응급실이나 전쟁터에서 일을 하고 있지 않기 때문에 내가 느끼는 긴박감을 당신도 가지라는 법은 없을 것이다. 하지만 이것 때문에 기만당하면 안 된다. 무력감의 신화 때문에 당신이 자립을 못하는 일은 없어야 한다. 이 신화는 두 가지 거짓된 가정에 근거한다. 첫 번째는 당신이 할 수 없는 것과 당신이 하기를 거부하는 것 사이에 아무런 차이가 없다는 가정이다. 예를 들어 당신은 직장에서 벌어지는 약자 괴롭히기의 희생자일 수도 있고, 아니면 약자 괴롭히기를 목도하면서도 스스로 무력하다고 느껴 아무것도 말하거나 행하기를 거부할 수도 있다. 두 번째는 '우두머리'라는 가정인데, 이것은 대략 다음과 같다.

'나의 현재의 위치가 약하기 때문에 나는 무력해. 하지만 내가 우두머리가 되면 상황은 달라질 거야.'

이런 식으로 약자들은—조직도 상에서 그들이 차지하는 자리 때문에—책임을 맡지 않는 것을 합리화한다. 야심 있는 사람들이 스스로를 기만하는 것도 이런 식이다. 왜냐하면 그들은 그들이 정상에 올랐을 때에는 얼마나 '완벽하게 시스템에 빨려 들어가 있을지'에 대하여 과소평가하기 때문이다. 무력감의 신화를 거부하는 것은 당신에게 몇 가지의 것을 명확하게 해줄 것이며(특히 당신의 능력과 책임에 관해), 그렇기 때문에 자신을 성장시키기 위한 자기숙달의 과정은 필수적이다.

정치학을 전공하는 사람이긴 하지만 나는 포괄적 이론을 고안해내려고 하는 것이 아니다. 내가 배운 것을 나의 개인적 경험과 학문 수련에 근거하여 제시하려는 것이다. 나의 멘토 리처드 채드윅은 내가 언제나 잊지 못할 특별한 말을 했다.

"박사 학위는 임시 운전면허증이야."

이것은 내가 아직도 견습생이며 이 책은 하나의 작업가설working hypothesis이라는 의미다. 이 중에서는 **작업**working이 핵심적인 말인데, 왜냐하면 검증받을 가명제假命題를 설정한다는 의미의 이 말에는 비영구적이고 불완전하며 미완성인 것들 안에서 아름다움을 찾는다는 의미가 담겨 있기 때문이다.

이렇게 되면 미시정치 분야는 창의적 과학의 범주 안으로 들어서게 된다. 이것은 우리가 이 주제에 관한 인습적 도그마에 얽매일 수 없다—얽매이면 안 된다—는 의미다. 앞서 언급했듯이 나의 목표는 정치적 자기방어에 관해 가르침을 주는 것, 권력이 약한 사람들에게 권력이 강한 사람들에 맞서 어떻게 스스로를 방어할 것인가를 알려주는 것이다. 그리고 당신의 목표는—말하자면—미시정치를 살려내는 것이다. 만약 혼자서는 이 문제를 해결할 수 없음을 기꺼이 인정한다면, 당신의 목표는 자기숙달을 통해 스스로를 뛰어넘도록 성장하는 것, 당신 자신의 이상형인 다른 누군가가 되는 것이다. 만약 당신이 다른 누군가가 되기를 원한다면 우리는 함께 여행을 떠나야 한다. 페이지를 넘기기 전에 정치가 일어나는 우리 모두 사이의 공간에는 가능성의 소우주가 있다는 것을 잊지 말아라. 자기계발을 위한 가능성이 존재함은 물론이며, 나아가 진정한 리더십을 위한 가능성 또한 존재한다. 전망 좋은 고급 사무실에서 나오는 그런 종류의 것이 아니라 당신의 도덕적 권위에서 비롯하는 리더십 말이다.

2장

우리가 알아야 할 미시정치의 법칙

상황을 읽는 그 기이하게 번득이는 당신의 능력을 볼 때, 나는 당신의 세대가 읽는 능력이 없다는 것이 생각나지 않는다오, 클라리스. 황제[마르쿠스 아우렐리우스]의 조언, 즉 제1 원칙은 단순하라는 것이오. 매사에 늘 물으시오. 그것은 그 자체로, 그리고 그 자체의 구성에 있어 무엇인가? 그것의 인과적 본성은 무엇인가?

-클라리스 스탈링에게 하니발 렉터가, 《양들의 침묵Silence of Lambs》

태초에 하느님이 천지를 창조했다. 다섯째 날 하느님은 아담이라는 이름의 남자를 창조하였고 그를 시켜 땅을 지배케 했다. 그러고 나서 하느님은 아담의 동반자, 이브라는 이름의 여자를 창조하였다. 이브는 카인과 아벨이라는 아들들을 낳았다. 카인은 농부였고 아벨은 양치기였다. 아벨은 그의 노동의 소출을 하느님에게 바쳤고, 이것은 하느님을 기쁘게 하였으나 카인을 질투하고 화나게 만들었다. 카인은 그의 형제 아벨을 꾀어 들판으로 가서 그를 죽였다. 성서(《창세기》 4장 1~8절)와 코란(Surah 5 Al Ma'idah: 27~30) 모두에서 발견되는 이 최초의 폭력 행위는 미시정치의 '제1 원칙'을 강조한다.

정치의 법칙은 인간의 본성에 뿌리를 둔다.

이 기본 원칙은 아리스토텔레스가 《니코마코스 윤리학》에서 '인간은 정치적 동물'이라고 언명한 이후 수천 년이 지난 지금도 여전히 유효하다. 왜냐하면 이 원칙을 통해 우리는 정치를 가장 객관적이면서 가장 덜 감상적으로 바라볼 수 있기 때문이다.

모겐소의 정치 법칙

20세기 중엽, 독일계 미국인 한스 모겐소Hans Morgenthau는 《국가 간의 정치Politics among Nations》라는 고전적 교과서를 저술했다. 모겐소의 책이 유용한 것은 우리의 미시정치 이론이 그렇듯이 그의 국제정치 이론 역시 인간의 본성에 뿌리를 두고 있기 때문이다. 우리의 연구 범위가 더 협소하기는 하지만, 만약 모겐소의 이론이 진정 인간 본성에 뿌리를 둔 것이고, 그것이 그가 주장하는 것처럼 객관적이고 비非 감상적이라면, 그의 이론은 미시정치에도 동일하게 적용할 수 있기 때문이다. 이제 모겐소의 정치적 현실주의 원칙들을 각색하여 미시정치가 일어나는 우리 모두 사이의 공간으로 넣어 정치의 법칙들을 도출해 보고자 한다.

1. 정치적 현실주의에 따르면, **정치의 법칙은 인간의 본성에 뿌리를 두고 있다.** 인간 본성에 뿌리를 둔 정치의 법칙들은 객관적이고 우리의 선

호에 영향을 받지 않는다. 당신이 사회든 당신이 몸담은 조직이든, 아니면 당신 자신의 상황이든 그것을 개선하고 싶어 한다면, 당신은 먼저 정치의 법칙을 이해해야만 한다. 그 법칙들을 바꾸려고 아무리 애를 써도 당신은 실패할 것이다. 그 법칙들을 무시한다면 당신은 잠시 운이 좋을 수는 있어도 결국 당신의 운은 다할 것이다. 정치의 법칙은 구체적 상황에서 발생하는 사실들에 의미를 부여한다. 이 법칙은 대안이 될 수 있는 정치적 행동 방침들을 제시하며, 또 정치적 행동의 결과에 대하여 판단하는 방법을 알려준다. 이 법칙들은 인간의 본성에 뿌리를 두었기에, 중국, 인도, 그리스의 고대 철학자들이 처음 그것을 발견하고 언명한 이후로 수천 년이 지난 지금도 변하지 않았다.

2. 정치적 현실주의의 주요 개념은 **정치는 권력에 관한 것이라는 것이다.** 이 법칙은 어떤 주어진 상황에서든 정치가 일어나는 현장과 거기서 도출되는 사실들에는 반드시 권력이 개입된다는 것을 이해하는 데 극히 중요하다. 이 개념은 정치학을 다른 모든 사회과학과 구별하는 개념이다. 정치란 권력―권력의 획득, 권력의 분배, 권력의 사용 및 남용―에 관한 것이라는 개념이 없다면 정치적 행동과 비정치적 행동 간의 차이는 아예 존재하지 않을 것이다. 미시정치가 되었건 국제정치가 되었건 그런 것은 존재하지 않을 것이고, 정치학에 대한 필요 역시 전혀 없을 것이다. 정치인, 선출된 관리, 그리고 여타의 공무원들의 경우 그들이 정치의 관점에서 생각하고 행동할 것이라는 추정은 가능하겠지만, 우리는 그 외의 사람 누구에게도 이러한 추정을 하지는 않는다. 이렇듯 당신도 정치가 특정인의 몫이라고 생각한다면, 당신은 당신의 적으로부터 자신

을 지킬 수 없다. 만약 어떤 이가 정치적으로 계산하여 행동할 경우, 우리는 주의 깊게 현장을 읽은 다음, 그가 취할 대안적 행동 방침들을 알아 낼 수 있어야 하며, 이를 통해 우리는 우리 동료들의 정치적 안목을 확인할 수 있어야 한다. 정치가 권력에 관한 것임을 인지하고 현장을 바라볼 때, 당신의 사고에 규율과 질서가 부여된다. 비록 자신의 의도와 무관하게, 자신의 목표가 세상을 더 나은 곳으로 만드는 것인가 아닌가와 무관하게, 계획이 엉뚱한 결과를 빚는 일은 늘 가능하다. 상황을 악화시키는 것으로 귀결이 날 수도 있고, 원하지 않은, 심지어 예측조차 못한 결과로 낙착될 수도 있다. 하지만 이것은 좋은 의도와는 아무런 관계도 없다. 좋은 의도가 정치적 성공을 약속하는 것은 아니다. 정치는 그 자체의 논리를 가지는데, 이것을 위해 좋은 의도란 필요하지 않다. 그러나 대체로 당신이 **소망하는 것**과 특정 상황에서 **가능한 것**의 구별은 당신에게 반드시 필요하다.

3. **한 인간의 다른 인간에 대한 통제를 용이하게 하는 것이라면 뭐든 권력이 될 수 있고, 이 목적에 기여하는 사회적 관계라면 뭐든 정치라 할 수 있다.** 정치가 권력에 관한 것이라고는 하나 권력의 의미는 때와 장소에 따라 바뀔 수 있는데, 이는 사람들의 이해관계가 경우에 따라 다르기 때문이다. **이해관계**는 정치의 본령이다. 그것이 우리가 정치적 행동에 대하여 판단을 내릴 수 있는 가장 믿을 만한 기준이기 때문이다. 정치에서 이해관계란 특수한 이해관계라는 말과 동의어다. 이는 한 개인 또는 집단과 구체적 특전 또는 금융 이득 간에 관계가 존재한다는 것을 의미한다. 경영 분야에서, 하나의 프로젝트나 조직에 지분을 가졌거나

투자를 하였거나 이해관계를 가진 사람을 '주주'라고 부른다. 이들은 프로젝트나 조직에 영향을 미칠 수도 있고 그것들에 영향을 받을 수도 있다. 정치에서는, 이해관계와 특수 이익집단—지분과 주주—은 불가분의 것이다. 공개적으로는 도덕적으로 행동할지라도 자신의 이익에 반하여 장기간의 희생을 치를 수 있는 사람은 극소수다. 이러한 류의 행동은 인간의 본성과 전혀 부합하지 않는다. 그렇다고 인류 역사에서 장기간 지속된 희생의 사례가 전혀 없었다는 뜻은 아니지만, 당신은 이 부분적 사례에 근거하여 기초 공사를 해서는 안 된다. 정치의 법칙들은 우리의 선호에 영향을 받지 않기 때문에 이들 법칙에 대항하거나 그것을 무시하면서도 세계를 변화시키는 것은 불가능하다. 정치적 행동을 취하기에 앞서, 그리고 어떤 상황에서든 당신의 구체적 이해관계를 규정하기에 앞서 당신은 이 점을 고려해야 한다.

4. **미시정치는 도덕성과 성공적인 정치적 행동 간의 가능한(어쩌면 필연적인) 모순을 인정한다.** 하지만 대인관계의 차원에서 도덕성과 정치적 행동 간의 모순은 우리가 무시할 수 있는 어떤 것이 아니며, 과소평가해서도 안된다. 하지만 우리는 인간 본성의 맥락에서 정치를 이해하기 때문에, 정치(우리가 **할 수 있는** 것)와 도덕성(우리가 **해야 하는** 것)을 정치 고유의 논리를 통하여 여과할 수 있다. 다시 말하자면, 우리는 언제나 정치적 행동의 윤리적 함의에 대하여 숙고해야만 한다. 당신의 행동을 사후에 합리적으로 설명할 수도 있겠지만, 행동을 하기에 앞서 윤리적 함의에 대해 숙고하는 편이 더 현명할 것이다. 윤리적 함의가 달라지면 그에 따른 정치적 행동이 달라지는데, 이렇게 하면 도덕성이란 어떤 보편적인

추상으로부터 어떤 어려운 선택, 가능한 것과 가치 있는 것 사이의 어려운 선택으로 완전히 바뀌게 된다.

5. 정치에 있어서, 당신은 정치적 행동과 도덕성을 분리하는 것을 배워야 한다. 이것은 정치가 반드시 비도덕적이라는 것을 의미하지는 않으며, 그렇다고 신이 당신 편이라는 것을 의미하는 것 또한 아니다. 당신은 윤리적으로 행동해야 하지만, 당신의 의지를 신의 의지와 혼동해서는 안 된다. 도덕의 잣대로는 당신의 성공을 측정할 수 없다. 왜냐하면 권력이란 당신의 사고를 좀먹어 들어가 당신의 판단을 왜곡하기 때문이다. 나치스트가 그랬듯 권력은 당신의 마음에 농간을 부려 당신으로 하여금 스스로의 도덕적 우월을 확신케 한다. 권력의 감당할 수 없는 부식 효과에 대응하기 위해 스스로 얼마나 저항할 수 있다고 생각하는가? 즉, 당신이 옳다고 믿는 것들이 옳지 않은 것일 수도 있음을 생각해야 한다. 이미 언급했듯이, 이해관계는 정치의 본질이며, 우리가 정치적 행동을 판단할 수 있는 가장 신뢰할 만한 기준이다. 이것은 당신이 취하는 행동과 다른 이들이 취하는 행동에 똑같이 적용된다. 인간 본성 ─ 정치의 법칙들이 뿌리를 두고 있는 곳 ─ 에 대한 깊은 이해를 통해 현실을 쉽게 파악할 수 있게 되는 지점이 이곳이며, 인간 본성에 대한 깊은 이해가 경험의 대용물로서의 역할을 할 수 있는 지점이 이곳이다. 이런 의미에서, 미시정치에 통달하는 것은 경험보다 더 낫다.

6. 정치는 정치 고유의 자율성 을 가진다. 정치를 없애고 싶어 하는 ─ 마치 이것이 가능하다는 양 ─ 사람들이 있다. 그런가 하면 정치를 평가

절하하여 이런저런 형태의 인간 행동보다 하위에 놓고 싶어 하는 사람들도 있다. 두 가지 접근 모두 역효과를 낳는다. 정치는 인간의 노력이 기울여지는 어떤 다른 분야와도 대등하지 못할 것이 없다. 정치학도이자 정치를 행하는 현역으로서, 나는 다른 분야들의 존재를 인정하면서도 정치를 그 어느 분야보다 하위에 두지 않는다. 여타의 사회과학들도 저마다 자체의 역할, 자체의 기준, 성공을 측정하는 자체의 방법들을 가지고 있지만, '정치 영역의 자율성'을 대체할 수 있는 것은 하나도 없다. 정치의 자율성 때문에 다른 분야들이 폄하되는 결과가 빚어지는 것도 물론 아니다. 다른 분야들도 저마다 고유의 영역과 기능을 가지기 때문이다. 그러나 우리가 인간 본성의 다양한 측면들을 구별하는 것과 꼭 같이, 우리는 정치와 이 다른 분야들을 구별할 수 있고 구별해야만 한다. 우리는 정치 고유의 영역을 지정하고 그 영역 자체의 고유한 논리에 따라 사고의 기준들을 적용해야 한다. 이미 언급했듯이, 정치의 법칙들은 객관적이고 우리의 선호에 영향을 받지 않아서 불가피하게 저항을 유발하는데, 이것은 인류학, 경제학, 사회학, 심리학과 같은 다른 분야들은 맞닥뜨릴 일이 없는 정치 특유의 일종의 학습 장애라 할 수 있다.

권력은 어디에나 있다

다음으로 넘어가기 전에 우리는 모겐소가 권력에 대해 내리는 정의와 이 주제에 관한 여타의 흥미로운 논평(다른 학문 분야들에서 나오는)을 비교할 것이다. 해럴드 라스웰Harold Lasswell은 권력을 가치 있는 무엇인가에 대한 박탈의 위협이라고 정의했다. 막스 베버Max Weber는 권력을 "사회적 관계에서 한 행위자가 다른 행위자의 저항에도 불구하고 자신의

44

의사를 관철시킬 수 있는 입장에 있을 가능성"이라고 정의했다. 대통령 전기 작가 제임스 번스James Burns는 권력을 "둘 이상의 사람들이 서로에게서 동기 부여의 토대에 대해 타진하고 그 과정에 온갖 자원을 쏟아붓는 **관계**"라고 정의했다. 오스트리아계 미국인 외교관이자 작가인 로버트 스트라우스 휴페Robert Strausz-Hupé에 따르면 "정치는 권력의 추구다. 권력은 의식적인 행동을 통해, 권력이 놓여 있을 것이라 생각되는 지점과 권력이 사용될 것이라 생각되는 용도에서 힌트를 얻으려는 사람들 사이의 역동적 관계이다." 우리는 나중에 이 사회적이고 대인관계적이라는 스트라우스 휴페의 발상에 관해 살펴볼 것이다.

에리히 프롬은 권력 관계를 다루면서 다음과 같은 흥미로운 관찰을 했다.

"복종과 지배 모두에 공통된 요소는 관계됨이라는 공생적 성질이다. 관련된 당사자 둘 모두 온전성과 자유를 잃고 있다. 서로에게 의지하여 살며 서로 상대방이 먼저 시작하여 살아간다. 친밀해지려는 갈망을 채우면서도 그들은 내면의 힘과 자립의 부족에 시달린다. 그러기 위해 필요한 자유와 독립이 없기 때문이다. 나아가 그들은 공생 관계에서 생겨날 수밖에 없는 의식적이거나 무의식적인 적개심에 끊임없이 위협받는다."

프롬의 기준 — 심리학적 기준 — 을 적용하면 정치적 행동(즉 권력 추구)은 복종과 지배에 기초한 심리적 장애다. 어느 쪽도 온전성, 자유 또는 독립을 갖고 있지 않다. 양측 모두 적대적이고 내면의 힘과 자립을 결여하고 있다.

이밖에도 권력을 포르노에 비유한 책 부피의 논문을 쓴 저자도 있다.

성적 억압의 경우처럼 정치적 억압으로 인하여 사람들은 어쩔 수 없이 만족의 대체물을 찾아 나서게 되는데, 권력이 만족의 대체물이 될 때 정치적 행동은 부식과 폭력의 성질을 갖게 된다. 이러한 사회는 억압적이고 비이성적이며, 사람들은 공격적이고 비이성적이 된다고 그는 말한다. 다른 이론을 표방하는 저자도 있다. 사디즘(다른 사람의 아픔, 고통, 굴욕에서 쾌락을 끌어내는 것)의 가능성이나 마조히즘(당신 자신의 아픔과 고통에서 쾌락을 끌어내는 것)의 가능성 모두 인간의 본성에 뿌리를 둔 것이며, 사람들이 정치적 행동에 관여하는 유일한 이유는 그들이 두렵고 외로우며 그래서 통제하거나 통제당하기를 추구함으로써 자기의 고립감을 덜려고 하기 때문이라는 것이다.

지금 나의 주안점은 여타의 사회과학에서 적용하는 기준을 정치에 적용할 수는 없음을 당신에게 납득시키는 것이다. 나는 권력에 대하여 심리학적으로 접근하는 것에는 치명적인 결함이 따른다고 생각한다. 하지만 나는 이 분야와 그 학문을 존중하고 높게 평가한다. 어쩌면 권력이 내가 믿는 만큼 매혹적이거나 어디에나 스며 있지 않을 수도 있으며, 나는 채드윅의 교육의 결핍 이론의 훌륭한 본보기, 정치학도에게는 권력 콤플렉스가 있다는 증거일 수도 있다. 그러나 그럼에도 불구하고, 권력이 없는 곳은 어디에도 없다. 그것은 리얼하고 유의미해서 눈으로 볼 수 있든 없든 우리는 그것을 느낄 수 있다.

객관성 감각 : 2차원을 넘어 3차원의 정치로

당신은 정치가 인간의 본성 안에 깊이 뿌리를 내리고 있다는 견해를 일축하려 들 수도 있다. 그러나 그 순간 당신은 스스로를 기만하고 있을 뿐이다. 당신은 권력이 사회에서 맡은 역할을 폄하할 수도 있다. 그러나 그렇게 폄하한다고 해서 인간의 본성이 변경되는 일은 전혀 없다. 인간은 누구나 인간 공통의 통상적인 수준의 느낌, 생각, 행동들을 규정하는 일단의 속성들을 공유하고 있다. 인간 어머니가 오로지 인간 아기만을 출산할 수 있는 것과 꼭 마찬가지로, 당신의 느낌, 생각, 행동은 인간이 가지는 본성을 완벽할 정도로 정확히 표현한 형태들이다. 여기에 함축된 뜻은 당신의 교육적 문화적 배경은 하나의 허울, 즉 얇은 겉치장이라는 것이다. 그 허울이 당신의 감정이나 행동에 각기 다른 옷을 입힐 수있을지는 몰라도 모든 인간이 공유하는 일정 범위의 속성들은 절대로 변경할 수 없다는 것이다.

　권력이 사회에서 행하는 역할을 폄하하여 당신이 스스로를 기만하지 않도록 설득하기 위하여, 한 발짝 물러나서 보자. 정치에 있어서, 젊음은 선이 아니고 노년은 악이 아니다. 정치학을 전공한 이들은 플라톤의 가장 긴 저작중 하나인《국가Republic》를 읽어야만 했다. 그는 정치 철학자들 중 가장 영향력 있는 사람이었기 때문이다. 플라톤은《국가》의 '동굴의 비유'에서 재탄생의 개념을 다룬다. 이 비유는 어린 시절 이후로 줄곧 같은 동굴에서만 살아온 동굴 거주자 무리들에 관한 유명한 가상의 이야기이다. 동굴의 비유는 무지와 깨달음, 있기와 되기의 이야기이며, 또한 정치적 현실주의와 그림자의 지각을 뚜렷하게 구별하는 이야기이다.

　동굴 거주자들―사실상 죄수들―은 몸에 사슬을 두르고 있어서 일어설 수가 없고, 목에 사슬을 감고 있어서 머리를 좌우로 돌릴 수도 없다. 그들 뒤에는 횃불이 타고 있어서, 벽에는 그림자가 드리워져 있다. 그림자들은 꼭두각시고 벽은 그들이 연기하는 스크린이다. 벽 위의 그림자들 중에는 말을 하는 그림자도 있고 그렇지 않은 것도 있다. 그림자들 가운데는 연장이나 다른 물건을 들고 있는 것도 있고 그렇지 않은 그림자도 있다. 하지만 고개를 돌릴 수가 없기 때문에, 죄수들에게는 자신 앞의 벽에 있는 그림자 외에는 아무것도 보이지 않는다. 게다가 이 동굴은 소리가 울리기 때문에 서로 대화하는 것은 가능하지만 죄수들은 그들이 다른 죄수의 목소리를 듣고 있는 것인지 아니면 지나가는 사람의 목소리를 듣고 있는 것인지 결코 확신할 수가 없다.

만약 이것이 죄수들이 알고 있는 유일한 현실이라면 이 작은 사회를 둘러싸고 생겨날 문화의 종류를 상상하는 데는 별로 시간이 걸리지 않는다. 그들은 자기들끼리, 미래에 대해 가장 자신 있는 예측을 하는 사람들, 지나가는 그림자들을 향해 가장 악의적인 욕설을 퍼붓거나 가장 말도 안 되는 빈정거림을 쏟아대는 사람들에게 '최고의 해설자' 상을 줄 것이다. 이제, 만약 평범한 죄수 하나가 자유의 몸이 된다면 어떻게 반응을 할지 상상해보자. 먼저, 동굴 바깥의 밝은 빛으로 인해 그녀의 두 눈은 따끔거리고 화끈거릴 것이다. 후에, 그녀의 두 눈이 빛에 적응이 될 때면 그녀는 자신이 아는 유일한 현실이 단지 착각이었음을 알고는 충격에 휩싸여 혼란스러워할 것이다. 처음으로 삼차원의 물체—그리고 이 물체들이 벽 위에 드리우는 그림자들의 형태—들을 보자마자 그녀가 보일 반응을 상상해보라. 그녀는 어떤 반응을 보일까? 혹시 그녀는 벽 위의 그림자들이 실제의 물체들보다 더 리얼하다고 계속 믿게 될까?

그녀가 끈질기게 그들이 보고 있는 것은 실제가 아니라고 말하지만, 그녀는 이를 믿지 못하는 죄수들을 이해할 수 있도록 해줄 말이나 행동은 있는 걸까? 언젠가는 이 죄수들 중에 누군가는 자신의 잘못된 믿음을 버리고 결국 정신이 돌아올 것이라고—그녀를 도와줄 거라는 기대를 가지고—희망해 볼 수도 있다. 이제 다시 당신이 그녀를 동굴로 돌려보내 한 번도 동굴 밖으로 나가본 적이 없는 죄수들 옆에 사슬로 묶어 놓으면 그녀는 어떻게 반응할 것인가 상상해보라. 처음에는 그녀는 어둠 속에서 아무것도 보지 못할 것이다. 그러다가 시간이 흘러 그녀는 어쩌면 동료 죄수들에게 벽에 나타나는 상들이 단지 그림자일 뿐이라고 설득하려 애를 쓸지도 모른다. 반대로 어쩌면 그녀는 동굴의 안전함과 확실함에서 절대로 벗어나지 않는 것이 훨씬 더 나을 것이라고 말할 수도 있다. 내가 주장하는 요점은 인간의 본성—정치의 법칙들의 뿌리가 되는 곳—을 이해하려면 진실에 눈 감지 않는 객관성이 필수적이라는 것이다.

● ● ●

SF 영화 〈매트릭스〉에 나오는 주인공(키아누 리브스Keanu Reeves가 연기하는 배역 네오Neo)은 그가 가상현실에 살고 있다는 것을 알지 못한다는 점에서 플라톤의 동굴 거주자를 닮았다. 네오가 자신의 매트릭스와의 연결을 잘라낼 때—말 그대로 플러그를 뽑을 때—그는 동굴을 나서는 죄수와 같이 일종의 재탄생을 겪으며, 다른 동굴 거주자들은 지각하지 못하는 것들을 지각하기 시작한다. 시리즈에서 가장 인상적인 영상 중 하나는 컴퓨터 코드, 픽토그램, 그리고 다른 상징물들로 이루어진 '디지털 레인digital rain'으로, 이것은 비가 내리듯 컴퓨터 화면을 스크롤해 내려가며 매트릭스라는 가상현실 안의 모든 것들을 상징적으로 나타내준다. 한 등장인물이 설명하듯이, 매트릭스라는 가상의 세계 안에 나오는 모든 등장인물과 행동을 파악하려 애쓰는 것보다는 이 코드를 판독하는 것이 더 쉽다.

매트릭스(또는 동굴) 안에 갇히게 되면 객관성을 유지하는 것은 불가능해진다. 자유의 몸이 되고 난 후에도 그것은 여전히 어렵다. 밝음에 적응하는 것, 3차원의 세계를 보고 당신의 **객관성 감각**을 길러내는 데에는 시간이 걸린다. 이것은 변신 과정의 일부여서 제대로 된 기술이 요구되는 것이다. 이 영화는 모든 사람이 같은 가능성을 가지지는 않았음을 시사해준다. 누구나 세계적 수준의 운동선수나 음악가가 될 수는 없듯이 말이다. 그럼에도 사람들은 자기 자신의 가능성에 맞추어 사는 것을 배울 수는 있다. 그것은 일종의 재탄생rebirth이라 할 만한데, 하지만 환생reincarnation보다는 갱생renewal과 더 닮았다.

미시정치에서, 객관성 감각은 핵심 개념이다.(이 개념은 이후에도 자주 사용됨으로 기억해두는 것이 좋다_편집자주) 객관성이란 만약 당신이 문화적 또는 정서적 영향에 의해 오염되지 않은 시각을 원한다면 취해야 할 가상의 관점—1장에 나오는 아르키메데스의 점—을 가리킨다. 이와 반대되는 것은 주관성일 터인데, 이것은 사실에 의해 입증되지 않은 그리고 (필시) 믿음과 감정에 의해 지배되는 개인적 의견을 말한다. 주관성은 편견, 불확실성, 그리고 객관성의 덕목들과 반대되는 모든 것을 함축한다. 누군가의 의견에 '주관적'이라고 딱지를 붙이는 것은 그 의견을 폄하하는 것과 같다. 감각은 바깥 세계의 자극을 당신의 육감으로 느끼고 당신의 것으로 만드는 것이다. 당신의 자기숙달이 깊어질수록 당신의 객관성 감각은 운동선수의 감각처럼 예민하고 예리해질 것이다.

객관성 감각이라 함은 당신의 **정체성**identification, **요구**demand, **기대**

expectation를 말한다. 이 용어들은 저마다 미시정치에서 중요한 의미를 가진다. 당신의 정체성이란 당신이 소속된 다양한 범주이자 당신이 그 구성원이 되기를 택하는 집단이다. 당신의 요구란 당신의 욕구에서 비롯하는 결과로, 가벼운 선호부터 양도할 수 없는 권리의 주장에 이르기까지 온갖 형태의 표현을 가질 수 있다. 당신의 기대란 미래에 대한 당신의 믿음으로, 특히 미래가 과거보다 더 나을 것이라는 기대를 말한다.

당신의 객관성 감각은 당신이 학습하는 방식, 환경과 소통하는 방식, 신호를 보내고 받는 방식, 그리고 정보를 분류하는 방식에 영향을 미친다. 당신의 객관성 감각은 대상이나 관념들을 향해 당신의 관심과 주의가 이동하는 것과도 관계가 있다. 앞으로 미시정치를 익혀가는 데에는 당신의 유연한 상상력이 필요하다. 구球의 중심에서 둘레에 이르는 직선을 상상하라. 기하학에서 이것은 반지름이다. 이제, 반지름을 연장하는 것은 물론 중심점을 일정한 스펙트럼을 따라 이동시키는 것도 가능하다고 상상해보라. 반지름이 크면 클수록 당신의 참조 영역sphere of reference은 그만큼 커질 것이다. 중심을 자유롭게 이동시키는—대상이나 추상적 관념을 향해—능력이 크면 클수록 당신의 미시정치 장악력은 그만큼 커질 것이다.

미시정치를 위해서는 당신의 상대와의 긴밀한 접촉이 필수라는 것을 잊지 말아라. 당신이 상대하는 사람의 정신 안으로 침투해 들어가기 위해 관계를 맺는다는 발상에는 정치를 사회적 기술로 만드는 중요한 세부 항목 하나가 강조된다. 즉, 당신이 미시정치를 완전히 익혀가는 과정에서 당신의 무게중심이 이동하기 마련이라는 것이다. 흔히 쓰는 말로 하자면, 무게중심이란 물체의 무게가 평형을 이루면서 균등하게 분산되는 이론상의 점이다. 물체의 모양에 따라 이 이론상의 점은 물체의 몸체 내부에도 외부에도 있을 수 있다. 비유를 좀 더 밀고 나아가면, 당신의 객관성 감각을 확대하게 되면 당신의 무게중심 또한 변화될 것이다.

한 인간의 다른 인간에 대한 통제를 용이하게 하는 사회관계라면 곧 정치가 된다는 것 또한 잊지 않도록 하라. 하지만 이것이 현실화되려면 당신은 소통의 문을 열고, 접촉을 맺으며, 그 또는 그녀의 정신 안으로 침투해 들어가 당신의 상대가 처한 상황에 대한 공감적 이해를 얻을 수 있어야 한다. 더불어 당신이 상대하는 사람의 정신이 당신의 정신과 접촉할 수 있도록 해야 한다. 사람들의 이해관계는 그때그때 달라서, 상대방의 인격의 힘이 당신에게 영향을 미치기 마련이고 반대로 당신의 인격의 힘이 상대방에게 영향을 미치기도 한다. 이러한 종류의 개방적 의사소통은 내가 1장에서 언급한 정치의 상호적이고 즉응적인 면의 좋은 예가 된다.

이것은 또한 플라톤의 동굴의 우화에 나오는 그림자 지각과도 관계가 있다. 그림자는 물체 뒤의 빛이 도달하지 않는 공간에 들어선다. 그림자는 예컨대 동굴의 벽에 놓이는 2차원의 실루엣이다. 만약 당신이 당신의 객관성 감각을 증대시켜 2차원의 그림자가 3차원의 것이 된다면 어떻게 될까? 상상하기 어려운 개념이긴 하나, 이런 식으로 당신의 객관성 감각은 미묘하게 당신의 정치적 상상력을 지배한다.

내향형 인간과 외향형 인간

그림자 지각에서 출발한 우리의 논의에 방향을 뒤로 돌려, 나는 두 가지 유형의 사람들, 즉 내향형 인간과 외향형 인간을 소개하고자 한다.

이 유형들을 인지하고 당신이 속한 정치적 유형을 자각하는 것은 당신의 자기숙달에 앞서 꼭 필요한 과정이다. 여기서 말하는 내향성과 외향성은 심리적이거나 정서적인 유형이 아니라 정치적 유형으로, 이것은 교육, 성별, 계층, 문화와 같은 인구통계적 범주를 뛰어넘는 유형이다. **내향적**이라거나 **외향적**이라는 용어를 사용할 때, 나는 개인의 성격—성격 유형과 무관하지는 않지만—이 아니라 개인의 객관성 감각을 특정하여 언급한다. 좀 더 구체적으로 말하면, 내향적(주체 지향적) 사고와 외향적(대상 지향적) 사고를 지칭하는 표현이다. 이 유형들은 각각 자체의 지향성을 가지는데, 이것은 내향적 유형에게는 추상적·도덕적 지향이, 외향적 유형에게는 구체적·현실적 지향이 더 두드러지게 나타난다.

마이어스–브릭스 성격유형검사Myers-Briggs Type Indicator, MBTI를 받아본 사람은 누구나 칼 융Carl Jung이 이 분야의 선구자였음을 알고 있을 것이다. 광범위한 규모의 임상 실습을 하면서 융은 어떻게 하여 그의 환자들 가운데 어떤 이들은 더 내향적(그들의 내면의 자아에 영향을 받는)인 반면 다른 어떤 이들은 외향적(그들의 외부 환경에 영향을 받는)인가에 주목했다. 내향성 대 외향성의 개념, 특히 우리는 모두 이 두 정치적 유형을 양극으로 하는 연속체의 중간 어딘가에 놓인다는 발상이 중요한데, 정치는 무엇보다 사회적 활동이기 때문이다. 이것은 우리가 언제나 그리고 예외 없이 유형에 따라 행동한다는 뜻이 아니라 한 유형이 두드러진다는 의미이다. 그리고 만약 당신이 이 심리 유형의 가능성을 받아들인다면, 당신은 우리가 5장과 6장에서 논의할 정치적 원형原型, political archetype의 가능성 또한 받아들일 수 있다.

일반적으로, 외향형 인간의 객관성 감각은 기본적으로 외부 환경을 향한 지향을 내포하는 반면, 내향형 인간의 객관성 감각은 기본적으로 그녀 자신의 사고 과정을 향한 지향을 내포한다. 내향형 인간은 상징과 일련의 내면의 법칙에 대한 존중을 강조하는 반면, 외향형 인간은 사회적 임기응변의 재치가 더 뛰어나며, 행동하려는 성향이 더 두드러진다. 외향형 인간은 스스로 경험에 의해 지향을 찾는 것을 허락하는 데 반해 내향형 인간은 세계와 일정한 거리를 둔다. 내향형 인간의 경우는 모든 것이 구상(앞으로 이루려는 일에 대해 그 일의 내용이나 규모, 실현 방법 따위를 어떻게 정할 것인지 이리저리 생각함_편집자주)과 함께 시작하는 반면, 외향형 인간은 모든 것이 경험과 함께 시작한다. 외향형 인간은 스스로 외적 환경에 의해 인도되는 것을 허락하는데, 여기에는 자신의 무의식적 투영이 담겨 있으며, 그리고 나서 구상이 그들에게 찾아온다. 이런 방법으로 외향형 인간은 자신의 생각을 체계화한다.

내향형 인간은 구상들을 종합하고 스스로 자신의 구상들에 의해 인도되도록 하는 능력이 더 뛰어나며, 그리고 나서는 자신의 생각을 외부 환경에 적용한다.

이 유형들이 별개로 나뉘어 있을 때는 제한된 효용을 가지지만, 만약 당신이 이 모두의 스펙트럼을 따라 움직이는 능력을 길러낼 수 있다면, 당신은 당신의 객관성 감각을 증대시킬 수 있다. 이 유형들이 극단에 치우쳤을 때는 둘 다 너무 정형화되어 비판적 사고가 서서히 사라질 위험성을 가진다. 모든 것이 공식에 꼭 맞아야 하고, 모든 것이 사실들과 무관하게 공식적인 원칙과 일치해야 하며, 그렇지 않은 것은 어느 것이나 (애석하게도) 부수적인 것으로 되어 고려 대상에서 제외될 수가 있다.

우리는 좌-우 또는 진보-보수의 관점에 따른 정치적 스펙트럼 얘기를 하도 자주 들어 이것을 당연시한다. 이런 유형들이 나름의 근거를 가지는 것은 당연하지만 미시정치에서는 효용이 제한된다. 보수주의자나 진보주의자는 똑같이 내향적일 수도 외향적일 수도 있다. 정치적 내향형 인간들이 사교적이고 직설적이라든가, 정치적 외향형 인간들이 수줍어하고 사교성이 부족한 경우는 얼마든지 있을 수 있다. 만약 당신이 외향형 인간이라면, 그것은 당신이 외부적 결정 요인에 대한 근본적 집착(오른손잡이라든가 왼손잡이라든가)을 가지며, 당신의 자기교육이 주로 외부적 자료에 의존한다는 뜻이다. 당신이 외향형 인간이라면, 당신의 심리 활동은 주로 외부 환경에 순응하는 것으로 구성된다. 외향형 인간은 절대로 삶으로부터 너무 멀리 벗어나는 법이 없다. 외향형 인간은 상황을 그냥 있는 그대로 보지 않고 외부 환경을 활용한다. 마치 외부 환경이 너무나 굉장한 동기라도 되는 양.

미국의 역사가 조셉 엘리스Joseph Ellis는 조지 워싱턴과 토머스 제퍼슨을 기술하면서 다음과 같은 뚜렷한 대비를 담았다. 워싱턴은 "사람들의 마음속에 꿈꾸듯 떠다니는 매혹적인 이상"과 공상 같은 계획을 불신하는 "완고한 현실주의자"였다. 워싱턴의 현실주의는 자기 자신에 대한 통제, 타인에 대한 통제, 그리고 그가 통제할 능력을 가지는 모든 사건들에 대한 통제에 뿌리를 두는 것이었으며, 그렇기 때문에 그는 토머스 제퍼슨과는 스펙트럼의 정반대편 위치에 있었다. 제퍼슨에게 이상은 지고의 현실이었으며, 영감을 불러일으키는 그의 뛰어난 능력은 세계가 결국 그가 그의 머릿속에 그리는 모습에 꼭 맞게 되리라는 그의 확신에서 나온 것이었다.

이들 유형을 더 잘 이해하기 위해, 당신에게 질문을 던져 자신의 유형을 식별케 하려 한다. 대체로, 당신은 절대적인 것들을 어디에서 찾는가? 그것들은 과학에 의해 증명되는 '현실 세계' 안에 있는가? 아니면 그것들을 당신은 당신의 내면에서 찾는가? 당신의 행동을 지배하는 것은 어떤 법칙들인가? 사회의 도덕적 요구에 부합하는, 인간이 만든 행동 규칙인가? 아니면 신에게 물려받은 보편 법칙들인가? 절대적인 것들은 어디에 있는가? 이 질문들에 대한 당신의 응답은 미시정치의 이해를 위한 전제조건이다. 당신의 응답은 당신이 당신 자신의 객관성 감각을 이해하는 데 도움을 줄 것이며, 상황의 요구에 맞추어 내면으로 또는 외부를 향해 길을 찾는 법을 배우도록 도울 것이다.

어느 유형이든 저마다 경향들과 아울러 고유의 난제들을 가지기 마련이다. 당신은 당신의 적대자/동료의 편향 또는 주관성을 지적하기보다는 먼저 당신 자신의 유형을 알려고 애써야 한다. 당신 자신에 대한 자각은 성장을 위한 여지를 만들며, 그렇기 때문에 자기숙달에 앞서 일어나야 한다. 자각에는 내향성과 외향성 간의 균형, 당신이 구상들과 맺는 관계와 당신이 대상들과 맺는 관계 간의 균형점(무게중심이 낮은 유연하고 탄력 있는 균형점)을 찾는 일이 수반된다.

내향형 인간들 ― 내향형 인간들의 상당수 ― 는 미시정치의 현장에서 특별한 약점을 지닌다. 그것은 원칙에 몰입하는 경향, 즉 사실들이 하나의 지론을 뒷받침하지 않을 수 없게 하고 그렇지 않은 사실들은 도외시하는 경향이다. 지금 말하려는 사례에서는 미국 남북전쟁 시기에 단 하나의 원칙에 몰입했던 사례를 제시해보려 한다. 당시 사람들은 에이브러햄 링컨이 인신보호영장 제도를 중단시킨 것에 격분했다. 영국의 관습법에서 유래한 인신보호영장은 불법적 구금으로부터 사람들을 보호하는 제도였다. 링컨은 반역자들에게 도움과 편의를 제공하고, 징집에 저항하고, 자원 입대를 막거나 아니면 전쟁을 방해한 혐의가 있는 사람은 누구든 체포하라고 명령했다.

사람들은 인신보호영장 제도가 없으면 연방정부는 독재나 다름없다고, 남부 연합the Confederacy이나 다름없다고 항변했다. 링컨은 다음과 같은 수사적인(그리고 얼마간은 빈정대는) 물음으로 응수했다.

"모든 법률이, **하나를 제외한** 모든 법률이 그 하나가 위반되지 않도록 하기 위해 시행되지 못하고, 정부 자체가 지리멸렬되어야 한다는 말인가?"

요점은 이렇다. 당신은 절대적인 것들을 어디에서 찾는가? 내향적 유형들은 목적을 위해 원칙을 희생하기를 꺼려하는 반면, 외향적 유형들은 무슨 원칙이 되었건 모든 원칙을 희생할 수도 있는 사람들이다. 다시 테이프를 고속으로 감아 현재로 돌아와서, 만약 당신이 테러와 싸우겠다고 정했다면 당신 같으면 어떤 원칙을 희생시킬 것인가 또는 당신 같으면 어떤 법률을 피해갈(또는 어길) 것인가를 생각해보라. 내가 말하는 요점은 표준 유형 그리고 중립 유형이란 없다는 것이다. 오직 당신의 성격, 당신의 문화, 당신의 사회 환경, 그리고 당연히 당신의 정치적 이해타산에 기초한 유효하거나 유효하지 않은 유형이 있을 뿐이다.

하지만 이런 부담―원칙에 몰입하는 데 따르는 위험―과 더불어 내향적 유형들은 추상적 사고에 관한 한 외향적 유형에 비해 명백한 우위를 가진다. 추상적 사고는 중요하다. 왜냐하면 추상화 과정을 통해 사람들은 범주화와 체계적 사고를 할 수 있으니까. 체계적으로 생각하지 못하는 사람들은 정치를 국지화하고 개인화하는데, 이는 그들이 시스템이 작용하는 것을 보지 못하며 정치 고유의 논리가 작용하는 것을 인식하지 못하기 때문에 특정 개인을 탓하는 우를 범할 수 있다. 추상화의 과정은 구체적인 현실세계의 문제와 함께 시작한 다음 구체에서 일반으로 나아간다. 당신은 추상화 과정을 통해 당신의 생각을 일반화하고, 당신의 경험에 가치를 추가하며, 당신의 정치적 상상력을 고무시킬 수 있다.

외향형 인간은 내부를 들여다볼 수 있을 때도 스스로 해결책을 찾아 외부를 살피는 습관이 있다. 이것은 인터넷, 영화, 그리고 특히 TV의 영향인데, 이들의 문제점은 문제를 스스로 해결하는 내성이 부족하다는 것이다. 하지만, 두 가지 유형을 식별한다고 해서 그 유형들 간의 갈등을 끝낼 수는 없을 것이며, 당신 자신의 유형을 식별한다고 해도 이는 마찬가지다. 방안은 한 가지 사고 유형에 의존적으로 되는 것이 아니라 양자의 가장 정치적으로 유용한 측면들을 취하는 것이다. 당신은 당신 자신의 유형을 식별하고 자신의 객관성 감각(균형 있고, 기동성 있으며, 유연한)을 길러내어, 당신의 현실 인식이 모호해지고 그럼으로써 당신의 대안적 행동 방침들이 제한을 받는 사태를 막아야 한다.

내향적 및 외향적 유형 간의 차이에 대하여 더 설명을 듣고 싶으면 4장에 나오는 다른 중요한 가치들(도덕적 가치들과 능력 가치들)을 꼭 참조하기를. 도덕적 가치와 부합되게 행동하는 것은 정직하고 책임감 있게 행동한다는 뜻이며, 이것은 내향형 인간의 추상적 원칙에 대한 존중을 돋보이게 하는 행동이다. 역으로, 능력 가치에 부합되게 행동하는 것은 논리적이고 솜씨 있게 행동한다는 의미이며, 이것은 외향형 인간의 '현실 세계'를 향한 지향을 부각시키는 행동이다.

무엇이 위대한 리더를 만드는가?

최근 영국 정치인과 미국 정치인의 차이를 주제로 하는 대화에 참여한 적이 있다. 누군가가 '정치인을 만드는 것은 무엇인가요?'라고 물었다. 사람들은 이구동성으로 통상적인 특성을 나열했다. 좋은 대인관계 기술, 좋은 의사소통 기술, 좋은 협상 기술, 자신감, 그리고 업무와 관련된 일정한 깊이와 폭을 갖춘 지식. 여기에 나는 아리스토텔레스가 모든 정치가들에게 요구한 세 가지 기본적 자질을 추가하고 싶다. 첫째는 법치에 대한 헌신이다. 둘째는 자신의 직무를 감당할 수 있는 능력을 가지는 것이다. 그리고 세 번째는 정의감이다. 그리고 나는 목록에 철학, 즉 **배움에 대한 사랑**을 추가하고 싶다. 플라톤에 따르면, 배움에 대한 사랑은 참 지도자—참된 지도자는 오늘날만큼이나 당시에도 흔하지 않았다—의 가장 중요한 특성이었다. 평생의 배움을 싫어하거나 그러고자 하는 성향이 전혀 없는 사람이라면 옳고 그름을 분별할 능력이 없고, 좋은 구상과 나쁜 구상을 가려 판단하는 방법도 전혀 가지지 못할 것이다. 우리의 도시와 국가들(그리고 아마 우리의 기업과 대학들도 마찬가지겠지만)은, 플라톤이 말했듯이 철학자들이 왕이 되고 왕들이 철학자가 될 때까지는—정치적 위대함이 지혜와 함께할 때까지는—그들의 잠재력을 최대한 달성하는 데 결코 근접하지 못할 것이다.

오늘날에는, 어린 시절에 시작하여 성년기 내내 계속 이루어지는 평생 교육이라는 발상은 마땅히 정치인이 가져야 할 기본 자질이다. 정치적 위대함과 지혜를 결합한다는 것은 무슨 의미일까? 철학자에게 리더가 되라는 제안은 무엇을 의미할까? 대답하기에 앞서, 철학자는 단지 지혜를 사랑하는 사람일 뿐만 아니라 늘 새로운 것을 배우려는 호기심이 강하며 결코 현상現狀에 만족하지 않는 사람임을 잊지 않도록 하자. 또, 정치는 사회적인 사안임을, 그리고 전적으로 개인에 근거한 미시정치의 이해란 그 어느 것도 불완전한 법임을 기억하자.

　요점을 분명히 보여주기 위해 플라톤의《국가》에 나오는 이야기 한 가지를 하려고 한다. 이 이야기는 어떤 배의 도선사에 관한 것으로, 이 도선사는 선원들보다 키가 더 크고 힘이 더 세지만 운항 기술은 평범하며 시력과 청력도 둘 다 쇠퇴하기 시작한 정직한 사람이었다. 선원들은 누가 배를 조종할 것인가를 놓고 끊임없이 서로 싸웠다. 선원들은 누구나 자신의 기술이 도선사의 기술보다 별로 나을 것이 없는데도 자기가 가장 적격이라고 생각했다. 그들은 도선사 주위에 모여들어 배의 키를 자기들에게 달라고 끈질기게 졸라댔으며, 뜻을 따르지 않는 자는 누구든 난도질하여 물속에 던지겠다고 위협했다. 폭도들은 그들이 배를 인계받도록 돕는 자는 누구에게든 보상을 약속했고, 그렇게 하지 않는 자는 누가 됐건 응징을 약속했다. 주장의 정당성을 인정받지 못하자 그들은 반란을 모의했고, 도선사에게 약을 탄 음식을 먹여 배를 강제로 손아귀에 넣었다. 그들은 창고를 열어 실컷 먹고 마셨으며, 폭도 패거리답게 행동하면서 항해를 계속했다.

　불행하게도 폭도들은 물이 잔잔하고 하늘이 청명할 때는 불필요한 듯 보였던 도선사의 전문지식에 관해 모두 살피지는 못했다. 폭도들은 도선사만의 고유한 업무 능력, 즉 하늘과 물을 읽을 수 있다는 것, 별과 바람을 알고 있고 온갖 다양한 상태에서 배를 조종하는 것과 관련된 모든 것을 알고 있다는 점에 대해 전혀 심사숙고하지 않았다. 그들은 외부에서는 보이지 않는 항해의 신비로움과 도선사와 자신들의 자기숙달의 차이에 관해 전혀 숙고하지 못했다.

이 대목에서 우리는 1장에서 다룬 자기숙달의 정의를 떠올리게 된다. 자기숙달은 **어딘가에 소속되는**(개인적 요소) 권력뿐 아니라 **누군가에 미치는**(사회적 요소) 권력과 관련이 있다는 정의 말이다. 이 절의 맨 앞에 나오는 물음은 '정치인을 만드는 것은 무엇인가?'였다. 좋은 대인관계 기술, 의사소통 기술, 협상 기술은 사회적 요소다. 자신감, 업무 관련 지식, 정의감, 배움에 대한 사랑은 개인적 요소다.

배의 도선사에 관한 이야기가 흥미로운 것은 이 이야기가 **권위와 정치인의 역량의 결합**이 얼마나 중요한지를 전형적으로 보여주기 때문이다. 만약 당신이 수평적으로 바라본다면 정치는 경쟁으로 보인다. 하지만 수직적으로 바라본다면 정치는 권력을 원하는 사람(권력 추구자)와 그 권력을 다른 이에게 부여하기를 원하는 사람 또는 집단(권력 양도자) 간의 교환으로 보인다. 정치학자로서 말한다면, 나는 이것 때문에 정치가 극히 중요해진다고 말하고 싶다. 왜냐하면, 우리에게는 우리의 가장 긴급한 문제들에 대해 우리가 정치인들에게 부여한 권력을 능수능란하게 다뤄 줄 정치인이 필요하기 때문이다.

이것은 또 우리가(적어도 미국에서) 임기 제한을 두는 이유이기도 하다. 왜냐하면 우리는 결함을 가진 인간에게 권위를 부여하기 때문이다. 나치 전범들이 그랬듯, 이 교환에는 사람의 정신을 갉아먹는 뭔가가 있다. 자신의 정체성을 으레 어떤 무리의 사람들에게서 찾다 보면 사람들은 자신이 개인적 책임에서 면제되었다고 확신하게 된다. 이것은 자신의 도덕적 잣대를 손상시키며 인간의 고통을 헤아리는 세심함을 감쇄시킨다. 그렇다고 집단들의 정치적 의견을 무시해도 된다고 말할 생각은 추호도 없다. 하지만 집단들은 개인에게 거의 불가항력적인 도발적, 폭력적 영향력을 행사할 수 있다. 공포와 증오는 특히 전염성이 강하며, 이것은 대규모 집단의 평범한 정치적 의견이 종종 뛰어난 한 개인의 정치적 의견보다 수준이 떨어지는 이유를 설명해준다. 정치는 상호적이고 즉응적이기 때문에, 집단과 정서적으로 연루되어 그 집단의 더 저급하고 더 원시적인 충동에 휘말리는 것은 쉬운 일이다. 플라톤은 인간 본성 안에 내재하는 이 긴장을 알아보았으며—마치 영혼 안에 서로 불화하고 있는 당파들이 있기라도 하듯—이것이 국가의 내부에서 벌어지는 상이한 당파들 간의 투쟁 속에 반영됨을 알고 있었다. 아리스토텔레스 역시 비슷한 결론에 도달했다. 모든 인간처럼 국가도 영과 육으로 구성되어 있는데, 전자는 이성적 사고를 할 수 있는 통치자이고 후자는 그렇지 못한 피통치자라고 그는 말했다.

정치와 꼭 마찬가지로, 권위는 적어도 두 사람을 필요로 하는 대인관계와 관련된 상황이다. 경의를 표할 것을 요구할 한 사람과 요구에 경의를 표할 한 사람. 사람들은 재산, 출생, 직업, 교육, 수입 등의 많은 것을 근거로 위엄과 신망을 요구하기 마련이다. 권위는 개인과 사회에 똑같이 매우 매력적이면서도 위험하다. 왜냐하면 권위를 부여하고 받아들이는 것은 받아들이는 사람도 사회도 고칠 수 없을 듯한 습관이 되기 때문이다. 당신이 누군가에게 우위를 부여할 때, 그렇지 않음에도 불구하고 당신은 스스로를 강등시키고 자발적으로 당신의 권리를 포기하는 것이며, 이는 반대의 경우도 마찬가지로 받아들여진다. 하지만 당신이 가진 어떤 직책이나 직함도 사회의 집단적 승인을 뜻한다. 당신이 맡고 있는 직함은 많은 사람들의 협동을 통해 생겨난 사회적 영향력이 누적된 것이다.

그렇기 때문에 자신의 모든 것을 내어준 것은 아닐지라도 권위에 대한 공경의 태도는 필요하다.

정치는 가능성의 예술

앞에서 언급했듯이, 정치에는 그 자체의 법칙과 고유의 논리가 있으며, 따라서 정치적 행동은 다른 종류의 사회적 행동과 구별된다. 이뿐만이 아니다.

1. 정치의 법칙들은 인간의 본성에 뿌리를 가지며 우리의 선호에 영향을 받지 않는다.
2. 정치는 권력에 관한 것이다.
3. 한 인간의 다른 인간에 대한 통제를 용이하게 하는 어떤 사회적 관계든 정치이다.
4. 자기이익은 정치의 본질이다.
5. 자기이익은 정치적 행위를 판단하는 가장 신뢰할 만한 기준이다.
6. 정치적 행위에 대한 판단은 최고의 윤리적 기준에 따라 할 수 있고 해야만 한다.

우리는 모두 권력의 분배에 있어 어마어마한 상이相異를 드러내는 세계에 태어났다(그리고 그 안에서 계속 살고 있다). 비록 당신이 어떤 양도할 수 없는 권리들—이를테면 당신의 창조주가 부여한 천부인권—을 가졌을지는 모르나 권리를 가지는 것이 기량을 가지는 것과 똑같은 것은 아니다. 기량이란 당신이 교육, 훈련, 경험에 의해 획득하는 어떤 것이다.

당신이 정치적 기량을 통해 당신의 조직에서 훌륭한 것들을 이룰 수 있음은 틀림없는 사실이다. 역사가 우리에게 이 교훈을 가르친다. 그러나 무제한으로는 아니다.

무슨 제한? 이 물음에 대한 답은 정치적 현실주의를 탁월하게 펼쳐 보인 독일제국 초대 총리를 지낸 프로이센의 귀족이자 정치인인 비스마르크Otto von Bismark가 전하고 있다. Die politik ist die kunst des möeglichen이라고 그는 말했으니, 곧 '정치는 가능성의 예술이다' Politics is the art of the possible. 그가 이것을 처음 말한 사람인지 확실히는 아무도 모르지만, 오랫동안 그렇게 여긴 터라 출처는 거의 중요하지 않다. 핵심은 정치란 완벽의 기술이 아니라 가능성의 기술, 차선을 모색하는 기술이라는 것이다.

만약 정치가 가능성의 기술—차선을 모색하는 기술—이라면, 그렇다면 미시정치는 당신의 **첫 번째 선택**을 획득 불가능하게 만드는 모든 조건과 제약을 인지하면서도 당신의 **두 번째 선택**을 못 보는 일이 없도록 하는 기술이다. 이 구별이 중요한 것은 모든 정치적 행위의 목적은 최대의 긍정적 결과를 만들어내면서도 희소 자원의 할당을 최적화하고 낭비를 최소화하는 것이기 때문이다. 그러려면 정확한 가정들에 근거하여 당신의 목표를 명확히 하는 것이 중요하다. 당신의 목표를 비현실적인 것으로 만들 모든 조건, 모든 제약, 모든 요인들을 인지하고, 그것들을 고려에서 제외하면 당신은 차선의 해결책에 집중할 수 있다. 이제 이것은 당신이 당신의 전략을 세우고 실행할 새로운 조직원리가 된다. 탄력 있고 기동성 있는 객관성 감각을 가지는 것이 자산이 되는 것은 바로 이 대목이다.

인간의 본성(이것은 **당신의** 본성을 의미하기도 한다)에 대해서뿐만 아니라 당신은 회사 내 당신의 상황에 대해서도 객관적이고 현실적이어야 한다. 무엇이 현실적인가를 당신은 어떻게 알까? 당신이 당신의 생각을 체계화하고 훈련하는 방법은 무엇일까? 한 가지 방법은 단계적인 추상화(주어진 문제나 시스템을 핵심이 되는 부분만 분리해 내어 간결하고 이해아기 쉽게 만드는 작업_편집자주)의 과정을 밟아 가는 것으로, 그렇게 하여 정치적 영역 밖에 있는 정보를 모두 배제하는 것이다. 이렇게 하여 당신은 주어진 상황에서의 사실들, 패턴들, 상호의존적 요소들을 체계적이고 현실성 있게 정리하고, 당신의 목표를 비현실적으로 만드는 것들을 제외한 다음 스스로에게 이렇게 물을 수 있다. **무엇이 차선의 해결책인가?** 이와 같이 하여 당신은 그 사례에 대한 하나의 이론을 개발할 수 있다. 똑똑한 변호사들이 의뢰인에게 유리하도록 사실들과 법률을 정리하는 방식이 이런 식이다. 사례에 대한 당신의 이론은 현실—불편한 사실들을 포함하는—의 재현이어야지 허구적 픽션이어서는 안 된다. 추상적이어야 하나 가상의 것이어서는 안 된다.

관리이론가management theorist들은 이것을 '사용使用 이론theory-in-use'이라 부르는데, 이는 당신의 행위를 실제로 통제하는 이론이다. 당신의 사용 이론은 **관찰 가능한 데이터와 대조하여 검증되는** 당신의 가설로, 당신의 성공의 기준 이외에도 당신의 가치, 전략, 그리고 가정들로 이루어진다.

직장에서 미시정치를 실천하기 위해서 당신은 당신의 결심을 약화시키거나 당신으로 하여금 진로에서 이탈하게 할 집중을 방해하는 것들을 무시할 필요가 있다. 그런 상황에서는 으레 당신은 결국 무의미한 것으로 드러나는 어떤 정보에 근거하여 과잉 반응하기가 쉽다. 쉽지는 않겠지만 관건은 당신이 마치 당신이 좋아하는 의자에 편안히 앉아 있기라도 하듯 추상적으로 생각하고, 현장을 읽으며, 새로운 정보를 습득하는 당신의 능력을 유지하는 것이다. 예컨대, 누가 승진할 예정이고, 누가 회사를 나가며, 누가 누구와 사랑하는가에 관한 직장 내 소문은 언제나 차고 넘치는 법이다. 사람들은 수다를 떨기 마련이다. 그리고 사람들은 **당신에 관해** 수다를 떠는 법이다. 내버려두되, 당신이 뱉는 말에 강철 같은 자기수양이 담기도록 하라. 그렇다고 말을 하지 말라는 뜻은 아니며, 그저 반드시 당신의 말 속에 실속, 수다 이면의 진짜 무엇인가가 있도록 하라는 것이다. 이런 식으로 자기수양을 실천하는 것은 당신이 쓸데없는 비난이나 험담에 과잉 반응하지 않도록 해줄 것이다.

다행스럽게도, 상황 속에서 현장을 읽고, 사실들과 패턴들과 상호의존적 요소들을 정리하며, 나아가 특정 상황에 대한 이론을 개발하는 방법이 있다. 당신의 이론은 다음의 것들로 구성되어야 한다.

1. 다음의 것들에 대한 당신의 이해력—상황의 참가자들, 그들이 맡는 역할과 품는 기대, 그들이 가진 서로 경쟁하며 보완하는 목표들.

2. 옳고 그름에 대한 참가자들의 믿음, 가치, 태도, 문화.

3. 일부 참가자들이 그들의 개인 영역 또는 영향권이라 여길 수 있는 공식적 또는 비공식적 경계(근거지).

4. 상황 속의 모든 참가자들의 강점과 약점(당신 자신의 강점과 약점을 포함하여), 그리고 이에 못지않게 상황이 개인적 개입을 허용하는 정도.

이렇게 사실들, 패턴들, 상호의존적 요소들을 정리하는 것은 당신이 최선의 해결책을 알아내는 데, 그리고 갈등을 개시하거나 확대하는 것이 당신의 상황을 **개선할** 것인지의 여부를 결정하는 데 도움을 줄 것이다.

이렇게 되기 위해서는 당신이 당신의 **상황인식**을 길러낼 수 있는가가 관건이 된다. 여기서 상황인식이란 '일정한 범위의 시간과 공간 안에서 환경 안의 요소들에 대한 지각, 요소들이 가지는 의미에 대한 이해, 그리고 가까운 미래에 그 요소들이 처할 상태에 대한 전망'이라 정의될 수 있다. 상황인식의 가장 중요한 성과는 추상적으로 전개되기 시작하는 미래를 보는 능력과 변화를 예측하는 능력이다. 이것은 현재의 상황의 모든 요소들에 대한 이해와 함께 미래 상황—무슨 먼 꿈이 아니라 **목전의 미래**—에 대한 예측을 의미한다.

스스로에게 물어라. **첫째, 어느 정도까지 상황**(또는 **환경**)**이 개인적 개입을 허용하는가? 둘째, 당신의 위치와 지위는 무엇인가? 즉, 당신은 상황 안에서 전략적으로 중요한 위치에 있는가?** 여기서 주의할 것이 있다. 조직 안에서 당신의 지위는 당신의 위치와 같지 않다. 당신의 위치를 당신의 직함, 직무, 그리고 계층 내 조직도에 의해 규정하는 것은 쉬운 일이지만 당신의 지위를 규정하는 것은 그보다 어렵다. 수시로 변하기 때문이다. 게다가 당신의 지위를 정의하기가 더 어려운 이유는 또 지위란 다른 가치들, 가령 당신의 지적 능력, 교육, 전문 지식, 그리고 평판에 의존하기 때문이다. 이 가치들이 당신에게 다른 사람들을 지배할 힘을 주지는 않지만 이것들은 효과적인 리더십의 신호들이다. 당신의 지위는 당신의 위신이 그렇듯이 다른 사람들이 당신에 관해 형성하는 인상의 반영이다. 지위는 당신이 외부에 보여주는 것이며 그리고 사람들이 당신에게 부여하는 어떤 것이어서, 사회적 차원의 자존감이라 할 수 있다.
셋째로, 스스로에게 물어라. **당신의 상대적 강점과 약점은 무엇인가—
그리고 상황 속의 다른 개인들의 강점과 약점은 무엇인가?** 만약 상황이
단 한 명의 개인의 행위가 결과에 영향을 미칠 수 있을 정도로 불안정
하다면, **기량 변수**는 매우 중요하게 된다. 왜냐하면 당신의 기량이 크면
클수록 그만큼 당신은 상황의 유불리에 덜 의존적으로 되고, 그만큼 상
황 안에서 전략적으로 중요한 위치에 있는가 여부에 덜 의존적으로 되
며, 그리고 그만큼 당신의 기량(다른 누군가의 기량이 아니라)이 결과를 결
정할 공산이 커지기 때문이다.

• • •

의문이 남을 것이다. 이러한 것들이 가능한지를 어떻게 알 수 있을까?
정치를 가능성의 예술로 만들기 위해서는 사람마다 차이는 있겠지만 당
신의 자율, 자유, 자기숙달의 정도와 객관성 감각에 달려 있다. 우리는 모
두 좁게는 가정에서부터 이웃 그리고 그 너머에 이르기까지 중복되는
다수의 네트워크에 구성원이다. 우리에게는 직업, 가족관계 그리고 다른
책무들이 있으며, 이런 것들은 당신 본성의 원시적이고 본능적인 요소
를 제약하며 당신의 자유를 제한한다. 이것은 미시정치를 위해서는 사
회적 신호들에 대한 고도의 감수성과 당신이 세계에 미치는 영향에 대
한 관찰—자기감시라고도 알려진—이 필요하다는 것을 의미한다. 만
약 당신이 '낮은 정도의' 자기감시자라면 당신은 사회적 및 대인관계적
신호들을 종종 무시할 것이며, 반면 당신이 '높은 정도의' 자기감시자라

면 당신은 현장을 읽고 당신 주위의 사람들로부터 배우고 그들에게 응답할 수 있을 것이다. 그렇기 때문에, 내가 당신에게 정치는 사회적 사안임을 환기할 때, 나는 당신에게 당신의 객관성 감각을 키우기 위해 외부로, 당신 자신에게서 떨어져 나와 사회적 공간 속으로 밀고 나갈 것을 요구하는 것이다.

하지만, 내가 당신에게 정치의 법칙들이 인간의 본성에 뿌리를 둔 것이라고 환기할 때, 나는 당신에게 당신의 객관성 감각을 아래쪽으로, 인간 종 전체가 공유하는 문화적이고 집단적인 요소들을 향해 밀고 나갈 것을 요구하고 있다. 미시정치의 달인들이 자신의 객관성 감각을 외부로 그리고 아래쪽으로 밀고 나가는 것은 정치적 동물은 사회적 동물이면서도 그에 못지않게 원시적이고 본능적인 동물이기 때문이다. 칼 융이 말했듯이 "모든 개체는 혁명, 내부 분열, 기존질서의 전복, 그리고 재생을 필요로 한다." 나는 당신이 융이 말하는 정밀한 연대기에 세밀한 주의를 기울였으면 한다. 혁명, 내부 분열, 기존질서의 전복 그리고 마침내 재생. 삶에서 변화하지 않는 것은 아무것도 없으며, 정치도 예외는 아니다. 지금은 변화의 시간이다. 지금은 동굴을 나와 매트릭스의 플러그를 뽑고 정치의 신비를 재정립할 시간이다 — 이러한 것들은 앞으로 우리가 3장에서 착수할 과제이다.

3장
미시정치의 신비로움

프로젝트 팀장끼리 대화를 나누는 해묵은 이야기가 있다. 이 이야기는 다음과 같이 전개된다. 두 프로젝트 팀장은 사람들이 붐비는 잔디가 깔린 사각형 모양의 안뜰을 관통하는 콘크리트 보도를 설치하라는 과제를 받는다. 팀장들은 우선 몇 가지 경로들을 상정한 후에 그 중에서 선택을 해야 한다. 학교를 갓 졸업한 젊은 프로젝트 팀장은 먼저 유동 인구의 행동 패턴과 피크 타임을 분석할 것을 권한다. 하지만 경험이 더 많은 프로젝트 팀장은 잔디가 이미 닳아서 맨흙으로 된 곳에 콘크리트를 붓는 방법을 제시한다.

이 이야기에는 때는 좀 묻었지만 재치 있는 베테랑 팀장을 편들지 않을 수 없게 만드는 반反 지성주의적 교훈이 담겨 있다. 또한 사람들로 인해 잔디가 닳아 없어진 곳에 콘크리트를 붓는 것은 이동 시간을 절약할 뿐만 아니라 콘크리트도 절약시켜준다는 경제적 교훈도 담겨 있다. 잔디가 자랄 수 없게 되어버린 흙길로부터 복합 시스템complex system의 본질에 대한 가르침 또한 추론할 수 있다. 날마다 반복되는 사람들의 행렬, 길, 그리고 길 양편의 잔디 구역들은 모두 하나의 복합적이고 역동적인 미시규모 시스템을 이루는 요소들이다. 이 미시규모의 시스템이 계속 존재하기 위해서는 사람들이 그곳을 계속 걸어 다녀야 하고, 그로 인해 잔디는 다시 자랄 수 없어야 한다. 마지막으로, 정치의 본질에 대한 교훈도 찾을 수 있다. 이 길은 어떤 공유된 습관, 의식적 선택 없이 일어나는 반복적 행동의 패턴을 보여준다. 이런 식으로 하여 길은 관례가 되고 관례는 신비가 된다.

개인적인 것이 정치적인 것이다

독일의 정치학자 카를 뢰벤슈타인Karl Loewenstein에 따르면, "정치는 다름 아닌 권력 투쟁이다." 뢰벤슈타인은 권력을 인간 본성 안의 기본적인(그리고 종종 주요한) 충동의 하나로 여겼다. 아리스토텔레스에서 마키아벨리에 이르기까지, 몽테스키외에서 미국 건국의 시조들에 이르기까지, 그리고 그보다 앞서 살았던 많은 철학자나 정치학자들과 마찬가지로 뢰벤슈타인도 권력을 대체로 정치 과정으로서 분석했다. 그는 눈에 잘 띄지 않는 비공식적인 권력 소지자들의 존재를 인정했지만, 그것은 정당, 이익집단, 그리고 정부 부서라는 시스템의 범위를 벗어나지 않는 한에서였다. 그렇기 때문에 모든 정치권력은 제도적이고 공식적이고 개인과 무관하며, 그러므로 정당성을 가지는 것으로 여겼다. 이것이 전통적인 정치의 신비다. 그리고 이것이 관례가 되어 당신은 사람들이 있는 곳에서는 어디서나 ― 공식적이거나 비공식적인 모든 종류의 상황에서―정치가 일어난다는 것을 이해하지 못하게 되었다. 미시정치는 인간의 행동과 관련된다는 점에서 '사회적social'이며, 동시에 인간 사회의 시스템 및 구조와 관련된다는 점에서 '사회에 관한societal' 것이기도 하다.

베티 프리던Betty Friedan의 《여성의 신비Feminine Mystique》는 1963년에 출간되었다. 이 책의 출간은 미국 여성운동에서 획기적 사건이었고 수백만의 여성들이 의미 있는 전문적 경력을 쌓고, 그들이 가진 능력을 충분히 실현하며, 결혼과 모성을 뛰어넘는 사회적 인정을 받는 길을 닦았다. 여기 긴 정의가 제시된다.

"여성의 신비는 여성의 가장 고귀하고 유일한 책무는 그들 자신의 여성다움의 완수임을 천명한다. 또 서양 문화의 큰 실수는 그 대부분의 역사를 통틀어 이 여성다움에 대한 과소평가였다고도 한다. 여성의 신비에 따르면, 이 여성다움은 너무나 신비롭고 직관적이며, 그리고 생명의 기원과 창조에 근접하는 것이어서 인간이 만든 과학으로는 결코 그것을 이해할 수 없을 것이라고 한다."

1969년에 미국의 작가이자 페미니스트인 캐럴 해니시Carol Hanisch는 〈개인적인 것이 정치적이다The Personal is Political〉라는 짧은 글을 썼는데, 이 글은 여성 해방운동을 주제로 출간된 어떤 선집에 실린 것이었다. 해니시는 당시 다른 페미니스트 리더들과 많은 회의에 참석했던 일을 회고했다. 회의는 지적으로 자극을 주는 것이기도 했지만―종종 자정을 한참 지나도록 계속되었다―해니시는 이를 통해 치유의 힘을 얻었다. 해니시가 글을 쓰던 1960년대 후반에 페미니스트 운동의 리더들은 그들의 '개인적 문제들' 가령 민권, 생식권, 동일임금, 그리고 섹스나 신체상身體像 같은 문제들에 대하여 공공연히 의견을 발표한다는 이유로 공격당하거나 해고당하는 일이 매우 빈번했다. 해니시가 이 회의들과 운동 전체에서 배운 한 가지 교훈은 개인적 문제는 정치적 문제이고 정치적 문제는 개인적 문제라는 것이었다.

하지만 해니시의 이정표적 에세이가 나오기 50년도 더 전에, 이미 칼 융은 심리 유형을 다루는 그의 작업을 시작했다. 융은 어떤 이의 '개인적 문제'가 외부의 사건들과 동시에 일어나며 그 사건들과 유사한 특성들을 공유할 때 그 개인적 문제는 확대되어 전에는 가지지 못했던 위엄을 얻는다고 말했다. 이른바 개인적 문제란 것이 주관적이고 굴욕감을 주며 고립된 것이라면, 정치적 문제―정의상 당연히 사회적 문제인―는 개인의 해방과 연관되어 있다. 이렇게 하여 개인적인 것은 정치적으로 된다. 1장에서 말했듯이, 당신이 모든 왕조와 정복, 모든 정부, 정당, 그리고 사내 파벌들에 대하여 그것들을 한 꺼풀씩 계속 벗겨낼 때, 그리고 정치를 축소시켜 그 핵심만 남게 할 때 정치적인 것보다 더 개인적인 것은 없을 것이다. 그리고 당신이 스스로를 내세우고 상황을 주도하며 당신의 삶에 영향을 미치는 결정들에 참여하는 것으로 권력을 이해할 때, 정치적인 것보다 더 개인적인 것은 없을 것이다.

모든 조직은 정치적이다

미시정치의 조직 원리는 '개인적인 것이 정치적이다'와 반대되는 명제를 갖는다. 이 원칙이 정치의 신비를 효과적으로 재정립할 수 있게 해주지만, 이 원칙은 우리에게 미시정치의 다양한 구조, 수단, 시스템, 그리고 원형原型들에 대해서 구체적인 어떤 것도 이야기하지 않는다. 예컨대, 국제 정치에는 주권 국민국가와 동맹들이 있으며, 거기에 더하여 수많은 비국가 행위자들이 있다. 국내 정치에는 정당, 이익집단, 정부 부서, 그리고 연방, 주, 지자체 차원의 사법부가 있다. 현대적 일터에는 기업적 관료제의 모든 인공물人工物들이 있다. 여기에는 이사회, 임원, 주주, 공급업체, 고객, 사면초가에 몰린 직원, 그리고—스콧 애덤스Scott Adams의 뛰어난 연재만화《딜버트Dilbert》에 나오는 인물들의 판박이인 듯한—무능한 부장, 똑똑한 체하는 컨설턴트, 그리고 끝없이 펼쳐진 비좁은 방들이 있다. 미시정치는 국제 정치나 국내 정치와 유사한 시스템과 구조를 가질까?

아마 그럴 것이다. 그러므로 우리는 정치에 대한 우리의 이해를 연방, 주 또는 지방 정부, 정당, 로비스트에 한정해서는 안 된다. 우리는 당신의 상사, 직장 동료, 친구, 가족 구성원과의 관계를 포함하도록 정치의 신비를 재정립해야 한다. 권력이 도입될 때 상황은 정치화된다는 전제에 동의한다면, 어떤 관계, 어떤 조직이든 정치적으로 될 가능성은 열려 있다. 저명한 관리 이론가 두 사람의 연구에 따르면, "조직이란 다른 어떤 것이 될 수 있기 전에 우선 정치적일 수밖에 없다." 이것은 과감한 주장이며, 나는 이것이 옳다고 믿는다. 하지만 우리는 이 주장을 질문으로 바꾸어 확인해보아야 한다.

조직은 먼저 정치적인 연후에 다른 어떤 것이 될 수밖에 없을까? 먼저 인간 사회에서 가장 불완전한 비영속적인 개념인 폭도mob를 살펴보자. 사전을 찾아보다가 17세기 영국에서는 긴 낱말이나 어구를 1음절어로 줄이는 것이 유행이었음을 알게 되었다. mob은 이렇게 mobile vulgus라는 라틴어 어구의 축약어로, 이 라틴어구는 말 그대로 '흥분하기 쉬운 대중'이라는 뜻이다. 현대 영어에서 mob은 변덕스러운 군중, 제어하기 어려운 군중이며, 그리고 수백 년 후에도 이 낱말은 여전히 동일한 경멸의 톤을 지닐 것이다. 만약 정치가 권력에 관한 것이고 권력이 도입될 때 사회관계는 정치적으로 되는 것이라면, 그렇다면 군중mob은 미시정치가 펼쳐질 무대가 된다.

군중과는 스펙트럼의 반대편 끝에 있는 더 공식적인 조직도 미시정치의 무대가 될 수 있을까? 이것은 더 쉬운 질문이다. 공식정인 조직에서 CEO 같은 고위 임원들은 조직의 대리인들이다. 개인들이 결정을 내리고 행동을 취할 때 그들은 조직을 대리하는 행위자인 것이다. 이런 일이 가능하려면 영속성이 있어야 하고, 규칙이 있어야 하며, 권한의 일정한 위임이 있어야 한다. 왜냐하면 개인들과 그들이 맡는 공식적 역할은 뚜렷이 다른 것이니까. 조직은 경쟁하는 당파(부서 또는 개인)들로 구성되며, 그들의 행동을 이해하기 위해서 우리는 갈등의 본질, 당파들 간에 이루어지는 권력의 분배, 갈등의 협상과 타협, 또는 지배와 복종을 통해 해결되는 방식을 이해해야 한다. 모든 조직—가장 원시적이고 비공식적인 사람들의 집단에서부터 가장 복잡한 포춘 500대 기업에 이르기까지—은 기본적으로 정치적이라는 생각을 확립하는 것은 미시정치의 구조와 시스템을 이해하기 위한 중요한 시발점이다.

나는 앞에서 모든 왕조와 정복, 모든 정부, 정당, 그리고 당파들을 한 꺼풀씩 벗겨내어 정치를 가장 기본적인 것들로 축소시키고 싶다고 말했다. 미시정치의 핵심 구조 중 하나는 가족인데, 가족은 '공식적 조직'으로서의 자격은 부족할지 모르지만 주거, 안전, 보안과 같은 필수적인 것들을 조직하기 위한 기본적인 사회 구조이며, 또한 자원의 생산, 분배, 소비를 위한 기본적 경제 구조이기도 하다. 이 핵심적 구조는 인간 본성의 깊은 곳으로부터 생겨나며, 그러고 나서는 우리가 함께 살고 함께 먹고 자원을 서로 나누고 자녀를 키우면서 직접 보고 느낄 수 있는 무엇이 된다. 그러나 그러한 가족 내에서도 가족 구성원 간 의 권력의 경쟁은 존재한다.

이렇게 묘사된 가족이 조직이란 먼저 정치적인 연후에 다른 어떤 것으로 될 수밖에 없다는 주장과 부합할까? 가족은 당파로 구성되어 있을까? 아마 그럴 것이다. 믿고 싶지는 않겠지만 주도권 경쟁을 하는 부부, 보호받아야 할 아이와 보호해야 할 부모 사이에도 권력은 개입한다. 권력은 경쟁하는 당파들 간에 분배가 가능할까? 이것 또한 아마 그럴 것이다. 갈등이 존재할까? 이따금 존재한다. 갈등은 지배와 복종, 또는 협상과 타협으로 결말이 날까? 아마 그럴 것이다. 만약 당신이 이러한 질문들에 나오는 다른 응답을 생각했다면, 어쩌면 그것은 당신이 더 내향적인 성향을 가졌음을, 그리고 가족에 대한 더 이상화된 생각을 가졌음을 보여주는 것일지도 모른다.

어찌 되었건 간에, 정치를 핵심적인 것들만으로 축소하고 정치의 영역 바깥에 있는 정보를 제외함으로써 당신은 상황 안의 사실, 패턴 그리고 상호 의존적 요소들을 체계적으로(그리고 현실성 있게) 정리해낼 수 있다. 이것은 당신이 당신의 첫 번째 선택을 획득 불가능하게 만드는 조건과 제약을 인지하면서 당신의 두 번째 선택을 못 보는 일이 없도록 도와줄 것이다. 이것이야말로 정치를 가능성 예술, 즉 당신의 첫 번째 선택이 획득 불가능함을 인지하면서도 두 번째 선택을 못 보는 일이 없도록 만들어준다. 이것은 완벽의 기술이 아니라 차선의 기술이다. 이것은 정치의 신비를 다른 누군가가 아니라 **당신이** 정하는 기준에 따라 재정립하도록 돕는다. 어쩌면 이것은 당신이 권력의 다양한 수단(도구)들을 더 잘 이해하도록 도와줄 터인데, 이것은 다음 절에서 탐구될 것이다.

권력의 수단들 : 징벌적 권력, 보상적 권력, 조종적 권력

앞에서 언급했듯이, 개인적 권력(누군가에 **속한** 또는 누군가에서 **나오는** 권력)과 사회적 권력(누군가에 **미치는** 권력) 사이에는 차이가 있다. 두 개념 모두 유효하지만 하나는 정치적이고 다른 하나는 그렇지 않다. 정치는 사회적 사안이기 때문에 **누군가에게 미치는 권력**이 특히 미시정치와 관련이 있다.

이 구별에 근거하여, 우리는 캐나다 출신 미국인 경제학자 존 갤브레이스John Galbraith가 만들어낸 용어를 사용하여 다양한 권력 수단들을 확인할 수 있다. 첫째 수단은 '징벌적condign' 권력으로, 이 용어는 '적절한appropriate' 또는 '응당한well-deserved' 대신 쓸 수 있는 고급 용어다. 징벌적 권력은 불리한 결과가 수반되는 매우 불쾌한 선택 사항을 누군가에게 제의함으로써 그녀의 복종을 강요하고 그녀의 행동을 변화시킬 능력을 함축한다. 기본적으로 징벌적 권력은 채찍이어서 위협, 협박, 강압을 통해 복종을 얻는다. 두 번째 수단은 보상적compensatory 권력으로, 이것은 보상—당근—을 제의함으로써 누군가의 행동을 변화시킬 능력을 함축한다. 오늘날 우리의 시스템에서, 승진, 공개적 인정, 그리고 돈(또는 다른 값나가는 것들)과 같은 보상들은 누군가의 행동을 변화시킬 수 있는 효과적인 수단들이다.

당근과 채찍은 미국의 사회학자 라이트 밀스C. Wright Mills가 만들어낸 용어 '파워 엘리트'의 수단들이다. 그들이 그들의 다양한 역할 속에서 누리는 권력은 '직권상의ex officio' 것인데, 이것은 그들의 지위, 직무, 직위, 부 또는 가족 간 유대에서 나오는 권한 또는 권력을 의미한다. 밀스의 주장에 모든 사람이 동의하는 것은 아니다. 아니, 최소한 파워 엘리트 이론을 믿는 데 필요한 일련의 약속에 누구나 동의하는 것은 아니다. 한 사회학자는 이 약속을 다음과 같이 열거했다. 첫째, 파워 엘리트는 당신이 통상 접할 수 있는 중간 관리자의 '대군大群'에 비하면 극소수를 대표한다. 둘째, 파워 엘리트는 세부적인 것들에 관하여 의견을 달리할 수는 있지만 동질적 세계관을 공유하며, 그들은 이 세계관을 의심하지 않는다. 셋째, 파워 엘리트는 대항세력을 전혀 갖지 않는다. 그러나 우리가 알고 있듯이 자연과 사회는 한 세력의 독점을 용인하지 않고 서로 간의 긴장 원리로 작동하는 복합 시스템이다. 모든 복합 시스템들은 그 자연스러운 평형을 유지하는 데 필요한 대항력을 항상 가질 수밖에 없으며, 사회와 정치의 시스템들은 당연히 이 복합 시스템이다.

또 다른 저자 역시 계급 권력이라는 개념에 대해 회의적이었다. 그는 파워 엘리트라는 발상이 통째로 오류이며 자신의 견해에 동의하지 않는 사람은 경계가 불분명한 '중간 지대twilight zone'에 살고 있는 셈이라고 말했다. 이 저자는 우리의 미시정치 이해와 관련 있는 다섯 가지 권력 법칙을 열거했다.

1. 어느 조직에서든 빈 공간은 권력으로 채워진다.
2. 권력은 예외 없이 개인적이다.
3. 권력은 언제나 구상들로 이루어진 시스템a system of ideas에 근거를 둔다.
4. 권력은 제도를 통해 행사되며 제도에 의존한다.

5. 권력과 책임은 끊임없이 상호 작용을 한다.

사회에서 권력의 원천으로서 돈과 조직의 중요성은 — 특히 고위 임원이 되기를 열망하는 사람들에게 — 아무리 강조해도 모자라는 것이겠지만, 진정한 리더십은 고급 사무실에서 나오는 것이 아니다. 직권 상의 권력에 전적으로 의존하는 사람들은 덜 의존하는 법을 배워야 한다. 왜냐하면 그들은 그들의 직무나 직책의 좁은 범위를 넘어서면 리더로서는 결코 인정을 얻지 못할 수 있기 때문이다. 다시 말하면, 사람들은 '제복에게 절'을 할 수는 있다. 그리고 당신이 제복을 입고 있는 한 계속 그렇게 할 수는 있다. 하지만 이 화려한 관료적 의례에 대한 존중과 사람들이 진정한 리더에게만 느끼는 종류의 개인적 존경 사이에는 큰 차이가 있다.

권력의 분배는 집중의 양상을 띠며, 대칭적이지도 않고 민주적이지도 않지만, 어떤 조직이든 조직에는 권력이 부여되는 구조가 있고, 권력에 대한 통제를 용이하게 하는 수단들이 있다. 미국의 정부 구성을 보면 헌법은 상이한 부서들마다 별개의 역할(권력)을 맡도록 규정을 정해놓고 있으며 권력의 집중을 최소화하기 위한 견제와 균형의 시스템을 명문화해놓고 있다. 비록 대통령이 최고 책임자의 역할을 수행하지만, 헌법은 그의 합법적 권한을 상세하게 기술하고 있다. 국회의원, 법관, 내각의 장관 그리고 기타 정치적 임명직들 또한 모두 이런저런 형태의 관료적 권한을 가진다. 대규모의 민간 부문 기업들에서는 권력이 최고경영자에게 부여되는데, 이 사람은 주주를 대표하는 이사회의 일반적 감독 하에 일을 한다.

많은 대학들의 경우, 최고경영자는 이사회의 일반적 감독을 받지만 '공유된 협치shared governance' 또한 존재한다. 이것은 권한이 교수진, 관리자, 이사진들 사이에 분산되어 있음을 의미한다. 교수진은 이 교육기관을 운영하는 일을 도우며 인사 결정, 예산 편성, 그리고 다양한 정책 이슈들에 참여한다. 권력 구조와 무관하게—권한이 집중되어 있든 아니면 폭넓게 분산되어 있든—가장 뛰어난 정치적 기량을 가진 사람들이 가장 많은 권한을 행사하기 마련이다. 우두머리—관료적 권한을 가진 사람—는 늘 있겠지만 이 우두머리는 조직 안에서 가장 권한이 큰 개인일 수도 있고 그렇지 않을 수도 있으니, 이것은 그녀의 정치적 기량에 따라 달라진다.

여기서 우리가 얻는 교훈은 정치는 한 계급에 소속된 사람들 또는 관료적 권위를 행사하는 사람들의 독점적 특권이 아니라는 것이다. 이것은 당신이—그리고 어떤 종류가 되었건 조직에 고용된 다른 누구든—당신의 정치적 기량을 끌어올려야 한다는 것을 의미한다. 이때 갤브레이스의 세 번째 권력 수단—**조종적**conditioned **권력**—이 매우 실질적인 중요성을 가지게 된다. 이것은 특히 우리 가운데 '파워 엘리트'의 구성원이 아닌 사람들에게 더욱 그러하다. 조종적 권력은 설득이나 교육을 통해 신념 체계를 변경—말 그대로 조종—하게 함으로써 누군가의 행동을 바꿀 능력을 암시한다. 조종적 권력conditioned power은 징벌적 권력condign power이나 보상적 권력compensatory power과 구별된다. 조정적 권력에 의한 조종된 또는 학습된 반응의 결과는 징벌적 또는 보상적 권력의 경우보다 더 서서히 드러나지만 동시에 더 오래 지속된다.

나는 정치가 반드시 강압 즉 실력행사를 필요로 하지는 않는다는 생각을 강조하고 싶다. 권력을 유지 또는 획득하기 위해 사용되는 수단들은 그 범위가 전면적 지배(위협과 보상의 형태를 띠는)에서부터 가장 부드러운 제안(교육, 선전, 설득의 형태를 가지는)에까지 있다. 비공식적 통제들인 조종적 권력의 목적은(갤브레이스에 따르면) "타인의 의지에 대한 **납득된 복종**"이다. 조종적 권력은 너무나 교묘해서 대부분의 사람들은 그것이 적용되고 있음을 알아채지 못하지만, 일단 어떤 한계점—티핑 포인트tipping point, 주지하다시피 맬컴 글래드웰Malcolm Gladwell의 표현이다—을 지나면 조종적 권력은 유지 비용이 매우 적게 든다. 예를 들면, 가족 내에서 아이들을 교육함에 있어 당근과 채찍은 단기적인 동기부여는 될 수 있지만 아이들의 **자발적 복종**을 끌어내기 어렵다. 그러나 비록 많은 시간이 필요하지만 충분한 가족의 조종이 있으면 아이들은 그들의 부모에게 복종할 것이다. 충분한 종교적 조종이 있으면 사람들은 그들의 교회의 가르침에 따를 것이다. 충분한 정치적 조종이 있으면 사람들은 그들의 리더의 권위를 존중할 것이다. 충분한 시장 조종이 있으면 소비자들은 광고주들이 그들에게 건강, 부, 행복 그리고 성적 매력을 가져다줄 것이라 주장하는 제품들을 구매할 것이다. 이 범주들(가족, 종교, 정치, 시장)은 **시스템**이자 구조다. 즉, 이것들은 경합하는 당파들로 구성되어 있으며, 권력은 그 당파들 사이에 분산되어 있다. 이들 사이에 갈등이 존재하며, 이로 인해 때때로 지배와 복종 또는 협상과 타협이 일어난다.

문화의 조종적 권력

조종적 권력 수단을 이해하기 위해서는 문화가 인간의 시스템/구조 안에서 맡는 역할을 이해할 필요가 있다. 문화는 누적적인 상징적 학습으로, 공동체의 구성원들 사이에 그리고 세대에서 세대로 전달된다. 문화는 또한 시행착오를 통한 학습에 근거한 문제 해결 도구로서 공동체가 그 환경에 적응하도록 돕는다. 끝으로, 문화는 공동체의 가치들을 반영하는 신념 체계다. 이 세 가지 요소들을 결합하고 통합하면 그 결과는 다음과 같다. 즉, 문화는 공동체가 공유하는 일련의 태도, 가치, 행동들이며, 시행착오에 의한 학습을 통해 세대에서 세대로 전달된다. 이 정의는 조종적 권력—사회에서 '승인되는' 방식으로 사람들을 반응하고 행동하도록 훈련시키는 느리고 가차 없는 과정—을 이해하는 데 유용하다(또 필요하다). 이러한 종류의 조종은 당신의 행동에 영향을 미치는 가치와 믿음을 습득하는 과정이다. 이 과정은 어린 시절에 시작하여 성년기 내내 지속되며, 너무나 강력하여 당신이 환경으로부터 신호를 수신하면 반드시 그 신호가 당신 자신의 문화의 여과장치를 통과해야 할 정도다.

문화적 조종(꼭 조종적 권력일 필요는 없으며, 맥락에 따른 인식 또는 상황인식의 중요성이라고 해도 되겠다)의 미묘한 영향력을 예증하기 위해, 개인적인 일화를 들려주려 한다. 대학을 졸업하고 몇 달 뒤인 1982년 7월 4일, 나는 2년 동안 평화봉사단원으로 근무를 시작하기 위해 가봉(서아프리카)의 리브르빌에 도착했다. 한동안 낯선 환경의 현지 국가에 적응하고 현지 문화에 융화하여 살기 위해 노력했다. 방향감각 상실과 문화충격이 가라앉은 뒤, 문화적 몰입과 고립 상태를 통해 나는 나 자신과 나의 남부 캘리포니아 가정교육 전통 양자를 차별화하는 법을 배울 수 있었다. 켜켜이 쌓인 문화적 허울들이 몇 주와 몇 달의 기간 내내 벗겨지기 시작했다. 나는 가봉의 문화에 대한 좀 더 나은 이해와 나 자신의 문화에 대한 훨씬 더 깊어진 이해를 가지고 그곳을 떠났다.

이러한 일이 왜 어떤 사람들에게는 일어나고 다른 사람들에게는 일어나지 않는지를 설명하는 것은 어렵다. 이 차별화와 자기인식의 과정을 나는 많은 평화봉사단원들뿐만 아니라 외국의 대학에서 공부하고 최근 돌아온 많은 학생들에게서도 관찰했지만 관광객이나 비즈니스 여행자들에게서는 거의 관찰한 적이 없다. 이런 종류의 경험에는 뭔가 독특하고 매우 강력한—예외가 없다고는 할 수 없지만—것이 있는데, 그것은 다른 문화 안에서 상당 기간 **의식적으로** 살아가고 일하는 것의 결과다. 우리는 당신 자신과 당신이 속한 집단을 차별화하는 것, 그리고 당신이 가진 성격의 일부를 다시 알게 되는 것—**개성 형성**individuation이라고도 알려져 있는—이라는 이 주제를 4장에서 더 깊이 파고들 것이다.

다시 하던 이야기로 돌아가서, 나의 임무는 그 나라의 남동부, 콩고와의 국경 인근에 자리한 오부오Obouo('oh-BOO-oh'라 발음이 되는)라 불리는 외진 마을에 초등학교를 짓는 것이었다. 건설 현장 인부들은 피그미족 부락민 여섯 명이었다. 우리는 우리가 쓸 벽돌을 손으로 직접 만들어 햇볕에 말렸다. 동력을 사용하는 공구를 쓰는 일은 없었지만, 낡아빠진 사륜구동의 픽업트럭 한 대가 우리에게 있었다. 1982년 11월 어느 날, 나는 지붕을 세차게 두드리는 빗소리에 잠에서 깼다. 시계를 보니 새벽 5시 30분이었는데, 이 시각은 통상 수탉들이 나를 깨우는 때였다. 비가 계속 내리기를 바라는 마음도 있었는데, 인부들이 보통 같으면 도착하여 일을 시작할 7시 30분 무렵이 되자 비는 그쳤다. 하지만 내가 건설현장에 도착했을 때 일꾼들은 아무도 도착하지 않았다. 20분 가량을 기다리고 나서 나는 그들을 찾으러 가려고 마음을 먹었다.

건설 현장은 마을을 관통하는 간선도로 변에 위치했지만 인부들은 모두 대략 1마일쯤 떨어진 언덕 위 한 무리의 올망졸망한 집들에 살았다. 그곳으로 가려면 열대우림과 고원高原의 경계가 되는 바퀴 자국투성이의 비포장도로를 따라가야 했다. 집을 나서기 전에 조깅을 하면서 가면 더 빨리 가겠다는 생각이 떠올랐다. 밤새도록 비가 왔기 때문에 나는 비포장도로가 4륜구동으로도 거의 통행이 불가능할 거라 예상했다. 런닝 반바지로 갈아입고 언덕을 오르기 시작했다. 조깅을 하면서 나아가다가 등에 무거운 장작 짐을 진 여인네들을 보면 "안녕하세요."라고 말해주었다. 우리가 신축 교사를 짓는 건설 현장 건너편의 무너져 내리는 낡은 학교 건물로 가는 아이들에게 인사를 건네기도 했다. 피그미 마을이 가까워지자 모퉁이를 돌아간 곳에서 더 늘어난 아이들이 나를 훔쳐보는 광경이 보였다. 아이들은 나를 보고는 꺄악 소리를 지르고는 도망갔다. 도착했을 무렵에는 온 마을 사람들이 내게 인사를 한 셈인 듯했다. 나는 촌장과 얘기를 나누고 싶다고 부탁했고, 그에게 인부들이 골치를 썩인다고―일을 하러 오지 않았다고―이야기했다.

한 사람씩 그들은 모두 그들의 오두막을 나왔다. 보아하니, 그들도 나와 같은 생각을 했던 듯했다. 그들도 비가 계속 내리기를 바라고 있었을 터이다. 촌장은 그들을 꾸짖었고, 나는 그들에게 언덕을 내려가 건설 현장까지 달리기 시합을 하자고 제의했다. 그들 모두 일터에 가는 것에는 동의했지만, 나와 달리기 시합에 응한 것은 한 사람(그의 이름은 길버트였다)뿐이었다. 그는 맨발이었기 때문에 나는 그에게 승산이 없다고 생각했는데, 그는 전력 질주를 시작하더니 곧 나를 약 23미터 앞섰다. 그러고 나서 그는 걷기 시작했다. 나는 평상 속도로 계속 달렸고 곧 그를 따라잡았는데, 그러자 그는 다시 전력 질주를 시작하여 다시 나를 약 23미터 앞섰다. 그는 이것을 몇 차례 반복했는데, 매번 전력 질주, 기진맥진, 걷기를 되풀이했고, 매번 내가 그를 따라잡으면 재미있어하며 싱글거렸지만 자존심 때문에 다시 달리기 시작했다.

곧 우리가 모퉁이를 돌자 건설 현장이 눈에 들어왔고, 우리는 둘 다 전력 질주를 시작했다. 우리는 마치 스페인 도시 팜플로나의 황소들에게 겁 먹어 대오에서 이탈한 낙오자들처럼 달렸다. 내게는 너무 많은 기운이 남아 있어서 길버트는 나를 따라잡지 못했고, 나는 몇 미터 차로 그를 이겼다. 여기서 잠깐, 만약 당신이 이 마지막 장면만을 목격했다고 가정해보자. 나는 반바지를 입고 신발을 신은 채 (가벼운 획 하는 소리를 내며) 두 팔을 쭉 펴고 일그러진 얼굴로 달리고 있었다. 길버트는 너덜너덜한 옷을 걸치고 맨발이었으며, 찡그린 얼굴을 하고 벌채용 마체테를 들고서 달리고 있었다. 내가 자세한 얘기를 하지 않았지만 가봉의 시골 지역에서 남자들은 땔감을 베거나 뱀을 죽이기 위해 늘 마체테를 휴대하고 다녔다. 이 마지막 장면을 목격한 것에 더하여, 나는 당신이 내가 들려준 모든 이면 이야기, 이 장면에까지 이르는 모든 사건들, 그리고 나와 길버트의 동기부여와 반응에 영향을 미치는 모든 개인적 세부사항들을 모르는 상황이라면, 마체테를 들고 백인의 뒤를 쫓고 있는 흑인의 모습을 보고 있다면 당신은 어떤 상상을 하겠는가.

앞서 말했듯이, 정치는 사회적 환경과의 지속적인 접촉을 필요로 하는 사회적 사안이며, 이것은 당신과 당신의 환경 간의 고도의 상호의존을 함축한다. 2장에서 말했듯이, 당신의 객관성 감각은 당신이 어떻게 학습하는가, 당신이 어떻게 소통하는가, 그리고 당신이 어떻게 신호를 보내고 받는가에 영향을 미친다. 당신의 객관성 감각과 마찬가지로 문화적 조종은 미묘하게(아니 별로 미묘하게도 아니지만) 당신의 인식을 지배하고 현장을 읽는 당신의 능력에 영향을 미친다. 이면 이야기를 전혀 알지 못하므로, 내 추측으로는 당신은 십중팔구 맨발의 피그미족 한 사람이 커다란 마체테를 휘두르며 최대한 빠르게 달리면서 한 백인을 뒤쫓는 광경을 보며, 어쩌면 그 백인이 뭔가 잘못된 말이나 행동을 해서 쫓기고 있는 거라고 가정할 수도 있는데, 그것은 일반적으로 사리에 어긋나는 것이 아니다. 아마도 이면 이야기를 알지 못하는 상태에서 당신은 길버트와 내가 친구이자 동료라는 것을 절대로 추측하지 못할 것이기 때문이다.

상황의 맥락을 이해하는 것의 교묘한 영향력을 알기 쉽게 설명하기 위해 예를 하나 더 들고자 한다. 몇 년 전 런던 지하철을 타고 가다 흥미로운 공익광고를 보았다. 창문 위쪽으로 차량의 가로 방향으로 광고들이 걸려 있었는데, 특히 하나가 눈길을 끌었다. 그것은 한 백인 경찰관(제복을 입은)이 한 흑인을 쫓는 듯 보이는 흑백사진이었다. '보이는'이라고 말하는 것은 이 공익광고의 목적이 우리의 의식 속에 잠재한 인종차별 의식을 자극하는 것이었기 때문이다. 사실, 그 사진은 아래쪽이 잘린 것이었고 사진 속의 남자들은 둘 다 경찰관이었다. 백인 경찰관은 제복을 입었고, 흑인 경찰관은 사복을 입었으며 그들은 둘 다 사진틀 바깥의 다른 누군가를 쫓고 있었다. 나는 이 공익광고가 너무 마음에 들어 찢어내어 집에 가져가고 싶었지만, 당시는 러시아워였고 지하철 전동차는 만원이었다. 이 공익광고는 두 가지 이유에서 기억할 만하다. 첫째, 그것은 당신의 사용 이론(당신의 가치, 전략, 가정, 그리고 성공의 기준들로 구성되는)의 중요성을 강조하고 있다. 둘째, 이 공익광고는 문화적 조종의 영향을 예시하고 있다. 이면 이야기에 관해 알고 있는 것이 적으면 적을수록, 그만큼 당신은 당신의 문화적 조종에 근거하여 사실들을 무시하거나 평가절하하거나 잘못 이해할 개연성이 큰 것이다.

잘못된 문화적/조정적 권력에 저항하려면, 당신은 낡은 신비가 독단적이고 인위적인 유물일 뿐임을 깨닫고, 그런 연후에 당신의 현실 인식을 바꾸는 것에서 출발해야 한다. 권위를 내면화하고 신비(20세기 중반의 여성의 신비를 포함하여)를 새롭게 정의하는 능력은 당신의 자주성의 증거가 된다. 어쩌면 말할 필요도 없는 것이겠지만, 조종적 권력을 극복하는 것에 관해서라면 여성들은 남자에게는 없는 추가 부담을 가지고 있다. 베티 프리던은 이 과정을 '점진적 인간성 말살'이라고 불렀는데, 이것은 죄수들로 하여금 그들의 인간으로서의 정체성을 포기하고 말을 잘 듣는 아이처럼 행동을 하며 그리고 서서히 수용소의 환경에 '적응'하지 않을 수 없게 하는 의도적으로 고안된 상황들을 말한다. 이러한 상황에서 자기결정 능력은 체계적으로 파괴되며, 이와 더불어 미래가 얼마간이라도 개선될 것이라는 모든 희망 또한 파괴된다. 이것은 감지할 수 없는 단계들을 밟아 일어나는 점진적 과정이다. 하지만 종국에 가서는 점진적 인간성 말살의 과정을 완성한다.

미국의 작가이자 언어학자인 수제트 헤이든 엘진Suzette Haden Elgin 또한 《언어적 자기방어의 부드러운 기술The Gentle Art of Verbal Self-Defense》에서 이 주제를 분석했다. 만약 당신이 남자가 지배하는 어떤 문화 안에 살고 있는 여성이라면, 아니면 당신이 당신을 편견을 가지고 대할 수도 있는 어떤 범주의 구성원에 속한다면, 당신은 필경 일평생을 따라다 녔을 정도의 조종(또는 점진적 인간성 말살)을 받았을 것이다. 남성 지배 문화 안에 사는 여성들에게 이 조종은 유아기에 시작하여 동요와 그림책 속에서 계속 온존된다. 이 조종은 주일학교와 고등학교를 거쳐 대학과 결혼에 이르기까지 여성들을 따라다니지만, 일부 여성들은 자신이 문화적 조종의 어떤 영향으로부터도 전적으로 자유롭다고 확신하고 있으며, 이러한 확신은 어쩌면 범상한 일이기까지 하다.

이것이 조종적 권력 고유의 특성 가운데 하나다. 드라마의 연기자들은 종종 무대 위에서 벌어지는 일을 거리를 두고 보지 못한다. 우리는 조종적 권력 때문에—그것이 교육이든 문화적 전승이든 아니면 가랑비에 옷 젖듯 하루도 거르지 않고 일평생 접하는 TV 광고의 형태든 간에—기꺼이 권위에 복종하고 특정 행동들을 '정상적'이라고 인식한다. 조종적 권력은 종교의 교의를 영속화하고, 군사 정책에 대한 순종을 얻어내며, 그리고 파시즘, 사회주의, 자본주의, 그리고 기타 모든 정치경제 시스템들을 찬양하는 데 교묘한 효과를 발휘한다.

복합 시스템

우리는 정치의 구조와 수단(그리고 뒤에 나올 원형原型도 포함하여)과 아울러 복합 시스템을 이해할 필요가 있다. 이것은 당신의 공구상자 맨 아래에 놓여 있는 당신이 거의 사용하지 않는 값비싼 공구처럼 불필요하게 보일 수도 있다. 하지만 여기서 말하는 복합성은 단순성의 반대가 아니다. 복합 시스템의 원칙들을 단순화하는 방법은 없으며, 단순화를 시도하면 반드시 원칙들의 왜곡이 뒤따른다. 여하튼 미시정치를 완전히 익히려면 이 공구를 사용해야 한다는 내 말을 신뢰해달라고 당신에게 요청하고 싶다.

미국의 정치학자 로버트 달Robert Dahl은 정치 시스템을 "권력, 규칙 또는 권위를 상당한 정도로 수반하는, 끊임없이 지속되는 인간관계의 패턴"이라고 정의했다. 그는 시스템이 가지는 네 가지 특성을 나열했다.

1. 시스템은 특히 분석 목적을 위해 추상화되어야만 한다.
2. 시스템은 경계들을 가져야 하며, 시스템의 내부와 외부에 놓인 것이 확인될 수 있어야 한다.
3. 시스템은 더 큰 시스템의 요소(하위 시스템)일 수 있다.
4. 시스템은 겹치는 부분이 아주 적은 하나 이상의 더 큰 시스템들의 요소일 수 있다.

항목 3과 4가 중요한 것은 정치학이 사회과학에 속하고, 정치적 행동이 특정한 종류의 사회적 행동인 것처럼, 어떤 정치적 시스템이든 더 큰 사회적 시스템의 하위 시스템임을 의미하기 때문이다.

상징에 관해 생각하듯 시스템을 생각해본다면 도움이 될 수도 있겠다. 물론 반대의 경우는 도움이 되지 않을 터이지만. 상징이 추상적인 개념이나 사물을 구체적인 유형有形의 어떤 것(가령 깃발, 제복, 또는 상표와 같은)으로 나타낸 것이라면, 시스템은 정반대다. 시스템은 지도가 실제의 장소를 나타내듯 구체적인 어떤 것을 나타내는 추상적인 어떤 것이다. 하지만 이론理論이 없이는 이들(시스템, 상징, 구조) 중 어떤 것도 타당성을 잃지 않을 수 없다. 이론은 당신의 생각, 지식 따위를 해명하기 위한 논리적이고 일반화된 체계이다. 만약 당신에게 이론이 없다면, 그래서 성공이 무엇이고, 왜 성공해야 하는지, 왜 성공했는지를 이해하지도 못하면서 성공 사례를 따라 한다면, 당신이 받아들이는 피드백은 무의미할 것이다. 당신에게 이론이 없다면 배울 것이 없는 것이고, 당신의 경험에 의미란 전혀 없다.

미시정치의 세계에서 어떤 결정적인 순간들이 많은 경우 — 훈련되어 있지 않은 이론이 없는 눈으로 보면 — 그 순간들이 무의미한 세부사항으로 보일지 모른다. 하지만 세부사항이라고 해서 모두 같지는 않다. 사소하고 하찮아 보이지만 시스템의 일부를 이루고, 시간이 지나면 증폭되어 누적적 효과를 낳는 일련의 결과가 되는 세부사항들이 있다. 속담에도 있듯이, '못이 하나 모자라서 편자를 잃었고, 편자 하나가 부족하여 말을 잃었으며, 말이 하나 부족하여 기수騎手를 잃었고, 기수 한 사람이 모자라서 전투에 졌으며, 전투에 져서 왕국을 잃었다.'

미시정치에서, 성공의 여부는 종종 패턴, 관계, 그리고 상호 의존을 인식하는 일에 달려 있다. 예를 들어, 나는 나의 딸에게 체스 하는 법을 가르치고 있는데, 때때로 딸아이는 불만스러워했다. 나의 퀸을 먼저 희생시키고서 게임을 할 때조차 나는 딸아이가 이기도록 해주지 않았기 때문이다. 우리는 《체스에서 아빠를 이기는 법How to Beat Your Dad at Chess》이라는 제목의 책을 샀다. 이 책은 체스의 달인들이 생각하는 방법에 관한 얼마간의 통찰을 제공하며, 또 미시정치에 대한 해결의 실마리들을 던져준다. 체스의 달인들은 다음 수를 두기 전에 장시간의 숙고에 빠져들 때가 있는가 하면, 수초 생각한 뒤에 바로 다음 수를 두는 듯이 보일 때도 있다. 체스 달인들의 이 분석 과정은 **패턴 인식**과 직결된 것으로, 이 인식은 정치의 구조, 수단, 시스템들을 이해하는 데 도움이 된다.

만약 마치 당신이 체스 달인처럼 당신이 과거에 조우했던 것과 유사한 패턴들, 형세들, 또는 상황들을 인식할 수 있다면, 당신은 당면한 상황에 유사한 전술들을 골라 적용하는 것이 가능하며, 이는 당신을 승리하는 길로 인도할 것이다. 체스와 마찬가지로 미시정치는 1회의 추산과 일반적 패턴 인식의 조합들로 이루어지며, 당신이 자신의 자기숙달을 늘려감에 따라 양자 간 비율은 변할 것이다. 처음에는 1회 추산 80, 일반적 패턴 인식 20의 비율일 것이다. 당신의 자기숙달이 늘어나면서 이 비율은 역전될 것이고, 결국 패턴을 인식하는 당신의 능력은 계속 발달하여 이윽고는 당신의 눈에 보이는 것이 달인이 체스를 두듯 '복합성'이라 불리는 하나의 거대한 패턴에 들어맞게 될 것이다.

그렇다고 하여 복합 시스템들이 언제나 인식하기 쉬운 방식으로 작동하지만은 않는다. 때로 그들의 움직임은 지향성을 가졌고 변화를 일으킨 후 원상태로 돌아가지 않는다.(아이들이 성장해 이전으로 돌아가지 않는 것처럼) 때로 그들의 움직임은 순환하는 것이어서 사건들의 흐름이 주기적이다(계절의 변화처럼). 우리는 그 순환하는 사건들의 흐름의 시작이나 끝을 결코 보지 못할 수도 있다. 어떤 사건도 결과의 지연을 가져오거나 간접적인 결과를 낳을 수는 있지만, 그로 인해 발행하는 원인과 결과 중에 임의적인 것은 없다(원인과 그에 따른 결과는 법칙적이다). 사건의 원인은 시스템 안의 아무 때 아무 위치에든 자리해 발생할 수 있지만 그로 인해 발생하는 결과는 시간과 공간에 있어 크게 떨어져 있을 수 있다(지연된 반응). 이런 이유들 때문에 잘 발달된 객관성 감각을 가지는 것은 유용하다. 구체적으로는 그것이 당신이 환경과 소통하는 방식을 개선하기 때문이다. 환경은 늘 피드백을 보내어 정보를 전달하고 있는데, 이 피드백은 극도로 복잡할 수 있고 무작위적으로 보일 수 있지만 당신이 패턴을 인식할 수 있다면 사정은 달라진다.

나의 눈으로 세계를 바라보면 나의 눈엔 무수히 많은 시스템들로 이루어진 **상호 관계의 네트워크**가 보인다. 세계의 모든 것은 운동, 변화하며 상호 영향을 주고받는 시스템들로 이루어져 있다. 시스템들 내부에는 바닥도 천정도 없는 하위 시스템들이 들어 있다. 이 거대한 네트워크는 분산된 권력 중심nod들과 소통 경로들을 가진 3차원의 격자 모양을 하고 있다. 네트워크 내부에 있는 시스템과 하위 시스템들은 깔때기 모양을 띠고 있는데, 중앙에 권력 중심들이 집중되어 있고 그 아래로 계층적 소통 경로들이 이어진 모습이다. 이 네트워크 내의 모든 시스템은 동일한 일련의 원칙에 따라 반응한다. 이 일관된 충실성은 다른 시스템들과의 상호의존을 가능하게 하고 또 증대시킨다.

이 상호의존 때문에 시스템들은 그들의 정상적 상태를 방해하는 어떤 상황이나 외부의 자극에도 대응한다. 때로 시스템들은 일시적으로 변화를 흡수하거나 일시적으로 변화에 적응함으로써 반응하기도 하지만, 만약 방해가 충분히 오래 계속되면 시스템들은 진화하여 그들의 행동을 비가역적으로 조정할 것이다. 이런 일이 일어날 때 시스템들은 '창발적'(창발적 진화는 각 단계마다 그 전 단계를 기초로 해 이루어지면서도, 그 전 단계에 있었던 요인들의 단순한 총합이 아니라 이것과는 질적으로 다른 새로운 성질이 나타나며 발전한다는 학설_편집자주) 행동에 관여한다. 그들은 그들의 이전의 능력을 뛰어넘는, 그리고 그들의 기본적 하위 시스템들의 능력을 뛰어넘는 새로운 행동에 관여하는 것이다. 진화가 계속 이어질 경우, 그

때마다 시스템의 행동 총목록과 상대적 자율성은 증대되며, 내성內省과 의식을 위한 더 큰 능력이 생겨난다.

이러한 양상이 전개되는 것을 보고 있자면 숨이 멎을 듯하다. 하지만 이 상호 관계의 웅장하고 화려한 네트워크 안에는 갈등, 무질서 그리고 혼돈이 있다. 사람들은 같은 지붕 아래서 함께 살고, 같은 조직에서 일하며, 아니면 같은 예배 장소에 다닌다는 단순한 이유만으로 조화롭게 공존하는 천사들이 아니다. 사람들은 내면의 갈등으로 가득 차 있으며―정도 차는 있지만―그들은 다양한 방어 기제로 갈등에 반응한다. 예를 들어, 만족할 수 없는 상황을 다른 사람 탓으로 돌리거나(투사), 목적하던 최초의 대상을 다른 대상으로 옮긴다(대체). 아니면 갈등 상황이나 대상을 평가절하(이상화)하거나 다른 누군가의 성격 특성에 동화한다.(동일시). 1장에서 말했듯이 당신은 당신 자신의 인간 본성을 알아야(이것은 인문학의 영원한 테마이자 과제이기도 하지만) 하고 타인 안의 본성도 알아볼 수 있어야 한다. 이것은 반대의 경우도 마찬가지다. 복합성의 원칙들을 이해하는 것은 패턴 인식을 개선해주며, 반대의 경우도 역시 마찬가지다.

• • •

인간관계는 갈등의 연속이다. 이를 해결하기 위해서 사람은 정치적 기술을 필요로 한다. 사람들은 저마다 특별한 이익과 목표, 누려야 할 권리, 또는 부여받은 책임을 현안으로 가지고 있다. 때로 이러한 것들은 공존이 가능하기도 하지만 대부분의 경우 그렇지 않다. 이 경쟁은 인간 본성과, 그리고 사회 시스템과 정치 시스템들을 포함하는 복합 시스템의 법칙들과 완벽하게 일맥상통한다. 2장에서 논의했듯이, 미시정치를 학습하는 두 가지 인간 유형이 있었다. 환경 변화를 미리 예측하고 변화를 유도하거나 미연에 방지할 수 있게 해주는 내향형(주체 지향적) 사고와, 경험에 따른 적응을 통하여 환경에서 변화가 일어날 때 그것을 흡수함으로써 대응할 수 있게 해주는 외향형(객체 지향적) 사고가 그것이다.(다르기는 하지만 이것은 철학에서 말하는 이성적 인간과 감정적(경험적) 인간의 구별과도 닮아 있다.) 복합 시스템은 이와 매우 흡사한 방식으로 변화를 유도하고 변화에 대응한다.

하지만 복합 시스템은―기업의 조직 시스템을 생각해보라― 시스템의 응집력을 흔들지 않고도 변화를 관리하고 새로운 구조를 형성하며 새로운 행동에 관여하기도 한다. 시스템들은 환경으로부터 피드백을 받음으로써 자연스럽게 스스로를 규제하고, 환경에서 일어나는 변형은 자신의 일부로 흡수함으로써 대응한다. (복합성의 언어로 말하자면, 환경은 시스템의 기능에 영향을 미칠 수도 있는 모든 시스템 외적 조건들로 이루어진다.) 객체 지향적 학습(외향형과 유사한)은 시스템들로 하여금 그들의 행동의 결과를 관찰함으로써 경험을 통해 학습을 하고, 그런 다음 그에 따라 그들의 행동을 조정할 수 있게 해준다. 하지만 이 행동의 결과는 시간과 공간상 멀리 떨어져 도출될 수도 있는 것이어서 이 과정은 피드백이 시기적절하고 확실할 경우라야만 효과가 있다. 주체 지향적 학습(내향형과 유사한)은 정반대다. 이것은 창의적이고 본능적이다. 이 시스템은 환경의 변화를 예측해 변화를 미연에 방지한다. 이것은 환경으로부터의 피드백이 지연되고, 불확실하거나 존재하지 않을 때에도 시스템이 기능할 수 있게 해준다.

지구의 생물학적 유기체들은 시스템들이 기능할 수 있게 에너지를 생산해내고 생명을 지속시키기 위해 유기영양소를 신진대사시키는 것과 같은 방식으로 지구 환경과 소통을 한다. 이 과정은 시스템들이 성장 증식하고, 그들의 구조를 유지하며, 그리고 환경에 대응하도록 허락한다. **허락하다**라는 낱말을 사용하면서 얼마간 망설여지기도 하지만, 아무튼 이 과정들이 없으면 시스템은 경직되어 성장을 멈추게 되며, 이 경직과 함께 신호를 보내고 받을 수 없는 상태가 찾아온다. 즉시 시스템이 해체되지 않을지는 모르지만, 시스템은 새로운 정보를 합리화하고, 변칙적 사례들을 잘 설명해내며, 그리고 기능 작용을 계속하는 데 정교한 뒤틀림을 겪을 것이다.

복합성은 정치의 구조를 이루는 일부이며, 복합성을 이해하는 것은 한 상황 안의 패턴들과 상호의존의 요소들을 이해하는 데 매우 도움이 된다(어쩌면 필수 불가결할지도 모른다).

정반대물(정반대인 사물)간의 긴장이라고도 알려진 정치적 관계의 대립 구조는 정치 구조의 일부를 이룬다. 정반대물들 간의 긴장은 미시정치에서 중요한 기능을 하며 복합 시스템 안에 적용되는 극성의 원리(하나의 사물이 서로 대립하는 두 개의 극을 향해 분열하거나 또는 서로 대립하는 것이 하나로 통일하려고 하는 법칙_편집자주)를 분명히 보여준다. 정반대물들 간의 긴장을 묘사할 때 융은 거의 시적이었다.

"어린 모든 것은 자라서 늙고, 모든 아름다움은 시들며, 모든 열은 식고, 모든 밝음은 어둑해지며, 모든 진리는 김빠지고 낡아 빠진 것으로 된다."

다른 어딘가에서 융은 인간 본성 내의 원형을 이렇게 경고했다.

"모든 원형原型에는 가장 저등한 것과 가장 고귀한 것, 악과 선이 들어 있으며, 그러므로 전혀 상반된 결과를 낳을 수가 있다."

우리는 5장과 6장에서 원형들을 탐구할 것인데, 지금으로서는 융이 '거의 모든 것'이 아니라 '모든 것'이라고 말한다는 것에 주목하자. 이것은 정반대물들 간의 긴장이 얼마나 침투성이 큰가를 보여준다.

정반대물들 간의 긴장(심층적 2항 구조 또는 2항 대립이라고도 알려진)은 인간 진화의 원동력이다. 카를 마르크스와 프리드리히 엥겔스는 그들의 《공산당 선언Communist Manifesto》에서 정반대물들 간의 긴장을 인식했다(계급, 민족, 종교에 근거하여). 지그문트 프로이트는 개인과 현대 문명 간의 근본적 적대 속에서 이 긴장을 인식했다. 프랑스의 작가이자 철학자 알베르 카뮈는 인간 본성 안의 반항적 요소에 관한 그의 담론에서 이것을 인식했다. 카뮈는 이렇게 썼다.

"권력은 다른 형태의 권력들과 대립한다. 그것은 무장하고 재무장하는데, 다른 권력들이 무장하고 재무장하고 있기 때문이다."

그리고 오스트리아의 경제학자 조지프 슘페터가 정반대물들 간의 긴장을 인식한 것은 그가 시장 경제에서 기업가 정신이 맡는 역할과 자본주의에 필수적인 점진적인 경제 변화 과정을 묘사하기 위해 '창조적 파괴'라는 어구를 만들어냈을 때였다.(슘페터는 기술혁신으로 낡은 것을 파괴, 도태시키고 새로운 것을 창조하고 변혁을 일으키는 '창조적 파괴' 과정이 기업경제의 원동력이라고 했다._편집자주)

사회적 상황이나 회사에서의 대인관계에서 경합하는 이해관계를 가지는 정반대물들 간의 긴장은 그것이 발전을 추동할 때 긍정적이고 변형하는 힘을 가질 수 있다. 몇 가지 명목상의 보수적 구상들을 사용하여 자신의 정적들을 굴복시킨 빌 클린턴의 중도 노선triangulation을 상기해보라. 표면상으로는 중도 노선은 비록 절조 없는 것은 아니라 하더라도 편의주의적인 것으로 보인다―상대의 어떤 정치적 책략에 관해서든 누구나 할 수 있을 비판. 하지만 당신이 중도 전술을 부정적 책략이 아니라 자연율의 일부로 바라본다면, 당신은 극성極性 없는 중도中道란 없다는 것을 이해할 수 있다. 사람들(또는 당파들)이 좌우 논쟁을 하느라 바쁠 때, 대립하는 극단들로부터 에너지를 빼내어 그것을 중도를 향해 돌리는 것은 가능한 일이다. 그와 같이 하여, 반대하는 힘들 간의 충돌은 전진하는 한 점으로의 수렴, 또는 더 높은 수준에서의 수렴을 낳을 수 있다. 이것이 **구원의 중도**이며, 이 구원의 중도는 정반대물들 간의 긴장을 사용하여 변화를 만들어낸다.

시스템들은 모두 정반대물들 간의 긴장에 의존하며, 이것이 없다면 시스템들은 기능할 수 없을 것이다. 이 자연적인 극성은 정치적 갈등이 만들어지는 기원이며, 정치에는 왜 적어도 두 명의 대립하는 사람이 필요한가를 설명해준다. 대립은 정치를 필요하게 만드는 것이다. 대립이 없으면 부닥칠 아무것도 없을 것이며, 극복할 역경도 전혀 없을 것이다. 하지만 이 구조적 갈등 내부에는 쇄신의 숨은 불꽃이 놓여 있다. 비록 자연적인 양극성으로 인해 얼마간의 정치적 갈등이 불가피하다고는 하나, 시스템들은 지속 가능한 평형을 위하여 극단을 피하려는 경향이 있다.

그리고 이런 식으로 복합 시스템들―정치의 시스템을 포함하여―은 현대화하고, 증식하며, 그리고 진화한다. 반대하는 힘들이나 경합하는 영향력들이 잠시 시스템을 평형 밖으로 밀어낼 수는 있지만 결국은 시스템은 원위치로 되돌아온다. 이러한 분화와 주도적 결정의 과정은 정치적 개성 형성individuation 과정과 유사하며, 이것을 우리는 4장에서 탐구할 것이다.

4장

내면으로의 여행

3장에서 우리는 미시정치의 구조, 수단 그리고 시스템에 대해 검토를 했다. 그에 앞서 2장의 끝부분에서 나는 당신에게 당신의 객관성 감각을 외부로 그리고 아래쪽을 향해 밀고 나갈 것을 요청했다. 자기모순의 우를 범할 위험을 무릅쓰고, 나는 당신에게 모든 개인은 내면의 혁명에서 싸워 이겨야 한다는 점을 환기하고 싶다. 권력과 정치에 관해 나누는 대화는 종종 우리는 어떻게 변화해야 하는가 또는 다른 사람들은 어떻게 변화해야 하는가에 관한 논의로 바뀐다. 혁명은 틀림없이 당신을 포함한 인간에게서부터 시작한다. 그러나 아무튼 당장은 그런 이야기는 하지 말기로 하자. 대신에 인간 본성과 인간 사회에 관해 이야기하자. 이 지점이야말로 정치의 법칙이 뿌리를 내리고 있는 곳, 그리고 당신의 내면으로의 여행이 시작되는 곳이니까.

앞 장들에서 이야기했던 정치의 법칙과 구조, 권력의 수단, 그리고 복합 시스템의 원리를 이해하는 것은 모두 미시정치를 완전히 익히기 위해 떠나는 여행의 중요한 단계들이다. 하지만 여행을 이어가는 과정에서, 우리는 또한 인간 본성 그리고 원시적이고 본능적인 정치적 동물의 문제에 관해서 최대한 객관적이고 현실적으로 받아들여야만 한다. 비록 그것이 문명과 칸막이벽의 외피 뒤에 숨어 있고 겹겹이 쌓인 현대성 밑에 파묻혀 있을지라도 말이다. 이 쉽지 않은 과제를 수행하려면 해럴드 라스웰Harold Lasswell이 "인격 안에 존재하는 지각되지 않은 요인들"이라 부르는 것을 발견할 수 있을 만큼 가까이 다가가야 한다. 이 '지각되지 않은 요인들'은 당신의 의식과 무의식의 마음을 분리하는 벽 뒤에 숨어 있다. 대체로 헤아려 생각하건대, 우리는 우리의 삶에서 우리 자신의 무의식적 마음에 관해서 그 무엇보다도 무지하다.

인간 본성에 대한 고찰

칼 융은 이 자기탐구의 과정을 누군가가 실제로는 화산을 발견하고 있는데도 자신은 우물을 파고 있다고 잘못 믿고 있는 것에 비유했다. 그래서, 만약 우리가 내면 여행을 하려 하고 있고, 어쩌면 혁명을 시작하고 있는 것이라면 우리에게는 좋은 안내서, 같은 값이면 그곳에 가본 적이 있거나 그것을 해본 적이 있는 사람이 쓴 안내서가 필요할 것이다. 이러한 안내서로 나는 18세기 후반에 알렉산더 해밀턴Alexander Hamilton, 제임스 매디슨James Madison, 존 제이John Jay가 당시 비준을 기다리던 미국 헌법에 대한 지지를 끌어내기 위해 쓴 에세이 시리즈《연방주의자 논집Federalist Papers》보다 더 나은 것을 떠올릴 수 없다.《연방주의자 논집》이 미시정치 실천가들에게 현대적 의미가 큰 것은 인간의 미덕을 돋보이게 하거나 그 악덕을 과장함이 없이 **있는 그대로의** 인간 본성을 꿰뚫어 보는 저자들의 안목 때문이다. 해밀턴, 매디슨, 제이는 크고 작은 인간의 결함에 대한 긴 목록을 작성했다. 탐욕, 자만심, 아집, 복수심, 허영, 영예에 대한 갈증, 지위 확장의 화려한 책략에 몰두해 있는 사람들의 야심찬 목표들, 그리고 이것들보다 더 나을 것 없는 많은 다른 동기들.

해밀턴이 쓴 76호 논문으로 시작해보자.

"인간 본성 안에 돈에 매수되는 본성venality이 보편적으로 존재할 것이라는 추정이 오류일 가능성보다는 청렴함이 보편적으로 존재할 것이라는 추정이 오류일 가능성이 더 크다."

아, 셰익스피어, 밀턴, 그리고 쇼의 모국어인 영어는 신의 선물이런가. venality는 라틴어에서 차용하여 프랑스어를 거쳐 온 낱말 중 하나로, 그 의미는 '팝니다for sale'이다. **venality**는 금품에 끌리는 민감성, 인간이기에 어쩔 수 없는 타락에 대한 나약함, 공공의 신뢰를 받는 지위를―대가를 받고―기꺼이 팔아넘길 수 있는 마음이다.

이 돈에 매수되는 본성이 보편적으로 인간에게 존재한다는 추정에 기초하여, 해밀턴은 독립적인 사법부를 위한 입론을 세웠다(79호 눈문). 그러면서 그는 "인간 본성이 그 본연의 모습대로 펼쳐질 때 한 인간의 생계에 미치는 권력은 결국 그의 의지에 미치는 권력으로 귀착된다"고 말했다. 실제로 돈에 영향을 받는 인간 본성을 알기에 사법부의 독립은 연방판사들에게 후한 봉급과 종신 재임권을 제공하여 부패의 가능성을 최소화하고 판사들에게 정치적 영향으로부터의 면역력을 주는 것을 의미한다. 미시정치에서 이것은 정치의 법칙들은 인간 본성에 뿌리를 둔다는 모겐소의 원칙 가운데 하나를 강조하는 표현일 따름이다. 정치는 권력에 관한 것이기 때문에, 그리고 자기이익은 정치의 본질이기 때문에 자신의 이익을 희생하는 것은 인간 본성에 어긋난다. 언급한 바 있지만, 이것은 인간의 역사에서 희생의 사례가 전혀 없다는 것을 의미하지는 않는다. 하지만 그것은 장기적으로 이러한 종류의 이기적이지 않은 행동을 할 수 있는 사람은 거의 없다는 것을 의미한다. 왜냐하면 자신의 인간 본성을 뛰어넘을 수 있는 사람은 거의 없기 때문이다.

《연방주의자 논집》에 나오는 어쩌면 가장 널리 알려졌을 듯한 구절에서 제임스 매디슨은 정부란 인간 본성이 가장 잘 반영된 것이 아니고 또 무엇이겠냐고 수사적으로 물었다. 매디슨은 만약 사람들이 천사들이라면 정부는 전혀 필요 없을 것이라고 말했다(51호 논문). 해밀턴에 따르면, 인간에게 있어 라이벌 관계, 경쟁, 그리고 영역 다툼은 지극히 정상적이며, 그에게는 이러한 경향을 해명하는 일이 어렵지 않았다.

"그것은 권력에 대한 사랑에 그 기원을 가진다. 권력이 제어되거나 축소될 때 그 권력은 거의 언제나 그 권력을 제어하거나 축소시킨 것은 라이벌이자 적들이다(15호 논문)."

해밀턴은 또 사람들은 그들이 무엇을 소유했는가와 무관하게, 그들이 그 소유를 얼마나 단단히 또는 얼마나 느슨하게 움켜쥐는가에 비례하여 그 소유에 대한 관심이 커지는 것이 인간 본성의 일반 원리라고 믿었다(71호 논문). 이것을 다시 옮겨보겠다. 누군가가 어떤 직무나 직함(정치적 특권, 이익, 권리 등등)을 더 오래 또는 더 열심히 계속 보유하면 할수록 그녀는 그것에 그만큼 더 많은 애착을 갖게 된다. 이것이 오래된 권력이 부패하는 이유이다. 마지막으로, 해밀턴은 애착이 대상과의 거리에 비례하여 약해지는 것은 어쩔 수 없는 인간 본성이라고 말했다(17호 논문). 이것을 다시 옮겨보겠다. 가까이에서 일어나는 사건들은 멀리 떨어진 사건들보다 더 중요하며, 이것은 왜 사람들이 그들의 이웃보다 그들의 가족과 자신에게, 그리고 그들의 정부보다 그들의 이웃에게 더 애착을 가지는지를 설명해준다.

해밀턴은 우리가 "인간 본성의 일상적 타락"(78호 논문)을 늘 고려에 넣어야 한다고 말했는데, 이런 평가를 내린 것은 그 혼자만이 아니었다. 매디슨 또한 인간 본성 안에 끊임없는 경계가 필요한 "타락의 등급"이 있다고 말했다(55호 논문). 매디슨과 다른 건국자들이 권력의 분립(그리고 여기에는 미국 헌법 수정 제1조의 국교 금지 조항이 포함된다)을 강력히 요구한 한 가지 이유는 그들이 인간 본성의 어두운 면을 알고 있었기 때문이다. 예컨대 건국자들은 정부가 종교의 자유를 언제나 보호하고, 그래서 절대로 공식적인 국교를 설립하는 일이 없기를 원했다. 이 점에서 건국자들의 발언은 또한 미래 세대를 향한 것이기도 했다. 그들은 만약 국교를 인정한다면 언젠가 우리 사이에 종교의 근본주의자들이 출현할 것임을, 그들의 의지를 신의 의지와 혼동하여 자신들의 종교 교리를 강요하려 들 근본주의자들이 출현할 것임을 알고 있었다. 실제로 그렇듯이 인간 본성을 알고 있었기에, 건국자들은 조금도 방심하지 않았고 이것은 옳은 행위였다.

매디슨은 '당파를 만드는 잠재적 원인들'이 인간 본성에 내재한다고 믿었는데, 이것은 3장에 나오는 정반대물들 간의 긴장에 대해 조금 더 통찰할 수 있게 해준다. 일평생 매디슨은 사람들이 스스로를 당파들—열성적이고 서로 적대적인 당파들—로 나뉘는 경향을 관찰했다. 이러한 행동의 가장 일반적인 근거는 부의 불평등한 분배와 관계가 있다.

'유산자'와 '무산자'는 사회 안에서의 그들의 이해관계에 근거하여 자신들 나름의 무리를 만들었다. 당파로 쪼개지는 이 자연발생적인 경향에 대응하여 건국자들은 정부의 당파들을 해체하는 것이 필요하다고 결정했고, 행정부, 입법부, 사법부를 분리했다. 연방제도는 미국의 건국자들이 정부의 기능들을 분할하기 위해 이용한 또 하나의 방법이다. 연방제도는 다양한 수준의 정부당국들 간의 관계를 통치하며, 연방정부에 명확히 위임되지 않은 권력은 모두 각 주들이나 인민에게 소속된다고 (권리장전에서) 말하고 있다. 이렇게 하여, 제임스 매디슨에 따르면(51호 논문) "야망은 결국 야망과 대결하게 되며," 권력의 남용은 견제된다.

하지만 부의 불평등한 분배는 매디슨이 관찰한 유일한 명분이 아니었다. 10호 논문에서 그는 이렇게 말했다.

"인간이 상호 간 적대로 치닫는 경향은 너무나 강력하여 현실적인 계기도 주어지지 않는 상황에서도 가장 하찮고 기이한 차이들이 그들의 비우호적 격정에 불을 댕기고 그들의 가장 폭력적인 충돌을 자극하기에 충분할 정도다."

매디슨은 또 이렇게 말하기도 했다.

"조화되지 않는 의견들을 조정하고, 상호 간의 질투를 누그러뜨리며, 그리고 각자의 이해관계를 조정하기 위해 인간들이 개최한 거의 모든 위대한 회의와 협의들의 역사는 사실상 당파, 다툼, 좌절의 역사이며, 그래서 인간성의 병약함과 타락의 사례들을 드러내 보여주는 가장 어둡고 가장 타락한 초상으로 분류해야 할지 모른다(37호 논문)."

다시 말하면, 불화, 질투, 타락은 너무나 강력한 인간 본성이라서 사람들은 어떤 이유로든, 또는 아무 이유도 없이 당파로 쪼개지기 마련이다.

만약 당신이 《연방주의자 논집》의 저자들이 정부라는 권력을 통해 견제하고 균형을 잡거나 또는 명확하게 금지하려 한 인간의 모든 월권에 관해 생각해본다면, 인간 본성의 바로 이 어두운 면을 보는 것은 당신에게도 가능한 일이다. 해밀턴, 매디슨, 제이가 저술을 하던 정신분석 이전 시대에, 그들에게 인간 행동과 무의식에 관한 칼 융이나 지그문트 프로이트의 견해 같은 것은 낯설었을 것이다. 하지만 그들은 그리스 문학과 판도라의 상자는 잘 알고 있었을 것이다. 그리스 신화에 관한 당신의 지식이 녹슬었을까봐 하는 이야기지만, 판도라의 아버지 제우스는 그녀에게 상자 하나(일종의 생일 선물)를 주었는데, 그는 그녀에게 무슨 일이 있어도 그것을 열지 말라고 명령했다. 호기심을 이기지 못하여 판도라가 상자를 열었을 때 그녀는 오늘날 우리를 괴롭히고 있는 모든 악을 풀어주었다.

돈에 매수되는 본성이 누구에게나 존재한다는 추정이 비관적이기는 하지만, 그것이 틀린 추정일까? 정치 이론은 인간 본성과 인간 사회의 미래에 관해 늘 비관적이다—그리고 늘 비관적이어야 한다. 만약 당신이 의견을 달리한다면—즉, 만약 당신이 건국자들이 너무 비관적이며 인간의 본성은 기본적으로 선하다고 생각한다면—그러면 당신에게 추천하고 싶은 것이 있다. 인터넷의 일간 뉴스 블로그처럼 독자의 댓글이 여과되지 않고 감시되지도 않는 웹사이트를 아무데나 방문해보라. 정치와 관련된 기사—아무 기사든—를 클릭하고 댓글을 읽어보라. 그것이 점잖은 기사든 논란이 많은 기사든 그와 무관하게 종종 당신은 댓글난이 신랄함, 증오, 분노, 상스러움 그리고 폭력의 위협들로 가득 차 있음을 알게 될 것이다. 하지만 이 경우 판단을 내리지 말고 그냥 관찰을 했으면 한다. 만약 기사에 상당수의, 가령 백 개 가량의 댓글이 달렸다면, 내 생각에 그것들을 관찰하는 당신은 보통 사람들에 관한 합리적(과학적은 아닐지라도) 평가를 내릴 수 있을 것이다.

내가 2장에서 말한 것, 즉 정치적 유형들political types은 교육, 성별, 계층, 문화와 같은 인구통계적 범주들을 초월한다는 점을 잊지 말아라. 또 이 인터넷에 기반을 두는 통계적 표본은 아마 지적 및 교육적 측면에서는 평균을 조금 상회하고, 연령의 면에서는 평균을 조금 밑돌 것이라는 점 또한 유의하도록 하라. 사람들이 얼마나 빠르게 트롤troll로 변하는지, 그리고 독자들 사이의 의견 교환이 얼마나 빠르게 개인적 모욕이나 위협으로 바뀌는지를 보고 충격을 받았는가? 만약 당신이 이런 것을 전에 안 적이 있다면(당연히 그럴 터이지만), 그렇다면 아마 당신은《연방주의자 논집》의 저자들의 인간 본성에 관한 평가가 매우 객관적이고 현실성 있다는 데 동의할 것이다.

당신이 여전히 납득이 잘 안 된다면, 심리학자 제임스 힐먼James Hillman이 인간됨의 실제적 의미를 설명하면서 했던 말을 들려주고 싶다. 인간됨이라는 것은 사랑하고 용서하는 것이다. 그리고 인간됨이라는 것은 난폭하고 복수심에 불타며, 비겁하고도 잔인하게 구는 것이다. 요람을 흔드는 손은 수류탄을 던지는 손이기도 하며, 화염방사기를 쥐는 손이기도 하다.

"히틀러는 인간이었고, 스탈린도 마찬가지였으며, 예수의 다리를 내리친 병사들도 그들 손의 희생자만큼 인간이었고, 그리고 그들은 그들이 무슨 일을 하고 있는지 알고 있었다."

내면 여행을 하면서 역사를 등한시하고 대신 현대의 사건들에 집중하게 되더라도 우리는 **인간**이라는 낱말의 의미를 소홀히 하거나 왜곡해서는 안 된다.

인간 본성의 집단적 요소

3장에서 우리는 우리의 지각에 심대한 영향을 미치며, 정치의 신비를 알아보는(그리고 새롭게 정의하는) 당신의 능력을 방해하는 문화적 조종의 막강한 영향력에 관해 논했다. 정치에는 문화적 조종과 유사하면서도 더 깊은 수준에서 기능하는, 침투력이 막강한 작용력이 하나 더 있다. '집단적 조종collective conditioning'이라 불리는 이것은 논리 이전의 공격적이며 원시적인 인간 본능을 나타낸다. 이 집단적 조종의 집단적 요소에 접근하기 위해서 당신은 분화되지 않은 덩어리로서의 인간성을 파악해야 한다. 이 시점에서 더 이상 당신은 개인적 존재가 아니다. 개성이란 전혀 없으며, 독립도 자기숙달도 전혀 없으며 오직 종種의 생명력만이 있을 뿐이다. 이 깊이에서는 '사회적'이라는 개념은 존재조차 하지 않는다.

개인적인 것과 문화적인 것의 내용물은 후천적(간혹 후천적이지 않을 때도 있지만)인 데 반해 집단적 요소의 내용물은 인간 본성에 내장된 영속적인 특성들이다. 집단적 요소가 영속적이기는 하나 그것은 한정된 범위의 기능을 가진다. 그것은 원시적이고 본능적이며 때로 공격적인데, 이것은 정치적 동물의 특성들을 거의 요약하고 있다. 집단적 요소는 당신의 모교母校, alma mater이다. 문자 그대로 번역하면 alma mater는 '길러준 어머니nourishing mother'라는 뜻으로, 만약 우리의 어머니가 네 발로 걷는다면 적절한 비유가 될 만하다. 최대한 명확하게 말해보겠다. 당신이 아무리 고도로 진화되었다 해도, 당신이 아무리 많이 교육을 받았고 교양을 길렀으며 박식하고 여행 경험이 풍부하고 높은 보수를 받거나 유명하다 하더라도, 당신은 언제나 이 동창회의 평생회원일 것이다. 비록 회비를 내거나 동창회 모임에 참석하는 일이 절대로 없을지라도 말이다.

나는 지금까지 **본능**(그리고 다양한 파생형들)이라는 낱말을 여러 번 사용한 적이 있다. 그 정확한 의미를 설명하려 한다. **본능**은 모든 인간에게 두루 존재하며 태어날 때부터 갖고 있는 생각과 행동을 가리킨다. 다른 말로 하면, 당신의 본능은 당신의 인간 본성에 내장된 영속적인 특성들이다. 미시정치에서 본능은 세 개의 동심원으로 구성된다. 첫째, 본능은 정신적으로 그리고 감정적으로 작용한다. 여기에는 영적 본능과 종교적 본능, 그리고 사랑과 연민 같은 감정에서부터 공포와 분노 같은 보다 유기체적이고 신체적인 충동에 이르는 모든 것이 포함된다. 둘째, 본능은 스스로를 외부로 분명히 드러내 보이는 그래서 관찰 가능한 습성으로서 작용한다. 여기에는 당신의 환경과 관련된(또는 환경에 반응하는) 자발적 행동뿐만 아니라 무의식적인 신체 작용들도 포함된다. 셋째, 본능은 사회적으로 작용한다—상황을 정치화하는 권력의 도입은 있을 수도 있고 있지 않을 수도 있다. 언급한 대로 이 세 개의 동심원은 인간 본성의 필수 요소들이다.

만약 창문을 통해 인간 본성을 들여다볼 수 있다면, 우리는 미시정치의 구조를 발견할 수 있을 것이다. 가장 원시적인 형태일 때의 인간 본성의 구조는 원형성原型性을 띤 것일 터인데, 원형성을 띤다는 것은 인간 본성의 구조가 일련의 비논리적이고 모순적인 이미지, 형태 그리고 패턴들로 구성되어 있다는 의미다. 이 이미지들은 의미로 가득 차 있다 — 하지만 당신이 그 암호를 알 경우라야만 그렇다. (이것이 예컨대 도널드 트럼프에 끌리는 수백만의 추종자들이 있는가 하면, 이 현상에 대해 완전히 어리둥절해하거나 심지어 역겨워하기까지 하는 다른 이들이 있는 이유다.) 논리 이전의 인간 본능은 집단적 요소와 강한 연관성을 가지지만 그 가설들을 검증할 능력은 내게 없다. 논리 이전의 인간 본능은 자명한 인과적 연관성을 거부하고, 개인적 경험의 가르침을 무시하며, 그리고 마법적 사고에 매달린다.

융은 집단적 요소와 당신의 인격의 관계를 설명하면서 이를 바다(집단적 요소)를 항해하는 한 척의 배(인격)로 비유했다. 집단적 요소는 꿈이 가지는 특성들을 많이 가지고 있다. 자연발생적이고, 치우침이 없으며, 검열되지 않고, 여과되지 않는다. 그것은 당신의 의지 바깥에, 그리고 누구의 통제도 미치지 않는 곳에 존재한다. 이러한 집단적 요소의 특성으로 인해 사람들의 정치적 차이는 무한히 다양하고 사람들은 무슨 이유로든 또는 아무 이유도 없이 싸우기 마련이라고 한다면, 당신은 사람들이 도대체 공통의 장을 어떻게 찾고 어떻게 함께한다고 생각하는가? 가장 큰 상업적 성공을 거두는 아티스트, 연기자, 연예인들은 이 수준에서 소통하는 방법을 알고 있는 듯하다. 그들은 보편적 상징을 표현하는 능력, 그리고 다른 사람들은 오직 꿈을 꿀 따름인 발상과 이미지를 말로 표현하는 능력을 가지고 있다. 이것은 대중적 아티스트들이 성공한 정치가들과 공유하는 중요한 특성이다. 에드워드 케네디가 그의 형 로버트에게 바친 1968년의 찬사를 떠올려보라. 어떤 사람들은 과거에 있었던 적이 없는 것들을 꿈꾸면서 '안 될 게 뭐란 말인가?'라고 묻습니다라는. 아티스트의 가장 깊은 영감은 집단적 요소에서 나오며, 이것은 정치가의 영감이 나오는 곳과 같은 원천이다. 물론 아티스트들은 공공 정책의 결과에 대한 책임이 거의 또는 전혀 없기는 하지만 말이다.

마틴 루터 킹 목사가 그의 아이들이 피부색이 아니라 인격의 내용에 의해 판단될 날을 꿈꾸었을 때, 분명 그는 신의 아이들 모두―케냐, 하와이 그리고 캔자스의 아이들―를 생각했을 것이다. 당신이 현대의 정치 지도자들을 떠올릴 때, 마치 그들에 관한 꿈을 꾼 적이 있는 듯 느껴졌다면, 그것은 꿈이 인간 본성의 집단적 요소의 발현이기 때문일 것이다. 조지 W. 부시, 빌 클린턴과 힐러리 클린턴, 사라 페일린 그리고 특히 버락 오바마 같은 몇몇 미국 정치 지도자들은 수많은 사람들―지지자와 비판자 모두―의 이런 꿈들(또는 악몽들) 속에서 두드러진 존재들인 듯하다. 집단적인 것을 표현하는 꿈, 이미지 그리고 신화들은 생생하지만 이상화되고 일반화된 것들인데, 그런데도 우리는 어떻게 해서든 레이건이나 오바마가 등장할 때 그들에게서 우리 자신이 투영된 모습을 볼 수 있다.

문화적 요소는 수천 년을 거슬러 올라가는 수많은 세대 위에 입혀진 얇은 하나의 층이다. 1930년대와 40년대의 나치 독일 문화의 층은 무의미하다 할 수 있을 정도로 얇다. 이는 독일 문명의 다른 모든 업적이나 기술 발전과 비교하면 미미한 것이다. 문화적 요소는 매우 영리하고, 표현력이 뛰어나며 그리고 민첩할지는 모르지만 거기에는 집단적 요소가 결여되어 있다. 일반적으로, 집단적 요소는 보수적이고 반동적(진보적이거나 발전적인 움직임을 반대하여 강압적으로 가로막는 경향을 띤_편집자주)이며, 변화에 저항하고, 그리고 창조적이기보다는 즉응적이다. 다시 한 번 나는 당신에게 인간 본성의 어두운 면, 즉 인간 본성의 집단적 요소를 과소평가하지 말라는 해밀턴, 매디슨, 제이의 조언을 따르라고 환기하고 싶다.

미시정치에서, 대부분의 편차는 개인적 수준의 것이다. 문화적 수준에서의 편차는 개인적 수준에서보다 더 적고 집단적 수준에서는 훨씬 더 적다. 집단적 수준에서 모든 독자적인 인격은 흐릿한 이미지, 즉 한 수준에서는 특이한 사례이면서도 다른 수준에서는 되풀이하여 발생하는 사례들인 원형들로 축소된다. 원형에 관해서는 나중에 더 이야기하기로 하고, 잠시 당신이 존경하는 정치 리더들을 생각해보라. 어떤 면에서 그들은 모두 독자적인 인격들이지만 다른 면에서는 한 사람 한 사람이 하나의 이상—한 남자 또는 여자가 마땅히 되어야 하는 문화적 또는 집단적 이상—의 원형들이다.

문화적 및 집단적 수준에서 작동하는 무리 본능herd instinct이란 것이 있다. 이 본능은 문화에 따라 강약이나 민감도에서 차이가 날 수 있다. 특정 종류의 사건, 가령 자연 재해, 테러 공격 또는 전쟁, 경기 침체와 같은 사건들은 무리 본능을 촉발할 수 있다. 만약 집단이 **집단으로서** 고통을 받거나 어떤 이유로든 **집단으로서** 희생을 당하면, 그러면 그 집단의 구성원들은 거의 하나가 되어 반응할 것이다. 당신이 이런 종류의 집단 행동을 종교 집회, 스포츠 경기, 정치 집회 또는 부서 회의에서 관찰할 때—특히 개별 구성원들이 서로 교류하는 방식으로—당신은 사람들이 동일한 문화적 상징에 동시에 접속하는 것을 확인할 수 있다.

이런 것은 가령 신임 대학 총장이 취임을 할 때 관찰해보면 놀랍기 그지없는 것이다. 빼곡히 대본을 채운 식순에 맞추어 군중들이 경의를 표하기 위해 예복을 차려입고 운집하는 의식 절차(취임식)가 있다. 의식 절차에는 행진, 음악, 춤, 그리고 당연히 연설이 포함되며, 그리고 축하 연회(아니 어쩌면 피크닉)가 이어지는데, 이것은 그날의 가장 중요한 행사다. 왜냐하면 사람들이 정치적 입지를 놓고 다투기 시작하는 장이기 때문이다. 의상, 의식 절차 그리고 공을 들인 화려한 행사는 하나의 정치적 목적, 즉 추앙하고 있는 영웅의 평범한 인간됨과 계급 위계상에서 그녀가 새로 맡는 신분과 지위 사이의 간극을 메우는 것이라는 목적을 가진다. 당신이 이러한 살풍경을 보고 고개를 가로저으며 이것을 학문적 세계의 기이한 면모 중 하나로 일축해 버려서는 안된다. 대학에는 수백 명의(때로 수천 명의) 직원들이 있으며, 이런 종류의 조직에도 다른 어떤 조직 못지않은 수의 정치적 동물들이 있다. 당신이 일하는 곳이 어디가 되었건 인간 본성은 달라지지 않는다. 정치는 권력에 관한 것이며, 어떤 상황이든 권력이 도입되는 순간 정치적으로 된다.

되풀이하는 언급에 양해를 바라지만, 미시정치는 사회적인 사안이며, 사람들은 단독으로 분리되어 존재하는 것이 아니라 좁게는 가정, 친구, 사무실에서 시작하여 그 너머에까지 이르는 다수의 서로 중복되는 네트워크의 구성원들이다. 2장에서 말한 대로, 우리는 직업, 가족관계 그리고 다른 책무들을 가지고 있으며, 이것들은 우리 본성의 원시적이고 본능적인 요소를 제약하고 우리의 자유를 제한한다. 이 책무들은 대부분 자발적인 것들이다. 우리는 같은 가치를 가진다는 이유로 한 집단(가족, 공동체 등등)에게로 우리의 충성을 옮긴다. 에이브러햄 링컨이 게티즈버그 연설에서 미국은 하나의 과제(자유민주주의 이념의 수호)에 바쳐졌다고 말했을 때 그의 말의 의미는 하나의 과제에 대한 국민의 공유된 집단적 가치를 끌어내고 그 과제에 대한 헌신과 충성을 요구하면서도 국가 또는 정부에 대한 헌신을 요구하는 정치적 발언의 적절한 실례다.

현명한 독자라면 이미 짐작했겠지만 집단적 요소는 인간의 개성 형성의 과정에 근본이 되는 발상으로, 이 문제는 다음 절에서 탐구될 것이다. 융이 말했듯이, "성장을 저해받은 개인들로 구성된 사회 집단이 건강하고 독자 생존이 가능한 사회를 만들 수는 없으며, 오직 그 내부 응집력과 집단적 가치들을 보존하면서 동시에 개인들에게 가능한 한 큰 자유를 허여할 수 있는 사회만이 어떤 지속적인 활력의 가능성을 가진다. **개인은 단지 단일하고 분리된 존재가 아니라 그의 존재 자체가 집단적 관계를 전제로 한 것이기 때문에,** 개성 형성의 과정은 고립이 아니라 보다 강렬하고 폭넓은 집단적 관계로 이어질 수밖에 없다."

다음 절에서도 우리는 내면 여행을 계속 진행해 당신 자신과 당신이 속한 조직의 문화적 및 집단적 요소 간의 차이를 구별하는 능력을 길러내어 미시정치의 최종 목표를 향해 갈 것이다. 목표는 이것이다. **당신 자신의 원칙에 인도되는 주체적 결정의 행위자가 되는 것.** 당신 동료들의 원칙과 명령에 인도되어 일에 대한 헌신을 잃는 일이 없도록.

자율적 행위자로서의 동의

《연방주의자 논집》 22호 논문에서 알렉산더 해밀턴은 "미국 제국의 뼈대는 인민의 동의라는 견고한 기반에 근거해야 한다. 국가에 힘의 강물은 모든 합법적 권위의 저 깨끗한 최초의 수원水源으로부터 바로 흘러나와야 한다"고 썼다. 인민의 동의는 권력의 유일하고 정당한 원천이다. 현명한 통치자 ─ 리더라고 부르기로 하자 ─ 는 힘만으로는 통치할 수 없으며 사람들에게 자신이 지혜롭다는 것을 납득시켜야 한다. 그리고 자신은 사람들에게 그 승인된 지혜 때문에 기꺼이 사람들이 자신을 따르는 것이라고 설득해야 한다. 나는 동의의 원칙이 단지 정당성 있는 권력의 유일한 원천인 데 그치지 않고 정치학에 있어 가장 훌륭한 개념이기도 하다고 말하고 싶다. 이 원칙은 정치인의 예술의 토대에 그리고 당신의 도덕적 권위의 핵심에까지 적용되며, 제퍼슨이 미국 독립선언서에서 그토록 웅변적으로 묘사한 것이기도 하다.

정치학자 데이비드 비텀David Beetham에 따르면, 동의는 정치적 정당성의 세 요소 가운데 하나다. 비텀은 삼각대의 비유를 사용한다. 첫 번째 다리를 **진실성**integrity이라 부르기로 하자. 비텀은 이것을 '임명의 규칙을 뒷받침하는 권위를 승인해주는 원천'이라 묘사했다. 이것은 의사결정자들과 CEO들이 그 누구보다도 정해진 규칙을 지켜야 한다는 것을 의미하는데, 그럼으로써 친족 등용, 정실 인사 그리고 다른 형태의 부패를 최소화할 것이다. 두 번째 다리는 '성취를 용이하게 하는' 제도의 능력이다. 이 다리는 최소의 노력과 낭비로 최대의 긍정적 결과를 생산하는 제도의 능력이라는 측면에서 정의하여 **기량**skill이라 부르기로 하자. 그리고 세 번째 다리를 **동의**라 부르기로 하자.

동의란 무엇인가? 동의가 아닌 것을 설명함으로써 시작하겠다. 동의는 **자발적으로** 따르는 것과 **마음에도 없이** 따르는 것 사이에 고르는 선택의 문제가 아니다. 동의는 당신에게 주어진 일정한 범위의 선택들에 대해 승낙하는 것이 아니다. 이 경우, 나는 권력의 불평등한 분배를 낳는 요인들에 관하여 (다시 한 번) 언급하고 있다. 당신이 속한 권력구조가 당신에 대한 관할권을 행사할 때, 그것은 당신의 복종을 강요하고 당신을 특정 방식으로 행동하도록 강제할 수 있다. 예컨대 법원이 자신의 관할

권의 범위 안에서 사건을 판결할 권한을 가지듯이 행정부(기업) 또한 그 관할권 범위 안에서 어떤 결정을 내릴 수 있다. 하지만 당신의 몸과 행동에 미치는 행정부의 관할권—마치 당신이 감옥이나 수용소에 있기라도 하듯—은 당신 자신의 태도에까지 확대되지는 않는다. 당신의 태도는 당신이 속한 어떤 관할권이나 조직의 권력 구조와 무관하게 당신의 선택이다. 어떤 페미니스트는 "자유가 없는 곳에는 어떤 동의도 있을 수 없다"고 말했다. 이러한 종류의 범퍼 스티커 같은 허세적 구호에는 논리적 반박을 하기가 어렵다. 이 말에 대체로 수긍은 하지만 핵심을 조금 벗어났다. 핵심은 이렇다. 당신에게 전혀 자유가 없을 때조차 당신은 언제나 당신의 태도를 선택하고 당신의 동의를 전할(또는 전하기를 거부할) 힘이 있다.

동의의 원리는 토머스 홉스의 《리바이어던Leviathan》(1651)까지 거슬러 올라갈 수 있다. 이 저서에서 그는 동의에 의해 결집된 자유로운 인민의 권력은 가장 위대한 인간의 권력이라고 말했다. "벗들을 가지는 것은 곧 권력이다"라고 홉스는 썼다. 나는 사람들이 스스로를 당파로 쪼개는 경향이 인간 본성 안에 내재한다는 홉스(그리고 매디슨)의 견해에 찬성한다. 하지만 정치를 이러한 수준—당파적 수준—에서 이해하기 위해서 당신은 기초적 수준, 즉 대인관계의 수준에서 무슨 일이 일어나는가를 이해해야 하며, 그것은 홉스가 "주인 없는 인간masterless men"이라고 부른 것과 관계가 있다.

홉스의 17세기 산문체는 때로 이해하기가 어려울 때가 있다. 다행히도 정치학자 돈 헤르조그Don Herzog는 '주인 없는 인간'을 다음과 같이 서술하는 방법을 제공하였다.

"낯설지만은 않은 어떤 유형의 인물(전혀 유령이 아니다)이 현대 사회에 출몰하고 있다. 우리는 사실 그를 만난 적이 없지만 그를 모두 알고 있다. 이 파악이 쉽지 않은 인물은 자유로운 행위자로, 오직 자신의 선택에 의해서만 구속된다. 그는 직업, 배우자, 종교, 생활방식, 그리고 그 이상을 선택한다. 그는 우리의 도덕적 및 정치적 논의들, 곧 사람의 본질에 관한 우리의 이해 자체에 생기를 불어넣는다."

이것은 태어날 때부터 자유롭고 평등하고 독립적인 인간 개인이 자신의 동의 없이는 다른 이의 정치 권력에 복속될 수 없음을 묘사한다. 그/그녀가 그녀의 타고난 자유를 스스로 포기할 수 있는 유일한 방법은 자신의 동의를 통하는 길밖에 없다. 이러한 완전한 자유의 상태에 정치적 사회의 기원이 있음을 홉스가 말하려 했다는 것을 아는 것은 중요하다. 나아가 홉스와 헤르조그는 우리에게 미시정치에 관한 매우 중요한 한 가지 가르침을 들려주고 있다. 즉, 당신의 타고난 양도할 수 없는 권리들(생명, 자유, 행복의 추구)은 신에게서 나왔을망정, 당신의 동의는 당신에게서 나온다.

이 저자들이 언급하는 개인은 사실 같은 유형이다. 성性 중립적이기 때문에 헤르조그의 '자유로운 행위자'가 더 낫긴 하지만 '자율적 행위자'라는 용어만큼은 못 된다. **자율적인 행위자**—남자와 여자—는 자신의 주인, 즉 자신의 도덕적 자율성에 인도되어 자신 스스로가 선택을 내리는 사람이다. "자율은 자유와 다르다"라고 헤르조그는 설명했다.

"간단히 말하면, 자율적인 행위자는 자기통제를 즐긴다. 그는 선택을 내리는 자신의 능력을 계속 보유할 수 있다. 그는 노예도 중독자도 아니며, 그에게는 자존감이 있다."

자율과 자유의 차이는 무엇일까? 자율을 가로막는 모든 장애는 내부의 것이다. 즉, 외부의 권위가 당신의 자유를 앗아가고 당신에게 굴복을 강요할 수는 있겠지만, 당신의 자율을 부정하거나 당신의 동의를 강요할 수는 없다.

미국 독립선언서에 따르면, 정부의 권력은 오로지 "피치자의 동의로부터"만 나오며, 그 역은 성립하지 않는다. 아메리카의 식민지들에게 영국 왕과의 정치적 제휴를 끝낼 권리를 준 것이 정확히 이것이다. 그들이 신에게서 받은 개인의 자유와 그들이 가진 자율적 동의는 어떤 정부(나는 교회와 기업을 추가하고 싶다)도 빼앗을 수 없는 두 가지의 것이었다(지금도 마찬가지다). 비록 건국자들이 명시적으로 개인적인 것이 정치적이라고 말하지는 않았지만 당신의 동의를 자율적으로 정부에게 주는 것—또는 다른 사람에게 주는 것—보다 더 개인적인 것은 있을 수 없다.

처벌의 위협만으로 동의를 약속받는 것이 불충분하다는 것은 명백하다. 동의에는 자율적인 자유의지가 필요하니까. 한 정치학자의 말로는, "압력, 통제, 억압의 병행"은 당신의 가치, 신념, 도덕규범에 막강한 영향을 미친다. 그리고 이럴 경우 자동적으로 복종이 뒤따른다. 그러나 **자동적으로**는 **자발적으로**와 의미가 다르다. 이것은 따른다는 것이 의식적인 선택이기보다는 단지 습관—조종된 행동의 한 형태—일 뿐이며, 실제로 습관일 때가 빈번하다는 것을 의미한다. 당신의 객관성 감각이 충분히 탄력적이고 기동성이 있을 경우라도, 당신이 여전히 고분고분할—표면상으로—수도 있는 이유는 얼마든지 있다. 겉으로 보이기 위해, 충성심에서, 또는 불복종에 따르는 위험을 타산해보았으니까. 그렇기 때문에 누군가가 당신의 굴복, 따르기 또는 복종을 강요할 수는 있어도 당신에게 동의를 강요할 수 있는 사람은 아무도 없다.

우리가 앞서 규명했듯이, 집단적인 것은 보편적이지만 당신의 인격은 당신만의 것이며, 개인적인 것이 정치의 본질적인 요소가 되는 까닭이 이것이다. 융의 말을 다시 인용하면, "비록 생물학적인 본능 과정들이 인격 형성에 기여하기는 하지만 그럼에도 불구하고 개성은 집단적 본능과는 본질적으로 다르다. 실제로 개성은 집단적 본능의 대척점에 위치하며, 이와 꼭 마찬가지로 인격으로서의 개인적인 것은 집단적인 것과 언제나 전혀 별개의 것이다." 나는 이것이 아리스토텔레스가 사람은 정치적 동물이라고 말했을 때 그가 의미한 것이라고 생각한다. 당신이 저 아래 깊은 곳, 인간됨이 분화되지 않은 익명의 하나의 큰 덩어리 상태인 우리 종種의 집단적 수준의 장소로 내려갈 때, 당신은 당신 내면의 정치적 동물을 만나게 된다. 당신 자신의 정치적 개성 형성은 당신이 스스로를 훈련하여 지나간 세대들의 원시의 목소리를 들을 수 있을 때 시작된다.

만약 자기숙달이 당신에게 중요하다면, 그렇다면 당신은 융이 말하는 **당신의 영혼이라는 내면의 벗**과의 새로운 소통 경로를 열어야 한다. 이 내면의 벗은 당신의 정치적 동물이며, 이 동물의 성숙과 변신의 과정이(당신의 자기숙달 과정이기도 한) 끝날 때면 이 동물은 당신의 인격을 초월할 것이고, 당신이 급히 방향을 바꾸어 극단으로 치우치지 못하게 막아줄 것이며, 그리고 (바라건대) 당신을 도와 당신이 최악의 충동에 따라 행동하는 것을 삼가게 해줄 것이다. 정치는 권력에 관한 것임을, 그리고 권력이 도입될 때 사회적 상황은 정치화된다는 것을 잊지 말아라. 당신이 미시정치를 무시하거나 그것을 전적으로 회피(하려고 노력)할 수도 있고, 아니면 당신 자신의 자기방어를 위해 이 필수적인 사회적 기술을 완전히 익힐 수도 있다. 만약 숙달을 당신이 선택한다면, 당신은 당신의 정치적 동물이 발언을 할 수 있도록 해야 한다. 이 내면의 벗은 당신의 양심도 신의 목소리도 아니며, 당신의 도덕적 권위에 해당한다. 만약 이 내면의 대화가 당신을 불편하게 하거나 부끄럽게 한다면, 스스로에게 당신은 단지 묵상을 하고 있을 뿐이라고 이야기해주어라. 당신의 접근법이 무엇이 됐건 이 대화를 참으로 쌍무적인 교환이 되도록 하여라. 이러한 연관의 결과로 당신은 변신할 것이다―그리고 당신은 실망하지 않을 것이다.

개성 형성이란 무엇인가?

이제 우리는 개성 형성이라는 주제, 즉 앞서 말한 개인적 변신(내면의 혁명)과 이것에 이어지는 사회적(구체적으로 정치적) 재조정의 2단계 과정에 이르렀다. 개성 형성은 상상력을 필요로 하며, 정치가 일어나는 우리 사이의 공간을 전혀 다르게 바라볼 수 있는 이점을 제공한다. 제임스 힐먼이 그의 명저 《다시 구성하는 심리학Re-Visioning Psychology》에서 말했듯이 "개성 형성은 원근법perspective이다." 이 원근법으로 인해 이른바 인간 본성의 **비인간적인** 측면들(인간 본성 내의 집단적 요소)은 어둠 속으로부터 나와 밝은 빛 속으로 들어 올려진다. 이제 미시정치의 실천가로서 당신이 자발적으로 진행하는 과제는 분열 없는 전체가 되는 것이며, 이것은 내면의 정치적 동물을 껴안지는 못할망정 적어도 손이라도 잡는 것을 의미한다. 융은 말했다.

"만약 모든 개인이 자기 안의 동물과 더 나은 관계를 가진다면 그는 또한 인간의 삶을 더 높게 평가할 것이고, 삶은 절대적인, 지고의 도덕 원칙일 것이며, 그리고 그는 삶을 대규모로 파괴하는 힘을 가진 어떤 제도나 조직에도 맞서 본능적으로 반응할 것이다."

친절한 당부를 하나 하겠다. 정치는 권력에 관한 것이지 정신 건강에 관한 것이 아니며, 개성 형성은 정치인이 갖추어야 할 기술을 완전히 익히는 것이라는 목표를 이루기 위한 수단이다. 개성 형성은 바람직한 데 그치지 않고 필요한 것이다. 정치는 사안이기 때문이다. 사람들과 상호 교류하는 데는 거의 필연적으로 오염이 뒤따른다—사회적으로 전염되는 질병이라면 어느 것이나 그렇듯이 말이다. 처방은 선택적 투과의 경계를 확고히 정함으로써 정치 조작과 정서 감염이 발생하지 않도록 주의하는 것이다. 당신이 정한 이 경계는 합법적 소통을 허락하지만 승인되지 않은 접근은 차단해야 한다. 1장에서 말했듯이, 당신은 세계 **안**(또는 회사 안)**에 소속**되어야 하지만 세계**의 일부**이어서는 안 된다. 우리는 이 주제를 5장 '원형4: 은둔 자'에서 탐구할 것이다. 정서 감염이 일어나지 않도록 주의하려면 당신은 검시관의 그것과 같은 냉정하고 전문가적인 초연함을 길러야 하며, 정서적으로 연루되는 것을 허락하지 말아야 한다.

이 방화벽이 필요한 것은 미시정치가 상호적이고 즉응적이기 때문이다. 융이 설명하듯이 많은 사람들이 어떤 감정을 공유할 때 "그 집단으로부터 출현하는 전체 정신 세계는 개별적 정신보다 수준이 떨어진다. 만약 그것이 매우 큰 규모의 집단이라면, 집단적 정신은 동물의 정신과 더 닮았을 것이고, 이것은 대규모 조직의 윤리적 태도가 언제나 의심스러운 이유가 된다." 대규모 집단의 심리는 불가피하게 오합지졸의 수준으로 내려갈 수 있기 때문에 그것이 당신을 제압하기 전에, 당신의 정치적 자기방어는 선제적이어야 한다. 이러한 이유로 당신은 외부의 권위에 맞선 투쟁을 준비하기 위해 내면으로, 정치의 법칙들이 뿌리를 내린 곳으로 여행을 떠나야 한다.

여기서 잠시 대학 시절 내가 제일 좋아했던 비범한 교수 래거번 아이어Raghavan Iyer에게 감사의 마음을 전하고 싶다. 학부생 시절 나는 아이어의 수업을 들을 수 있는 최대한까지 들었고, 그는 나에게 정치학자가 되라고 용기를 불어넣어 주었다. 아이어의 교실 수업은 으레 행위 예술의 수준으로 고조되었다. 그는 90분 동안 원고 없이 강의하였고 수업을 마칠 때면 학생들 모두에게서 박수갈채를 받곤 했다. 그의 죽음을 알린 부고訃告에는 이렇게 적혀 있었다.

"그가 플라톤에서 시작하여 바가바드기타, 산스크리트 시와 힌두교의 고전, 아가사 크리스티에서 팝 작곡가 잭슨 브라운에 이르기까지의 출전들에서 자료를 끌어낼 때 그의…… 강의는 마치 마법을 걸기라도 하는 듯했다."

마법을 거는spellbinding은 정말이지 너무나 적절한 표현이다.

아이어는 인도 남부에서 태어나 영국에서 교육을 받고 캘리포니아에서 여러 해를 살았는데, 그는 정치적 개성 형성 과정에 매료되었다. 미국에 온 많은 이민자들(나의 부친을 포함하여)처럼 그는 미국인을 잘 이해했다. 그는 많은 사람들―특히 미국인들―이 물질적인 것에서 성취감을 찾는 이른바 부족감sense of inadequacy을 동기로 하여 행동한다고 믿었다. 마치 이것이 가능하기라도 한 듯 말이다. 이것은 1장에 나오는 채드윅의 결핍 이론Deficit Theory의 한 변주다. 기억하고 있을지 모르지만, 사람들은 자신이 원하거나 필요로 하는 것보다 더 적게 가졌다고 스스로 믿는 어떤 것에서 기인하는 결핍(부족감)을 느낀다. 이것은 사람들에게 결핍을 극복해야 한다는 동기를 부여하는 비이성적 공포를 만들어낸다. 우리의 풍요로운 현대 문명 안에서 결핍을 극복하지 못 할 수도 있다는 이 두려움은 너무나 강렬하여 남보다 뒤처지지 않으려고 우리의 모든 에너지가 소비될 정도다. 이 경쟁은 많은 사람들이 뒤를 돌아보거나 앞을 내다볼 시간이 전혀 없고, 방향감각도 전혀 없으며, 그리고 그들의 삶을 주도할 수단도 전혀 갖지 못하는 문화를 만들어낸다. 사람들은 상징적인 성취감을 좇느라 삶을 낭비하며, 이로 인해 그들은 동일한 결핍을 공유하는 비슷한 생각을 가진 다른 사람들에 속해서 그들의 사회적 지위를 공고히 한다.

아이어는 정치학자였을 뿐만 아니라 정치적 선견지명의 소유자이기도 했다. 그는 미래의 정치에서 신뢰성은 물질적 만족(동시에 그렇기 때문에 일시적 만족)을 약속하는 사람들이 아니라 어떤 공식적 권력 구조가 됐건 그 한계를 뛰어넘어 모범을 세우는 사람, 개성 형성의 필요에 관해 절실하고 권위 있게 말할 수 있는 사람들의 것이 될 것이라고 말했다. **개성 형성이란 무엇인가?** 가장 간략하게 정의하면 '완전하게 되는 것'이지만, 칼 융은 개성 형성을 자아의 발달, 인격의 성숙, 그리고 무의식을 의식 안으로 통합하는 것이라고 다양하게 정의했다.

융은 또 개성 형성을 내면의 통합 가능성 그리고 '분열되지 않은 자아' 안에서 보상을 찾을 가능성이라 표현하기도 했다. 개성 형성은 실현의 과정이다. 그것은 본능으로부터 정신으로의 탈바꿈, 즉 인간 본성이 어느 지점까지 확고하게 발현되어가다가, 그 지점을 넘어서 기적과도 같이 당신의 삶의 전반부로부터 후반부로의 이행을 매우 용이하게 하는 탈바꿈이다. 미시정치에 있어서 개성 형성 과정은 두 단계로 이루어진다. 첫째, 그것은(앞서서도 지속적으로 말했던) 당신 자신을 찾는 것, 즉 당신의 인격 가운데 당신이 등한히 한, 아니 어쩌면 알지도 못했을 부분들을 다시 익히는 것을 의미하며, 이것은 필연적으로 당신 자신과 집단 간의 차별화로 이어진다. 둘째, 그것은 당신 스스로를 사회적으로 다시 정의하고 정치적으로 재천명하는 것을 의미한다. 개성 형성의 과정은 당신의 인격의 단편화를 해소하며, 당신 자신과 당신의 당면 상황의 디테일 너머로 당신의 시야를 확대해주며, 당신의 권력—개인적 권력(어딘가**에 속한** 권력)과 사회적 권력(누군가**에게 미치는** 권력) — 을 결집시킨다.

아이어는 **권위의 내면화**는 개성 형성의 중대한 시금석이라고 믿었다. 그는 이렇게 말했다. 이 시금석이 논리에 근거한 것이든 믿음에 근거한 것이든, "도덕적 자율의 성취는 도덕적 성숙과 정신적 성숙의 징표라 할 수 있다. 타인의 명령과 원칙에 인도될 것이 아니라 우리는 우리 자신의 명령과 원칙에 의해 인도되어야 한다. 우리가 진정 스스로 결정하는 행위자가 되고자 한다면 말이다." 알기 쉽게 옮기면 이렇다. 당신이 당신의 권력 안에 있는 요인들에 대하여 더 많은 통제를 자율적으로 확고히 하면 할수록, 그만큼 더 당신은 완성된 한 개인이 되고 그만큼 더 성공에 대한 당신의 정의는 당신만의 것으로 된다. 이것은 권위의 내면화와 미시정치의 숙달 사이에 강력하고 긍정적인 상관관계가 있음을 시사한다.

개성 형성—당신의 권력 안에 있는 요인들에 대하여 더 많은 통제를 확고히 하고 진정 자율적인 행위자의 삶을 사는 것—은 남을 의식하지 않고 자기 위주로 생각하고 행동하는 자기중심성과는 다르다는 것을 기억하자. 개성 형성으로서의 권위의 내면화는 양심을 기르는 것과 어느 정도 닮았다. 양심의 기능은 윤리적 판단력을 형성하는 것이다. 양심은 우리가 실행한 행위—또는 우리가 숙고한 소망—에 대한 내면의 검열이다. 우리는 모두 인간으로서의 충동을 우리 안에 가지고 있지만 그에 못지않게 양심, 즉 어떤 금기의 행동들을 억제하고 그리고/또는 어떤 금기의 행동들에 대해 금기가 침범되었을 때 판단을 내리는 내면의 비판 기제를 가지고 있다. 금기시되는—명확하게 금지되는—것은 그것이 어떤 것이든 그 안에 욕구가 숨어 있는데, 이는 왜 금기가 대부분 금지의 형태를 띠는가를 설명해준다. 이상적으로라면, 개성 형성 과정(개인적 탈바꿈과 그에 이어지는 사회적 재조정)은 자신에 대한 배려와 타인에 대한 배려를 하나로 통합한다. 개성 형성은 미시정치 전반과 마찬가지로 상상력이 풍부하고 창의적이다. 개성 형성은 얻고 잃는 것의 총합이 제로보다 클 수 있고 마땅히 커야 하며, 제로 섬 방정식이 아니기 때문에, 자신에 대한 배려로 인해 타인에 대한 배려가 불가능해지지 않는다.

· · ·

1장에서 말했듯이, 미시정치는 정치학을 뛰어넘어 많은 다른 분야들로부터 발상을 끌어내는 작업 가설이다. 2장에서 말했듯이, 여타의 사회과학들도 고유의 영역을 가지지만, **정치 영역의 자율성을 대체할 수 있는 것은 아무것도 없다.** 하지만 그렇다고 해서 그 때문에 우리가 삼라만상에 관하여 사고하는 방법에 중대한 이의를 제기한—근본적으로 변혁하기까지 한—융과 프로이트 같은 심리학자들의 막대한 영향력을 인정할 수 없는 것은 아니다. 정치학을 포함한 모든 사회과학에 미친 프로이트의 영향력은 주목할 만하며 무시될 수 없다. 왜냐고? 그것은 프로이트의 비관주의 못지않게 그의 현실주의와 관계가 있다.

정치학자로서 프로이트의 영향은 1923년《자아와 이드The Ego and the Id》의 출간과 함께 시작되었다. 이 신기원을 이룬 저작의 첫 단락에서 프로이트는 정신을 의식과 무의식으로 나누었고, 이 분할을 정신분석의 기본 전제라고 선언했다. 이것에 뒤이어 1929년에《문명 속의 불만 Civilization and Its Discontents》이 출간되었는데, 이것은 프로이트가 정치학에 행한 가장 중요한 공헌이었다. 프로이트는 개인과 현대 문명 간의 근본적 적대를 알아차렸다. 그는 문명을 우리의 성취와 기술 발전, 삶을 살 가치가 있게 만드는 모든 활동과 자원, 그리고 우리가 우리의 관계들을 통제하기 위해 우리 자신에게 부과하는 모든 규칙과 규제의 총합이라고 정의했다. 그러나 문명은 하나의 과정이기도 하며, 이 과정에서 우리는 거래를 한다. 우리는 얼마간의 안전과 교환하여 우리의 자유를 넘겨준다. 우리는 개인의 권력을 양도하고 공동체의 권력으로 대체한다.

하지만, 이 문명의 과정—아무튼 프로이트가 서술한 식의—은 개성 형성과는 정반대의 것이며, 그렇게 때문에 타인의 명령과 원칙이 아니라 자신의 원칙에 인도받는 자율적 행위자가 된다는 미시정치의 목표와는 어긋난다. 모든 사람은 내적 자아—남에게 자기를 알리고 싶어 하고 어느 정도는 주도적으로 행동하고 싶어 하는 정치적 동물—를 가지고 있다. 그러나 당신의 부족감은—외부의 압력과 주의를 흩뜨리는 요인들까지 더해져서—당신이 **이상적 자아**의 요구에 부응하여 살아가려 할 때마다 비이성적 공포를 불러일으키기 마련이다. 이것에 근거하여, 나는 개성 형성에 대한 다음과 같은 새로운 정의가 도출될 수 있다고 생각한다. **이상적 자아의 요구에 부응하여 살아가는 것.**

하지만 개성 형성 과정에는 두 개의 단계가 있음을 명심하여라. 첫 단계는 개인의 영역이니, 곧 내면의 통합이다. 두 번째 단계는 사회적인 것으로, 정치적 재조정이다. 두 단계 모두 개성 형성 과정을 완성하는 데 필요하다. 하지만 이 과정을 시작하기 위해 나는 당신이 어떤 '신도信徒들의 회동'을 상상하여, 많건 적건 참석한 모든 사람들이 과정에 참여하는 것을 관찰했으면 한다. 한 발 물러서서 이 회동을 관찰한다면, 당신의 눈에는 회중會衆들 가운데는 집단의 일원이 아닌 사람도 섞여 있을 뿐만 아니라 정치학자들과 그 밖의 구경꾼들(나를 포함하여)이 현장을 읽고 있는 것도 보일 것이다.

이 가상의 모임에서, 당신은 스펙트럼의 한 끝에 있는 구성원들이 의식 절차에 깊이—아무튼 객관적으로 볼 때는—몰두하고 있는 것이 보일 것이다. 다른 끝을 보면, 몇 비구성원들이 출구 가까이에 서거나 아니면 삼삼오오 모여 직장 얘기, 스포츠 얘기 등등을 나누고 있는 것이 보일 것이다. 그들은 주의를 기울이지도 않지만 그렇다고 모임에 무슨 지장을 초래하고 있지도 않다. 그들은 언제 고개를 숙이고 언제 무릎을 꿇어야 하는지, 그 정확한 순간들을 알고 있다. 면밀한 관찰을 한다면, 당신은 그 집단(또는 조직)이 그 구성원과 비구성원들에게 행사하는 권력에 대해 감을 얻을 수 있을 것이다. 그 집단이 가지는 근본적인 권력은 회원 자격을 부여하는 권력(선택에 따른 것일 수도 있고 의도하지 않은 것일 수도 있지만)과 비회원임을 알리는 권력(제명의 권력 또한 포함하는)이다. 이 예는 사내 정치에 적용될 수 있는 몇 가지 점을 보강해준다. 첫째, 2장에서 말했듯이, 정치의 법칙들은 인간 본성에 뿌리를 두고 있다. 둘째, 이 법칙들은 객관적이어서 우리의 선호에 영향을 받지 않는다. 그리고 셋째, 이 법칙들은 어떤 종류의 조직, 어떤 가족, 공동체, 또는 기업에든—둘 이상의 사람이 있는 곳이라면 어디에든—적용된다. 주장의 설득력을 높이기 위해 교회 모임 말고 어쩌면 주주총회, 업무회의, 또는 무역 박람회를 예로 들어야 했을지도 모르겠다.

결코 과소평가하지 말아야 할 당신의 근본적 권력은 당신의 동의를 주거나 주기를 거부할 수 있는 당신의 권력이다. 원형 6: 저항인The Resister에서 보게 되겠지만 굴종과 동의 사이에는 천양지차가 있다. 이것과 더불어 개성 형성 과정에 대해 숙고해보아라. 이제 자기숙달의 개인적 및 사회적 의미를 살펴볼 차례이다.

자기숙달의 의미

지금까지 이 장에서 우리는 집단적 요소에 관한 논의를 하였으며, 이 것은 당연히 당신에게 인류 전체가 공유하는 본능적이고 원시적이며 때로 공격적인 경향들에 대하여 주의를 환기시켰을 것이다. 우리는 또 개성 형성과 동의의 원칙에 관한 논의도 다루었는데, 나는 이것이 정치학에서 가장 훌륭한 개념이라고 믿는다. 이제 나는 자기숙달에 관한 논의를 하고자 한다. 이것은 당신이 자신의 내면 세계의 지배자가 되는 것을 뜻하지만 거기에는 그것 이상의 것이 있다. 미시정치는 사회적 기량이다. 그렇게 때문에, 자기숙달은 어느 정도는 거울에 비친 당신의 상을 응시함으로써 찾아오지만, 그 못지않게 자기숙달은 또한 외부로 그리고 아래쪽으로 밀고 나가 관찰 가능한 결과를 만들어냄으로써도 이룰 수 있다.

자기숙달은 포켓볼 경기에서 오프닝 브레이크 샷이 중요한 것과 동일한 이유에서 중요하다. 만약 당신이 득점을 염두에 두지 않는다면, 그래서 샷을 한 후에 무리지어 모인 공들이 서로 건드리는지 또는 레일에 맞는지에 관해 관심이 없다면 브레이크 샷을 숙달할 필요는 전혀 없다. 이와 유사하게, 만약 당신이 모든 당신의 동료들─친구들과 적들 모두─에게 당신의 정치적 약점을 드러내어 열세에 처하는 것에 관해 상관하지 않는다면, 그러면 미시정치의 원칙을 숙달할 필요는 전혀 없다.

자기숙달의 과정은 서서히, 한 걸음 한 걸음 진행되며, 따라서 충동적 행동을 막으면서도 동시에 침투를 가능하게 한다. 엄밀히 말하면, **침투**는 들어가되 완전히 빠져나가지 않았음을 의미한다. 이렇게 엄밀하게 정의하면 마치 사소한 의미론적 변별처럼 보일 수도 있지만, 자기숙달과 관련하여 침투란 상황에 대한 깊고 분명한 인식이 존재함을 말한다. 다시 말해서, 그것은 당신의 객관성 감각을 통해 정확한 현장 읽기가 존재함을 나타낸다. 이 과정은 느리고 신중하게 전개되는 구애求愛의 형식적 절차를 닮았다. 그것은 외교관들이 따르는 의전儀典이라든가, 아니면 컴퓨터끼리 네트워크를 통해 서로 통신하기 위해 사용하는 표준적 규칙과 유사한 규약protocol의 사안이다. 자기숙달에는 시간이 소요되는데, 그렇기 때문에 불필요하게 서두르면 불필요하게 여유를 부리는 경우와 마찬가지로 성과가 나오기 어렵다.

이것은 왜일까? 왜 자기숙달은 구애의 형식적 절차처럼 느리고 신중하게 전개되어야만 할까? 그것은 미시정치가 둘 이상의 사람이 관여하는 사회적 기량이기 때문이다. 자기숙달은 필요한 단계지만 최종 목표는 아니다. 또 다른 사람을 지배하는 것이 최종 목표인 것도 아니다. 언급했듯이, 최종 목표는 권력의 축적이 아니라 덕의 축적, 즉 당신 자신의 인격의 함양이자 당신 자신의 원칙에 인도되는 주체적 행위자가 되는 것이다. 만약 당신이 당신의 환경, 당신의 공동체, 당신의 고용주, 그리고 당신의 가족에게 지속적이고 긍정적인 영향력을 가지고자 한다면, 각각의 경우마다 당신은 당신 스스로에게 요구할 법할 인내와 동일한 인내를—불필요한 서두름이나 불필요한 한가함 없이—그들에게도 적용해야만 한다. 당신은 어느 경우에나 동일하게 주의 깊고, 부드러우며, 신중한 행동 방침을 따라야 한다.

사람들 중에는 정치가 지조 없는 것이라고 생각하는 이들도 있지만, 나는—정치란 권력의 사용을 수반하는 것이라는 바로 그 이유 때문에—정치에는 최고의 윤리적 기준을 유지하는 것이 요구된다고 믿는다. 액턴 경Lord Acton이 말했듯이, 정치는 부패하기 마련이며, 이 기본적인 법칙에 대응하는 방법은, 심지어 미시정치의 달인들에게조차 하나밖에 없다. 그것은 당신의 권력을 절대로 남용하지 않는 것이다. 미시정치의 원칙들은 모두 이 기본적 원칙을 지향하는데, 이 원칙은 권력의 축적보다는 덕의 축적을 더 높은 우선순위의 것으로 삼을 것을 요구한다. 당신이 당신의 최종 목표—스스로를 뛰어넘어 성장하는 것, 그리하여 다른 누군가가 되는 것—를 이런 시각에서 바라볼 때, 당신은 야심적이면서도 동시에 달성할 수 있는 목표를 응시해야 한다. 즉 당신은 지속적 헌신의 가치가 있는 목표, 그러면서도 당신의 능력의 범위 안에 충분히 들어와 있는 목표를 가져야 한다.

자기숙달은 정확히 어떤 모습의 것일까? 내게 그것은 피드백 회로를 가진 다차원의 가치체계처럼 보인다. 사회심리학자 밀턴 로키치Milton

Rokeach는 이 가치체계와 관련된 얼마간의 통찰을 들려주었다. 그는 이 가치체계를 "상대적으로 중요도가 다른 연속선상의 행동 양식들이나 최종 존재 상태들과 관련된 오래 지속되는 믿음 체계"라고 묘사했다. 이 가치체계는 미시정치의 맥락 안에서 자기숙달을 이해하는 데 도움이 된다. 첫째, 가치는 무엇인가? 로키치에 따르면, 가치는 어떻게 행동해야 할까 또는 어떻게 행동하지 말아야 할까에 대한 당신의 믿음, 또는 이루어낼 만한 목표인가 그렇지 않은가에 관한 당신의 믿음이다.

이러한 정의에 기반하여 로키치는 '개인적' 가치와 '사회적' 가치를 명확하게 구별하였다. 개인적 가치는 자기 중심적인 데 반해 사회적 가치는 집단 중심적이다. 그러고 나서 로키치는 '도구적' 가치와 '최종적 terminal' 가치를 구별했다. 최종적 가치는 하나의 목표 또는 선호되는 최종 상태이다. 도구적 가치는 최종적 가치를 이루기 위한 행동 강령, 즉 당신의 책임, 결정 그리고 행동을 인도하는 일련의 규칙들이다. 그는 또 도구적 가치의 두 가지 상이한 유형, 즉 도덕 가치와 능력 가치를 명확히 구별했다. 당신이 도덕 가치와 부합되게 행동할 때 그것은 정직하고 책임 있게 행동하는 것을 의미하며, 이것은 이제 다시 당신을 스스로 **도덕적으로** 행동하고 있다고 느끼게 해준다. 당신이 능력 가치와 부합되게 행동할 때, 그것은 논리적이고 지적으로 또는 상상력 풍부하게 행동하는 것을 의미하여, 이때 당신은 **유능하게** 행동하고 있다.

도덕 가치를 유지하지 못하면 이는 죄책감으로 이어지며, 반면 능력 가치를 유지하지 못하면 이는 낮은 자존감으로 이어진다. 마찬가지로, 정직하고 책임 있게 행동하면 이는 당신으로 하여금 스스로 도덕을 가졌다고 느끼게 하지만, 반면 논리적이고 지적으로 행동하면 이는 당신으로 하여금 스스로 능력을 가졌다고 느끼게 한다. 간단히 말하면 자기숙달은 당신으로 하여금 당신과 집단을 향한 올바른 목표와 믿음을 가지고 능력있고 도덕적으로 행동하도록 돕는다.

자기숙달은 너무나 근사한 발상으로 들려서 아무도 반대하는 사람이 없을 듯하다. 자기숙달과 관련한 실제의 어려움은 그것을 정의하는 것, 그리고 너무 낮은 기준을 정하는 경우이다. 미시정치의 도구로서 자기숙달은, 개성 형성을 다룬 절에서 서술한 바와 꼭 같이 개인적 요소와 사회적 요소를 가진다. 전체에 영향을 미치는 요소들—도덕 가치와 능력 가치—또한 있다. 가치체계로서의 자기숙달은 완벽주의자—불가능할 정도로 높이 설정된 기준을 충족시키지 못해 타인 안의 어떤 행동에 대해서도 불만을 느끼는 사람—가 되는 것을 의미하지 않는다. 자기숙달은 타인 안에서 결함을 볼 때 너무 엄격하지 않고 너그럽게 대하는 것을 의미한다. 그것은 당신이 자신 안에서 결함을 볼 때 스스로에게 불만스러워하는 것을 의미한다. 특히, 그것은 당신의 불만을 당신 스스로에게 돌려서 성장을 위한 조건으로 만들어내는 것을 의미한다.

● ● ●

바람이 불면 야자나무가 흔들린다. 당신의 눈은 가시적 결과(흔들리는 나뭇잎, 나뭇잎에 스치우는 바람소리 등)를 보고 있지만 당신의 마음은 눈에 보이지 않는 원인을 해석한다. 이것은 정확히 우리 앞에 놓인 과제를 비유하고 있다. 대다수 사람들의 삶은 삶에 지배적인 영향을 행사하는 우연적인 일과 사건들에 반응하며 살아간다. 자기숙달은 이러한 삶에 반응하는 수준에 머무는 것이 아니라 리드하는 경지로 이행하는 것을 의미한다. 그것은 그야말로 당신의 삶 전체가 외부의 사건이 아니라 당신의 의도에 의해 통제된다는 것을 시사한다. 만약 당신이 베티 프리던에게 자기숙달이 무엇이냐고 묻는다면—나는 이 점은 남녀에게 똑같이 적용된다고 믿는다—그녀는 자기숙달이 에이브러햄 매슬로Abraham Maslow의 자아실현이라는 발상과 매우 유사하다고 말할 것이다. 자아실현을 하는 사람들의 특징을 살펴보면 다음과 같다. 정확하고 뚜렷하게 상황을 판단해 현실을 직시하는 데 유능하다. 다른 사람의 결함을 포함한 자신의 인간본성을 받아들인다. 삶과 과업, 자신의 문제로부터 자신을 '넘어' 추구하는 삶을 수행하는 목표가 있으며, 외부의 권력이나 다른 사람들로부터 자유롭고 자발적으로 행동한다. 일몰이나 꽃이 매번 처음인 것처럼 기본적인 삶에 대해 강렬하게 경험하고 감사한다. 이런 사람은 자신의 정체성을 깨달았고 자신의 인간으로서의 잠재력을 실현한 자다.

현장을 읽을 때, 읽되 투사(문제를 다른 것의 탓으로 돌림으로서 자신은 그렇지 않다고 생각하는 방어기제_편집자주)하지 말아야 할 것임을 꼭 유의하여라. 투사는 만족할 수 없는 자신의 성격, 감정, 행동을 다른 누군가의 탓으로 이전할 때 일어난다. 가장 중요한 것은, 이 투사는 무의식적인 것이어서 투사자가(또는 당신이) 그것을 알게 되는 것은 투사가 투사이기를 멈출 때 가능하다는 것이다. 우리는 우리의 정치적 투사를 언제나 사후에 인지하는 듯하다. 어쩌면 그것은 감정을 비우거나 객관적으로 바라보기가 어려워서 일지도 모른다. 숙련된 정신분석가라면 우리를 도와 그 감정의 꼬인 타래를 풀어낼 터이지만, 그것은 우리의 과제는 아니다.

오히려, 우리의 과제는 정치를 제거하는 것(비현실적이다)도 아니고, 정치를 무시하는 것(안전하지 못하다)도 아니며, 정치를 완전히 익히는 것이다.

자기숙달은 사후 대응이 아니라 사전 대책을 강구하는 것, 회사 안이 되었건 삶에서건 어떤 상황에서든 정치적 언외의 의미―이야기 이면의 이야기―를 읽을 수 있도록 자신을 훈련하는 것을 의미한다. 정치적 언외의 의미란 상황 참여자들의 생각과 동기뿐만 아니라 상황 안의 자연발생적인 갈등과 관련하여 누군가 입 밖에 내지는 않았지만 읽어낼 수 있는 정보를 말한다. 정치는 사회적 사안이기 때문에, 언제나 참여자들의 수에 비례하여 다수의 정치적 언외의 의미가 작용하기 마련이다. 당신은 어쩌면 이미 정치적 갈등을 해체하여 분석하는 일―말하자면 과학수사 정치학이랄까―에 능숙하여 사실 이면의 정치적 언외의 의미를 이해하는 능력을 가지고 있을지도 모른다.

1장에서 말했듯이, 미시정치의 물리적 공간은 매우 작아서, 때로 두 사람 사이의 공간밖에 안 될 때도 있다. 그렇기는 하지만, 그 작은 공간은 당신이 가능할 것이라고 생각했던 것보다 더 많은 구조, 시스템, 상징, 수단, 원형들을 담을 만큼 크다.

권력 격차가 당신에게 유리하지 않은데 당신의 정치 기량이 충분히 형성되어 있지 않을 때, 당신은 일단 상황을 받아들이고 허울뿐인 과시를 버려야 한다. 내면의 단순성과 경제성은 지극히 중요한 힘의 원천이며, 빈약한 외관을 보상해줄 수 있다. 대체로, 자기숙달은 단순성과 경제성을 당신 자신의 내부에서 길러내는 것, 그런 다음 당신이 외부의 환경으로부터 지원을 충분히 받지 못할 때 주워진 자원들에 의지하여 최대한 경제적으로 활용하는 것을 의미한다. 당신의 장기 목표는 외적 환경으로부터의 부정적 피드백을 상쇄하는 것이 아니라 당신에게 주어진 외적 환경에 대한 의존성을 줄이는 것이어야 한다. 한편, 끈질겨야 한다. 매일 사무실에 나타나서—미소를 띠고서—지구력이 담긴 교훈을 당신의 동료들에게 전해 주어라.

지금까지는 덕을 쌓고 인격을 기를 필요성에 대한 언급이었다. 요점을 분명히 보여주기 위해 이야기를 하나 들려주려 한다. 헤르만 헤세의 시대를 초월한 걸작《싯다르타Siddhartha》에 타이틀 롤로 나오는 주인공은 브라만 가문의 잘생긴 아들이다. 그는 다정다감하고 순종적인 아들이자 가문의 자랑이지만, 버릇없고 가만히 있질 못하며 불만이 많다. 어느 날 성자들 몇이 방랑하다가 마을로 들어서자 젊은 싯다르타는 충동적으로 그들과 함께하여 고행자가 되어 금욕을 통해 깨우침을 추구하기로 결심한다. 싯다르타가 그의 결심을 알렸을 때, 당연히 그의 아버지는 허락하기를 거부한다. 싯다르타는 물러서지 않지만, 그의 아버지에게 조금도 무례하게 대하지 않는다. 싯다르타는 참을성을 입증해 보인다. 난생 처음 그는 생각하고 기다리는 놀라운 능력을 드러낸다. 마침내 싯다르타의 아버지는 그의 아들이 이제 더는 아이가 아니라는 것을 깨닫고 그를 떠나도록 허락한다.

이렇게 하여 싯다르타는 고행자들의 무리에 합류한다. 샅바와 망토를 제외한 옷과 소지품을 모두 나누어주고 그는 깨우침을 찾아 방랑과 명상과 금욕 실천을 시작한다. 결국 젊은 싯다르타는 이승의 공허한 삶에 흥미를 잃기 시작한다. 어느 날, 싯다르타와 고행자들은 **깨달은 자** 고타마 붓다와 길에서 조우한다. 이 우연한 조우는 싯다르타에게 고행자들과 헤어져 다른 길을 갈 때가 왔다는 확신을 갖게 한다. 싯다르타는 새로운 길을 선택해야 함을 알고 있지만, 어쩐지 수도승이 되어 석가모니의 길을 따르는 일이 불가능하다는 것 또한 깨닫는다. 싯다르타는 스스로 궁리하여 그가 모든 가르침과 교리를 거부할 수밖에 없음을 깨닫고 자신만의 길을 개척한다.

덕을 쌓고 인격을 기르는 것은 당연히 노골적인 모욕의 말을 삼가는 것을 의미한다. 마찬가지로 그것은 옹졸하고 이기적이며 야비한 따위의 행동을 삼간다는 뜻이다. 그리고 그것은 갈등을 낳거나 폭력으로 이어질 수도 있는 사태를 미연에 방지함으로써 충돌을 피하는 것을 의미한다. 직장에서 당신은 말을 절도 있게 하고 악담이나 부당한 비난 그리고 험담을 자제함으로써 이렇게 할 수 있다. 이런 종류의 자기숙달을 실행함으로써—자신의 일부터 제대로 감당함으로써—당신은 사태의 확산을 막고 갈등을 먼 곳에 둘 수 있다. 사건과 거리를 두는 일은 신체적으로나 공간적으로뿐만 아니라 **시간적으로도** 가능하다. 자기숙달이 성숙해지면 시간은 당신의 통제 하에 놓이는 자원이 된다. 당신은 이 자원을 사건들의 지속 기간이나 리듬을 변경하는 데 쓸 수 있다. 성공의 주된 요인은 **시기 선택**이다. 전환점을 기다려라. 이것은 완력으로부터 오는 법은 절대 없으며 사건들의 자연스러운 순환으로부터 저절로 온다. 전환점을 인지하고 결정적 순간을 기다리는 것—행동으로 기울려는 경향성을 떨쳐버리고—은 그 자체로 **자제력**, 그리고 그렇기 때문에 자기숙달의 행위다.

절호의 순간을 기다리는 능력은 당신의 직함, 직무 또는 관료적 권위와 전혀 관계가 없으며, 당신의 본성의 원시적이고 본능적인 요소들을 숙달하는 것과 사실상 같다. 미시정치의 달인들은 보이지 않는 것을 간파하는 감각을 가지고 있다. CEO, 의장, 그리고 다른 임원들이 그들의 직위, 그들의 안건, 그리고 그들의 자아상에 골몰하는 동안 당신은 행동에 나설 절호의 순간을 지켜보고 기다린다. 좋은 시기 선택이란 노련한 코미디언들이 농담을 실제보다 더 웃기게 들리도록 만들기 위해 대사 전달 템포를 조절하는 방식과 같다. 조니 카슨Johnny Carson이 어떻게 실제로는 청중의 동조를 구하면서도 겉으로는 무표정한 듯한 얼굴로 카메라를 찬찬히 들여다보곤 했는가를 생각해보라. 조니가 마침내 대사를 전달했을 때 청중들의 기대치는 너무 낮아져 있어서 그가 말하는 것이면 아무것이나 우스웠다.

언급했듯이, 시간은 당신의 통제 하에서 자원이 될 수 있고 되어야만 한다. 이것의 가장 훌륭한 증거는 당신이 환경의 자극과 당신의 대응 간의 간극을 관리하는 방식이다. 즉, 당신의 자기숙달의 크기는 당신이 충격에서 회복하는 데 걸리는 시간이다. 요점을 분명하게 보여주기 위해 극단적인 예를 하나 들겠으니, 곧 테러 공격이다. (폭력적 공격이든 자연 재해 또는 사고든 어느 것이든 마찬가지일 것이다.) 테러 행위는 폭력의 과시적 표현이며, 이것은 너무나 충격적이어서 대부분의 사람들이 정서적 신체적으로 반응을 한다. 정서적 증상에는 불신, 혼란, 분노, 수치심, 공포가 포함되는데, 이런 것들은 단지 초기 증상일 뿐이다. 이 정서적 외상外傷들은 합쳐져서 격렬한 무력감이 된다. 이것은 우리가 거의 제어할 수 없는 자연스러운 반사 작용이다.

나는 심리적 충격을 최소화하자는 것이 아니라 회복 시간을 강조하려는 것이다. 이것은 당신이 자기숙달 능력을 길러냄에 따라 감소할 것이다. 이것은 그러한 충격 이후부터 당신이 회복되기 전까지의 간극이다. 당신의 첫째 목적은 당신의 회복 시간을 줄이는 것이어야 한다. 그 다음은? 당신의 두 번째 목적은 당신의 침착성을 다시 획득하는 것이어야 한다. 이것은 효과적인 위기관리의 필수 요건이다. 당신의 반응이 무엇이든 당신은 이 두 개의 목적을 당신의 반응이 나오기 전에 완수해야 한다. 당신은 당신의 마음에서 공포와 분노를 제거해야 한다. 그렇지 않으면 이것들이 당신의 마음을 흐리게 하여 당신에게서 객관성을 빼앗을 것이다. 침착성을 다시 획득할 때까지 당신은 잠자코 있으면서 사회적 거리 두기를 행해야 한다.

사회적 거리 두기란 무엇인가? 당신은 아마 군중심리에 관해 들어본 적이 있을 것이다. 이것은 무리지어 있는 사람들이 무리 안의 타인들의 정서 상태나 행동을 흉내 내고 동조하는 경향을 의미한다. 사람들은 사회적 동물이며 그들의 감정은 전염된다. 이는 특히 원시적 감정—두려움이나 분노와 같은—이 그것을 잘 받아들이는 수용자를 찾을 때 더욱 그러하다. 공포는 물리적으로 또는 정서적으로 근접한 곳에 있는 사람이라면 누구든 그의 행동이나 정서 상태에 영향을 미칠 잠재력을 가진 정서적 도화선이다. 하지만 자기숙달을 통해 당신은 당신의 사회적 상호작용의 빈도, 근접성, 그리고 지속 시간을 관리할 수 있다. 이것을 위해서는 싯다르타의 침착성, 그리고 그의 생각하고 기다리는 능력이 얼마간 필요하다. 물론 줄곧 공개적으로는 정중한 표정을 유지해야겠지만.

자기숙달이라는 발상은 강함과 부드러움을 결합하는 것, 즉 힘을 겸손으로 균형을 잡는 것이다. 당신의 외적 힘을 지적 및 정서적 힘으로 균형을 맞추는 것은 중요하다. 이 내적 및 외적 힘의 균형을 유지하는 것은 위계 구조 안에서의 당신의 위치와 무관하게 유용하다. 하지만 미시정치의 최고의 실천가는 이 내적 및 외적 힘의 균형을 유지하면서도 하나의 영향력 있는 지위를 가진다. 오해는 말아야 한다. 나는 균형과 **하나의** 영향력 있는 지위라고 말했지, 가장 힘이 센 직책이라고는 말하지 않았다. 마하트마 간디를 생각해보라. 그는 높은 직책을 절대로 맡지 않았지만 자신의 인격의 영향력을 통해 힘을 행사했다. 그리고 전직 대통령 리처드 닉슨을 생각해보라. 그는 그가 맡은 높은 직책 덕분에 (잠시) 매우 힘이 셌지만 내면적으로는 무능했음이 분명하다. 여기서 얻는 교훈은 직무상 유형의 악습―관료적 권위에서 그리고 지위의 영향력에서 나오는 힘에 의지하는 저 거짓 리더들―을 모방하는 것을 피하는 것이다.

당신 안에는 정치적 동물이 살고 있다. 어쩌면 당신의 동물은 휴면 중이거나 발육이 덜 되었을지도 모른다. 그러나 당신이 중요한 정치적 순간을 인지하고 그에 맞추어 행동하고 싶다면, 결국 당신은 시간(그리고 시기 선택)을 자원으로서 길러내야 할 것이다. 나는 대부분의 사람들이 이 자원을 기르지 않는다고, 아니 정직하게 말하면 그것을 인정조차 하지 않는다고 생각한다. 당신은 당신의 정치적 동물을 부정하거나 억압함으로써가 아니라, 융이 말했듯이 분열되지 않은 자아 속에서 그 보상을 찾음으로써 자기숙달을 성취한다. 당신은 대장장이고 당신의 공구는 해머와 모루다. 당신은 당신의 본성의 온갖 요소들을 벼리고 빚고 합성하여 그들을 함께 일하도록 만들어야 한다. 당신이 하는 일은 해머의 내리침의 힘이 옮겨지는, 담금질되고 단련된 모루 표면 위에서 일어난다. 이런 과정을 통해 당신은 정치의 신비를 다시 정의하고 정치적 개성 형성 과정에 기꺼이 스스로를 맡게 되며, 또 그렇게 하여 한 개인은 사회로부터 차별화―단절이 아니라―를 이루게 된다.

• • •

정치적 행동이 새로운 어떤 것이 아님은 분명하지만, 적어도 내가 여기 제시하는 대인관계의 미시정치는 틀림없이 새롭다. 미시정치는 공격용 무기는 전혀 이용하지 않으며, 오직 방어용 공구와 기법만을 활용한다. 미시정치에서 공격 기법과 방어 기법 사이에 넘지 말아야 할 선이 있다. 왜? 그것은 공격 기법들이 효과적—그리고 궁극적으로는 폭력적—이기는 하지만 이때의 효과란 권력의 부정적 본성에 기인한 효과이기 때문이다. 여기에 함축된 뜻은 당신이 스스로를 상황의 요구들에 적응시켜, 여타의 모든 선택들을 다 고려한 후에야 정치적 행위를 개시해야 한다는 것이다. 이것은 당신이 낯선 곳으로의 장거리 자동차 여행을 계획할 때 하는 정도의 숙고가 당신의 정치적 목적에 대해서도 필요하다는 뜻이다. 당신에게는 차와 도로지도뿐만 아니라 GPS 장치, 또는 어쩌면 방향을 잃지 않기 위해 나침반이 필요할 것이다. 또 당신은 휴식과 추가 급유를 위해 쉬어 가는 것도 계획에 넣어야 할 것이다. 다시 말해서, 당신은 당신의 여행의 요소들을 분류하고, 목적지에 도착하는 데 필요한 병참적兵站的 세부사항을 고려해야 할 것이다.

미시정치의 길 찾기에는 현실성 있는 목표를 정하는 것뿐 아니라 신중함 또한 필요하다. 당신과 상대방 간의 권력 격차를 계산하는 것과 상대가 당신의 계획을 발견할 때 거의 틀림없이 당신이 마주치게 될 저항도 평가해야 한다. 또한 상대가 얼마나 강한지 계산하는 것은 물론 적지의 한복판에서 끈질기게 계속 싸워 나갈 준비가 되어 있고 흔쾌히 그럴 의지가 있는지 점검해야 한다. 자기숙달을 늘리는 것의 큰 이점 중 하나는 그것이 계획을 실행에 옮길 때 모호함을 다루는—당신의 힘을 외부에 드러내 보이지 않으면서—당신의 능력을 늘려준다는 것이다.

게다가, 당신은 한 방에 해결하려는 유혹을 견뎌내야 한다. 계시, 즉 무슨 갑작스러운 위대한 깨우침이란 강요하여 경험할 수 있는 것이 아니다. 그것은 영화 속의 그것과 같이 우연히 발생할 뿐이다. 자기숙달의 효력은 미시정치의 효력과 마찬가지로 서서히 발생한다. 자기숙달의 효과란 부단한 축적과 노정을 거쳐 도출되며, 이것은 당신이 자기계발 프로그램을 꾸준히 밀고 나갈 경우와 마찬가지일 것이다. 만약 이 과정을 서둘러 해내려 한다면, 당신은 얼마간의 피상적인 성공을 거두어 권력과 부의 장신구 몇 개를 얻을 수는 있다. 당신은 또 그런 피상적 장식에 현혹된 사람들의 주목을 끌 것이다. 하지만 만약 당신이 이러한 유혹으로부터 물러선다면—철저한 은둔자가 아니라 싯다르타의 초연함을 가지고—당신은 뜻하지 않은 도발과 정당하지 않은 공격을 미연에 막을 수 있으며 인내심이 요구되는 자기계발의 일을 계속할 수 있을 것이다.

자기숙달은 당신에게 정치적이지 **않을** 수 있는 권리를 줄까? 그렇다, 당연히 준다. 비록 당신이 비범한 리더십 재능을 가진 타고난 리더이더라도 리더가 되느냐 마느냐는 개인의 선택이다. 당신에게 세속의 일에 관여할 의무라는 것은 없다. 물론 그것이 언어의 수류탄을 허공에 던지며 수수방관한다는 의미는 아니다—그런 것은 라디오 토크 진행자에게 맡겨라. 또 그렇다고 당신이 자기숙달의 의무로부터 해방된다는 것 또한 아니다. 당신이 결코 집을 나서지 않는다고 해도 당신에게는 당신의 집을 정돈해야 할 의무가 있는 것처럼 말이다. 자기숙달은 사적이든 공적이든 당신의 삶에(당신이 삶을 제대로 마주하고 싶다면) 자양분이 될 것이다. 만약 공적 삶으로부터 물러선다는 당신의 선택이 있을지라도 이는 영구적일 필요는 없다. 당신은 아무 때나 다시 들어와도 된다. 미시정치는 당신이 원하든 원하지 않든, 그리고 당신이 그것을 숙달하든 하지 않든 일어나는 법이니까. (이것에 관한 더 자세한 내용을 보려면, 6장의 원형 4: 은둔자를 볼 것.)

반복하려 한다. 당신은 상황을 한 방에 해결하려는 유혹을 견뎌내야 한다. 당신은 당신의 회사 안 적들을 일시적으로 저지할 수는 있겠지만 그게 전부다. 자기숙달에는 끊임없는 행동이 필요한 것이 아니라 상황에 맞추어 행동할 수 있는 끊임없는 경계와 끊임없는 준비가 필요하다. 이 미묘한 차이는 미시정치에 관한 매우 중요한 무언가를 드러내 보여준다. 즉 당신은 언제나 섣불리 정치적 행동으로 밀어붙이려 해서는 안 되며, 늘 예의주시해야 한다. 긴장을 풀고 사람들의 두려움과 분노를 줄이는 것을 목적이 되게 하여라. 만약 이 가르침을 선뜻 받아들여, 필요한 조치들을 취하여 자신을 발달시킨다면 당신은 다른 사람들에게 가르침과 권한을 주는 것 또한 가능할 것이다. 한 방에 처리하는 해결책 없이 끊임없이 경계를 한다는 이러한 전망은 짜증스럽게 보일 수는 있겠지만, 그것이 미시정치의 본성이다.

배의 도선사와 폭도들의 무리에 관한 이야기를 기억하는가? 반복하는 이야기지만, 좋은 비유가 번역의 오류로 길을 잃어서는 안 되겠다. 도선사는 당신이고 폭도들 무리 또한 당신이다. 도선사는 개인적 요소에 해당하고, 폭도 무리는 사회적 요소, 수천 년 전에 살았고 오늘 당신 안에 그 유전 물질이 여전히 살아 있는 당신의 원시의 조상들에 의해 표상되는 사회적 요소다. 한 요소가 통제의 주체라면 다른 요소는 통제의 대상이다. 왜냐하면 한쪽은 이성의 능력이 있으나 다른 쪽은 그렇지 못하기 때문이다.

이 두 요소들 ─개인적 요소와 사회적 요소─ 은 야누스(로마신화에 나오는 문지방과 통로의 신)의 두 얼굴을 나타낸다. 한 얼굴은 뒤쪽, 동굴 거주자들의 원시 세계를 보고 있으며, 반면 다른 얼굴은 미래 쪽을 바라본다. 뒤쪽을 보고 있는 얼굴은 단지 과거를 기억하는 것이 아니라 수천 년을 가로질러 보며, 사건들 하나하나를 예외 없이 매우 오래 되고 매우 긴 이야기 속의 한 장章으로 본다. 앞쪽을 보고 있는 얼굴은 당신에게 미래의 추상적 시작을 감지할 수 있고, 변화를 예상할 수 있으며 그리고 당신의 관할권을 주장할 수 있는 능력을 준다. 이 요소들은 둘이 함께하여 당신에게 내면의 혁명에서 싸워 이기는 능력을 준다. 시도해볼 만한 이야기로 들리는가? 만약 그러하다면, 이후에 나오는 미시정치의 원형들을 익히도록 하겠다.

5장

원형이란 무엇인가?

상징 공식으로서의 원형

원형은 사내 정치에서 왜 중요할까? 원형들은 인간 본성과 문화가 표현되고 반영된 것들이다. 원형은 사람들이 원하는 것, 두려워하는 것, 심지어 가능하다고 믿는 것까지도 전달해주는 농축된 형태의 상징이다. 원형은 상징만큼이나 중요하다. 인기 있는 아티스트, 뮤지션, 배우, 예술가들들—그리고 성공한 정치인도 물론—은 상징과 원형을 활용할 수 있다. 왜냐하면 그들은 정치가 논리 이전의 것이고, 거의 어린애 같은 것임을 직감적으로 이해하기 때문이다. 이 상징과 원형을 조작하는 능력, 거의 어떤 것 또는 어떤 사람에게든 의미를 부여하는 능력, 그리고 그렇기 때문에 그것, 그 또는 그녀를 상징으로 바꾸는 이 능력은 인간을 다른 종과 차별화하는 어떤 것이다.

상징은 내부자insider에게는 단축키와 같다. 이 단축키는 평범함에 머물 추상적인 개념과 사물에게 신비로움을 드리워준다. 〈앵무새 죽이기〉에서 애티커스 핀치 역을 연기하는 그레고리 펙을 생각해보라. 거슈윈의 곡을 노래하는 엘라 피츠제럴드와 루이 암스트롱을 생각해보라. 카우보이모자를 쓴 존 웨인을 떠올려보라. 링컨 기념관 계단의 마티 루터 킹 목사를 생각해보라. 브루클린 다저스 유니폼을 입은 재키 로빈슨을 생각해보라. 《초록 달걀과 햄Green Eggs and Ham》을 생각해보라. 상징은 뭐라고 꼬집어 말할 수 없으면서도 그것 자체보다 더 큰 무엇을 드러내 보인다. 이 무엇은 상징에게 어느 정도는 실제의 것이고 어느 정도는 실제의 것이 아닌 이중적 특성을 부여한다. 상징은 물건, 제스처, 관계, 또는 언어적 구조물에 불과할지라도 뭔가를 표상하며 감정과 신체의 반응을 낳는다. 만약 상징이 틀림없이 그리고 전적으로 실제의 것이라면, 우리가 상징의 보다 큰 의미를 기획해 넣을 틈새, 정치적 내용을 기획해 넣을 틈새는 전혀 없을 것이다.

융은 말했다.

"원형은 의식적인 발상이 전혀 존재하지 않을 때, 또는 내적이나 외적인 이유로 의식적인 발상을 할 수 없게 될 때면 언제나 기능하기 시작하는 상징 공식symbolic formula이다."

먼저, 상징 공식이란 무엇인가? 상징은 추상적인 어떤 것을 표상하는 눈에 보이거나 감각할 수 있는 어떤 것(가령 깃발, 제복, 상표와 같은)이다. '상징적'이란 **표상적**representative이라는 뜻이다. '공식'이란 **처방**prescription, 즉 일련의 지시와 구체적 비율의 성분 목록을 의미한다. 상징 공식은 환경과 소통하고, 신호(지시, 성분, 기타 등등)를 보내고 받으며, 정보를 분류하는 편리한 방법이다. 당신의 데스크톱 컴퓨터에 있는 단축키와 그것이 어떻게 당신을 프로그램, 파일, 웹사이트 또는 주변 장치와 이어주는가에 대해 생각해보라. 당신이 아이콘을 더블 클릭할 때 말이다. 이것은 한 매혹적인 개념과 한 유용한 장치의 극단적 단순화의 사례라 할 만하다.

만약 원형이 상징 공식이라면, 상징 공식 또한 하나의 원형이다. 우리가 원형적인 상황들을 관찰할 수 있는 한 가지 이유는 같은 종의 생물들 간에 생물학적 기능들이 유사하듯, 인간에게 있어서도 모든 기능들과 본능적 행동 양식들이 유사하기 때문이다. 진화를 통해 한 번 효과적으로 기능한 것은 다시 효과적으로 기능하기 마련인데, 이것은 왜 사람들이 계속 원형들을 사용하여 소통을 하고, 왜 이 단축키가 계속 효과적으로 기능하는가를 설명해준다. 만약 당신이 인간 본성과 인간 행동이 종종 본능적이고, 반드시 이성적이지는 않으며, 전적으로 의식적인 것만도 아님을 인정한다면, 그렇다면 정치적 원형을 예전부터 존재한 본능적 행동의 패턴이자 형태로—다시 말하면 상징 공식으로 본다고 해도 별 무리는 없을 것이다.

정치적 원형은 존재한다

정치, 시스템, 그리고 상징에 관한 탐구를 통해 우리는 자연스럽게 칼 융을 만나게 되었다. 그는 신화, 요정 이야기, 그리고 세계문학에 대한 광범위한 독서를 통해 원형에 접근하였고, 환자들의 공상, 꿈, 그리고 섬망譫妄을 분석하는 임상심리학자로서의 업무 또한 그의 접근의 원천이었다. 꿈과 마찬가지로 원형들은 코드화된 의미로 가득 차 있다. 심리학자라면 당신에게 이 코드화된 꿈을 해석해 남들은 모르는 비밀스러운 생각, 해결되지 않은 갈등, 또는 너무 불쾌해서 의식의 반성으로부터 배제되어야만 하는 억압된 감정임을 알려줄지도 모른다. 꿈과 마찬가지로 원형은 상징 공식을 전하는, 거대한 구조물의 외피이다. 하지만 융은 심리학자이지 정치학자는 아니었다.

심리학자가 꿈을 이해하기 위해 기억 재료(특정 기억, 공상, 개인의 경험)를 사용하는 데 반해 정치학자는 다른 분석 단위를 사용한다. 이것은 개인의 기억이 아니라 사람들이 다른 사람들과 공유하는 더 깊은 무엇인가로부터 나온다. 원형은 이 요소(4장에 나오는 집단적 요소)로부터 발생하며, 그렇기 때문에 반드시 당신의 개인적 경험의 일부인 것은 아니다. 융은 집단 무의식이라는 발상을 발달시켰고 그것을 그보다 더 표면상의 것인 개인 무의식과 차별화했다. 정치적 원형은 확실하게 알 방법이 우리에게 있는 것은 아니지만, 융이 집단 무의식이라 부르는 것에 속할 수 있다. 그는 이것을 가장 깊은 수준의 무의식의 마음, 전 인류가 공유하는 일종의 잠재의식의 저장소라고 묘사했다.

계속 진행하기에 앞서, 우선 권력의 불평등한 분배를 낳으며 그래서 관계를 정치화할 수도 있는 요인들을 차별화하는 데 유용하게 쓰일 몇 가지 용어를 소개하고 싶다. '대칭 쌍symmetrical pair'은 서로를 좋아하고 서로에게 동등하게 영향을 미치는 사람들—가령 친구라든가 같은 서열의 동료들—사이의 관계다. 권력 격차가 전혀 없고, 정치도 존재하지 않는다. '비대칭 쌍asymmetrical pair'은 권력과 영향력이 동일하지 않는 사람들 사이의 관계다. 상사와 부하 직원이 가장 두드러진 예일 것이다. 상사는 관료적 권위를 가지며, 그래서 위협, 협박 또는 강압을 통해 부하 직원의 복종을 강요할 수 있다. 또한 불평등의 원인은 다른 요인들에서 나올 수도 있다. 상대방보다 더 인기 있고, 더 매력적이며, 더 카리스마가 있는 사람이 있을 수 있다. 상대방보다 더 똑똑하고 더 교육을 받았거나 더 덩치가 크고 신체적으로 튼튼한 사람이 있을 수 있다. 끝으로, 단순히 습관에 의해 상대방을 지배하는 사람이 있을 수도 있다. 이 요인들 가운데 어떤 것이든, 아니면 어떤 조합이든 권력의 불평등한 분배를 낳을 것이고 관계를 정치화할 수 있다.

권력의 분배가 비대칭적일 때, 틈새가 벌어진다. 권력 격차를 상쇄하기 위해 원형은 그 틈새—우리 모두 사이의 공간—를 상징 공식과 본능적 행동 패턴으로 채운다. 권력 격차로 인해 개인의 의식적인 발상들이 억제될 때, 개인들은 완전하게는 통제될 수 없다. **통제를 용이하게 하는 것이라면 무엇이든** 권력이 된다는 것을 기억하는가. 이것은 다시 우리를 미시정치의 정의로 데려간다. 미시정치는 사람들이 상호의존적이고 권력의 분배가 비대칭적일 때라면 언제나 필수적인 사회적 기량이다. 상황을 **사회적**으로 만드는 것은 무엇일까? 사람들은 적어도 둘 이상이 있기 마련이다—어떤 조직의 거의 어떤 업무에서든. 사람들을 **상호의존적**으로 만드는 것은 무엇일까? 그것은 조직은, 그것이 사업체이건 정부 기관이건 아니면 교육기관이건 사람들이 함께 일할 것이 요구되는 집단적 목표를 가진다는 것이다. 권력의 분배를 **비대칭적**으로 만드는 것은 무엇일까? 그것은 조직은 관료적 권위를 가지는 누군가가 있기 마련이고, 관료적 권위란 그녀의 지위에 기인하여 생기는 권력이므로 비대칭적이다.

정치적 원형은 모든 상징이 그렇듯이 액면 그대로의 해석이 불가능할 만큼 충분히 추상적이다. 이 원형들은 반복되어 축적된 것인 만큼 정서적으로 매력적인 그리고 우리의 주목을 끌 만한 미적 가치(시각, 촉각, 청각, 빛깔 또는 질감)를 가진다. 원형들은 특정 개인(누가 되었건)의 독특한 경험, 그리고/또는 특정 문화(무엇이 되었건)의 지역적 상황을 반영할 수도 하지 않을 수도 있다. 이 원형들은 인류 공통의 것이며 우리 모두 안에 있는데, 이것은 왜 정치적 갈등이 문화, 장소 또는 시대와 무관하게 낯익고 되풀이되는 패턴을 따르는가를 어느 정도 설명해준다. 만약 당신이 어느 만큼의 규모가 되는 조직에서 어느 정도 오랜 기간 동안 일하고 있다면, 어쩌면 당신은 어떻게 사람들이 원형을 본보기로 따르고 미리 포장되어 주어진 역할에 안주하는지, 그리고 어떻게 원형들이 이 사람 저 사람 개인들에게로 옮겨가는지 알아차렸을지도 모른다.

융에 따르면, "원형의 이미지들은 인간 정신의 최고 가치에 속하며, 태곳적부터 모든 인종들이 모인 하늘나라에 살아왔다." 이것은 무슨 뜻일까? 왜 원형들은 많은 다양한 문화 출신의 많은 다양한 사람들이 연루되는 많은 다양한 상황에 나타나고 또 다시 나타나는 듯이 보일까? 정치적 원형의 힘은 어디에서 나올까? 나는 이런 생각을 한다. 자신에 대한 언급을 하면서 '우리'라는 복수 대명사를 사용하는 정치 리더를 본 적이 있는가? (이것은 **로열 we**, 또는 **장엄의 복수**라고 알려져 있다.) 이것은 이중인격이나 모종의 심리적 장애의 증거가 아니라 유능한 정치 리더들이 주변 사람(환경)과 상호작용하기 위해 사용하는, 복수를 향한 개인적, 문화적, 집단적 동질성의 표현이자 영향력이다. 개인적 요소—또는 페르소나persona—는 당신이 자신을 상징화하는 방법이다. 즉 페르소나는 외부에 보여주는 '가면을 쓴' 당신의 인격이다.(이어지는 몇 단락들에서 이 주제에 관해 더 다룬다.)

원형처럼 낡아빠진 것이 현대 우리의 근무처에서 그 정도의 효능을 가질 수 있을 것으로는 보이지 않을 것이다. 문화들마다 정치나 정치적 행동이 매우 복합적이고 다양한 법임을 감안하더라도 나는 이것이 SF가 아니라는 것을 분명히 하고 싶다. 당신은 미시정치(그리고 어쩌면 정치학 전체)를 당신이 점성술을 대할 때와 동일한 경멸로써 일축하지 않기를 바란다. 당신은 볼 수 없다는 이유만으로 원형이 존재함을 아예 부정할지도 모른다. 나에게 원형이 보이지 않는 것은 어쨌거나 상식적인 의미에서 안 보인다는 뜻이다. 그들이 존재한다는 증거마저도 내게는 없다. 그러나 증거가 없어도, 세상에서 가장 똑똑한 사람들이 우리에게 원형이 존재할 수 없음을 납득시킨다 해도, 우리는 그것을 고안해내야 할 것이다. 융이 말했듯이, 그것은 "우리의 가장 고귀하고 가장 중요한 가치들이 사라지지 않게 하기 위함"이다. 하지만 나는 누가 원형을 날조해 만들었다고 생각하지 않는다. 도대체 그리 할 목적이 있기라도 할까? 훨씬 더 개연성이 높은 시나리오는 원형은 자연발생적으로 모습을 드러낸다는 것이다.

정치적 원형의 역사는 인간 사회만큼 오래 되었다고 나는 믿는다. 설령 당신이 당신의 개인적 경험으로부터 원형의 일부 또는 모두를 인지하지 못했다 하더라도, 당신은 하나 또는 두 개의 원형의 세계에 거주했을 수도 있고, 또는 친구, 동료 또는 당신의 상사에게서 원형들을 인지했을지도 모른다. 하지만 당신의 인지 여부와는 무관하게 역사를 공부한 사람이라면 누구에게나 정치적 원형이 가지는 힘은 분명하다. (또한, 이 원형들은 정치는 물론 지리, 역사, 문학에 관한 지식이 제한적인 사람들에게는 의미가 덜할 것이다.) 만약 앞으로 소개할 어떤 원형들이 당신에게 낯익은 듯 보인다면, 이것은 당신이 의식하지 못했지만 미시정치가 원형적 행동을 통해 스스로를 표현(그리고 사람들도 스스로를 표현)하기 때문이다. 나는 당신이 이것을 인정하고 친숙함을 느끼기를 바란다. 비록 사건들이 펼쳐지는 그 한복판에서 그 모든 것을 온전히 이해하지는 못한다 하더라도 말이다.

정치적 원형이 합리적 해석을 거의 불가능하게 하는 속성들을 가진다고는 하나 우리는 그들이 어디에 살고 있는지 알고 있다. 정치적 원형은 일련의 특정 기준(권력의 불평등한 분배)을 충족시키는 환경(틈새)을 필요로 한다. 이로 인해 정치적 원형은 융의 심리적 원형과 구별된다. 융의 원형들은 모두 내부에서 비롯했다. 왜냐하면 심리적 원형이 외부 세계 어딘가에서 비롯할 수 있다는 것은 상상할 수 없기 때문이다. 반면 정치적 원형은 우리 사이의 공간에 살며 사교社交, 즉 신호를 주고 신호를 받으며 그리고 즉각 반응하는 것으로 이루어지는 사교를 먹고 산다. 이 상호 침투는 정치의 필수적 요소다. 유일하게 빠져 있는 것, 원형들에게 생기를 불어넣는 데 필요한 단 한 가지는 누군가가 사회적 상황 안으로 권력을 도입하는 것이다. 이것이 정치가 그리도 역동적인 이유다. 왜냐하면 우리는 그냥 개인을 다루고 있는 것이 아니라 어마어마한 권력이 실려 있는 사회적 힘들 (문화적 및 집단적 힘들)을 다루고 있기 때문이다.

정치적 페르소나 : 전술적 자아

여덟 가지의 정치적 원형에 대하여 묘사하는 다음 장으로 넘어가기 전에, 나는 패턴을 인지하는 것, 현장을 읽고 현장에서 뛰는 것에 관한 중요한 언급을 하고 싶다. 원형들은 너무 추상적이어서 당신의 사내 상황에서 현실성이 없는 것으로 보일 수도 있다. 적어도 내가 지금까지 설명한 바의 원형이라면 말이다. 앞에서 말했듯이, 원형은 상징 공식이고 역으로 상징 공식은 원형이다. 또 공식이란 일련의 지시와 성분들의 목록이다. 이렇게 말해도 여전히 너무 추상적일 수 있겠지만 이것은 잊어서는 안 되는 것이다. 원형을 개인적·문화적·집단적 요소들이 수천 년에 걸쳐 함께 행진하는 퍼레이드라고 생각해보라. 개인적 요소는 지휘봉을 들고 발로 박자를 맞추면서 발을 높이 들어 올리며 나아가는 고적대장이다. 그녀 바로 뒤에는 문화적 요소—많은 금관악기와 타악기를 거느린 모두 제복 차림을 한 악대—가 있다. 그들 뒤에는 집단적 요소—거대한 동물 형상의 풍선들과 아름답게 장식된 꽃수레들—가 있다.

언급했듯이, 원형들은 당신이 손수 만든 것이 아니라 다수의 침투성이 큰 영향력들의 결과물이다. 집단적 요소는 수천 년의 인간 경험의 저장소로, 당신과 별개의 것이면서도 여전히 당신과 연결되어 있다. 문화적 요소는 당신을 사회화하고 조종할 뿐만 아니라 당신이 가족, 조직, 공동체 또는 다른 종류의 집단의 구성원/소속이라는 신호를 보낸다. 당신에게 공동의 영향력을 행사하는 문화적 및 집단적 요소들은 당신의 문화적 귀속과 공통의 인간성을 극대화한다. 개인적 요소—또는 페르소나—는 상징의 전달자로, 이것은 문화적 및 집단적 요소들에 인간의 얼굴을 입힌다.

당신의 페르소나는 당신의 실제 모습이 아니라 당신 자신과 세계에 드러나는 당신의 모습이다. 융에 따르면, "페르소나는 개인의 의식과 사회 간의 관계들로 이루어진 복잡한 시스템이고, 일종의 가면이라 하기에 매우 적합하며, 한편으로는 타인들에게 확고한 인상을 심어주기 위해 그리고 다른 한편으로는 개인의 참된 본성을 숨기기 위해 고안된 것이다." 알기 쉽게 옮겨보면 이렇다. 당신의 페르소나는 당신이 몸에 걸치는 위장이자 가면이다. 이것은 당신이 세계에 미치는 당신의 영향을 관찰한 뒤 그것에 근거하여 길러낸 것이다. 미시정치에서 페르소나는 당신이 당신의 동기와 관심을 숨기기 위해 고의로 사용하는 사회적 외관이다. 그것은 당신의 포커페이스다. 직장에서 당신은 중요한 협상, 실무 위원회, 또는 여타의 공식 회의들이 있을 때면 언제나 포커페이스를 내보인다. 이것은 당신이 확실치 않은 상황에 놓여 있다는 의미다. 좋은 포커페이스는 심지어 사람들의 주목을 받고 있을 때조차 **남들은 모르게** 자신의 자아를 숨길 수 있 는 외관이라야 한다.

유능한 정치인 가운데 자신의 적, 자신의 협력자, 심지어 자신의 동지들에게조차 자신의 참된 자아를 보여주는 사람은 아무도 없다. 유능한 정치인은 가면을 쓴다. 나는 세계는 모두 무대이고 우리는 단지 연기자라고 말하려는 것이 아니다. 내가 말하려 하는 것은 미시정치에서의 성공은 당신의 참된 자아의 단순한, 심지어 희화화된 형태를 선보이는 능력 없이는 불가능하다는 점이다. 뿐만 아니라, 당신이 충분히 좋은 포커페이스를 유지하고 있더라도 이 모든 것을 위선이라 폄하하여 스스로 자만하지 말아야 한다. 왜냐고? 이곳은 권력과 리더십이 만나는 또 다른 교차 지점이다. 앞에서도 언급했듯이, 진정한 리더십은 조종적 권력과 당신의 진실성, 도덕성에 기인한 것임을 기억해야 한다. 당신이 권력을 행사함이 **없이** 리더십을 발휘하고, 지속적인 상호작용의 흐름을 유지하고, 신호를 주고받는 순환원이 손상되는 일이 없도록 확인하는 것은 절대적으로 필요한 것이다.

미시정치에서, 다른 패를 준비해두는 페르소나의 이점은 또 있다. 이것은 당신의 감정의 안녕과 관계가 있다. 정치는 적어도 한 명의 다른 사람의 참여—능동적이든 수동적이든, 자발적이든 비자발적이든—가 필요한 사회적 활동임을 잊지 말아라. 이것은 가까이 다가가 개인적으로 친해지는 것일 수도, 상호작용하고 즉각 반응하며, 비판이나 공격을 불러일으키는 것일 수도 있음을 의미한다. 만약 당신의 조직 내의 사람들이 당신을 괴롭히거나 협박하고 있다면, 그들은 당신의 페르소나, 즉 당신이 의도적으로 만들어낸 것이 아닐지라도 당신의 동기와 이익을 숨기기 위해—아니, 이 특정 상황에서는 당신 자신과 당신의 감정의 안녕을 보호하기 위해—길러낸 거짓 자아를 괴롭히고 협박하고 있는 것임을 잊지 말아라. 사람들이 당신의 페르소나를 비판하거나 공격한다 해도 자기숙달의 과정을 거친 당신이라면 느긋이 앉아 웃을 수 있다. 왜냐하면 그 공격과 비판은 당신이 아니라 당신이 만들어낸 것, 당신의 가공의 정치적 페르소나를 겨냥한 것이니까. 이러한 대응은 당신의 감정을 외부에 의해 손상 받지 않게 도울 것이다.

미시정치의 제반 목적에 사용되는 이 '전술적 자아'는 당신과 당신의 감정의 안녕을 보호하는 것, 그리고 당신의 마음을 자유롭게 하여 보다 긴급한 문제들에 쓸 수 있도록 하는 것을 목적으로 하는 외관이다. 비록 당신이 사내에서 모욕과 폭언에 직면해 있다 해도 당신의 상황 인식은 여전히 자연스러워야 한다. 왜냐하면 당신의 전술적 자아는 당신으로 하여금 감정의 손상 없이 통제의 주체가 될 수 있게 해주기 때문이다. 흥분을 한다면 당신은 게임에 진다. 감정을 드러내 보인다면—특히 화를 냈다면—당신은 합리적으로 생각하고 행동할 능력을 잃는다.

전술적 자아는 정보 수집에도 유용하다. 적절한 예를 들어보자. 만약 당신이 조직 내에서 당신에게 반대하는 정치 세력에 관해 좀 더 알아내고자 한다면, 어떤 사소한 것에 관한 요식 체계를 교란시켜보라. 가령 공무상의 서명이 필요할 경우, 정상 경로로 서류를 보내지 말고 반대 세력 또는 그 세력의 정보를 알만한 서명인에게 직접 접근하라. 당신의 행동은 전적으로 의도적인 것이지만 당신은 그것이 실수인 양 그리고 나중에 실수를 뉘우치는 양 행동할 수가 있다. 하지만 당신이 남기는 흔적 때문에 당신의 참 목적이 발견되는 일은 절대로 없도록 하라. 그렇다고는 하지만 이러한 종류의 속임수는 부산물을 낳는다.

미시정치에는 공적인 얼굴과 사적인 얼굴이 필요하지만 얼굴(외관)이란 완전히 다른 사람이 될 정도로 차이가 날 수는 없다. 24시간 내내 미디어에 접하게 되는 요즈음에는 항상은 고사하고 하루 24시간 사람들을 속여 넘기는 것조차 기대할 수 없다. 당신이 흉내 내려는 바로 그 사람이 **되어야** 하지만, 그것이 어렵더라도 당신은 어느 정도는 여전히 흉내를 내야만 한다. 방안은 당신이 공적인 경우만큼이나 사생활에서도 훈련된 행동을 하는 것이며, 만약 그것이 불가능하다면, 그러면 당신은 한쪽이나 다른 쪽, 아니면 양쪽 모두를 조정해야 한다. 나는 그저 성적 문란(또는 학대)을 일삼는 종교 지도자들 같은 빤한 위선자가 되라고 이야기하는 것이 아니다. 페르소나는 당신이 바라는 자아상이어야 하며, 이 전술적 자아가 모든 수준에서의 종적縱的 일관성을 가지게 하라고 이야기하는 것이다.

반복해보겠다. 미시정치의 목적은 정치적 자기방어를 가르치는 것이지 신용 사기를 행하거나 동료를 비열하게 속이는 법을 가르치는 것이 아니다. 당신이 당신의 권력을 어떻게 사용하는가, 그리고 당신의 자원을 어떻게 아껴 쓰는가는 자기숙달의 으뜸을 이룬다. 당신의 감정의 안녕을 보호하기 위한 방어 수단으로서 당신의 전술적 자아를 사용하는 법을 배우는 것은 자기숙달, 원숙함, 그리고 당신 스스로에게 제한을 부과하고 실행하는 능력의 증거다. 제한 사항들은 성가실 수는 있지만 미시정치에서 절대로 필요하다. 왜냐하면 그것들은 당신이 극단주의를 피하도록 도와주니까. 효과적인 제한 사항들을 정함으로써 당신은 당신의 자원을 당신의 목표들에 돌릴 수 있게 된다. 무한의 가능성이라는 생각이 매력적으로 보일지 모르지만, 주변적인 방해들을 제거하지 못하면 당신은 당신의 목표들이 사라져 무無로 되는 것을 각오해야 한다.

자기숙달의 개인적 요소는 자제력과 거의 같은 의미지만 그것이 인간 본성과 어긋나는 정도로까지는 아니다. 그래서, 자기숙달을 향해 애써 나아가는 과정에서 당신은 당신 자신과 타인들에 대해 현실성 있는 기대를 유지해야 한다. 그리고 지나친 제한 설정은 반란을 부르는 것임을 잊지 말아야 한다. 내 의견으로는 개인들은 오직 자신을 제한 사항들로 에워싸고 자신의 본분(인간으로서의 도리)이 무엇인지를 스스로 알아냄으로써만 의의를 획득한다. 물질의 세계는 일시적이며, 물질계 안에서 정치보다 더 일시적인 것은 없다. 그러나 본분에의 충실보다 더 숭고한 것 또한 없다. 이것은 심지어 우리의 네트워크화된 첨단 세계 안에서조차 그러하다. 만약 당신이 기꺼이 보통의 개인보다 더 많은 주의를 본분에 기울이겠다면, 그렇다면 나는 당신에게 내 오랜 벗들 몇을 소개해주고 싶다. 그들은 **미시정치의 신들**이다.

6장
미시정치의 신들 : 8개의 정치 원형

전설적인 정치학자 해럴드 라스웰은 기본적인 정치적 전형典型, 즉 정치적 인간(anthropo politicus 또는 political human)이 과연 존재하는 것일까에 대해 궁금해했다. 나는 우리가 이 물음에 긍정적으로 답했다고 생각하지만, 권두에서 말한 것을 반복하고자 한다. 어떤 때에 어떤 사람들은 그들의 삶에서 권력 획득의 가치를 다른 것들(부, 건강, 존경, 도덕 또는 사랑)보다 상대적으로 높게 평가하기 마련이다. 어떤 때에 어떤 사람들은 권력에 다가가기 위해서는 정치적 행동이 다른 유형의 행동보다 더 기여할 것이라는 타산을 하기 마련이다. 하지만 단지 권력을 원하는 것만으로는 충분하지 않다. 왜냐하면 정치의 미적분학에는 반드시 고려해야 할 변수들이 있기 때문이다. 이들은 다음과 같다.

1. 상황이 개인의 개입을 허용하는 정도.

2. 당신의 위치와 지위.

3. 상황 안의 모든 개인들의 강점과 약점.

반복하는 얘기지만, 만약 어떤 정치적 상황이 단 한 명의 개인의 행위가 결과에 영향을 미칠 수 있을 정도로 불안정하다면, 개인의 기량이라는 변수는 매우 중요하게 된다. 왜냐하면 당신의 기량이 크면 클수록 그만큼 당신은 상황의 유불리에 덜 의존적으로 되고, 상황 안에서 전략적으로 중요한 위치에 있는가 그렇지 않은가에 덜 의존적으로 되며, 그리고 당신의 기량(다른 누군가의 기량이 아니라)이 결과를 결정할 공산이 커지기 때문이다.

그렇다면 우리는 다시 라스웰의 물음으로 돌아갈 수밖에 없다. 기본적인 정치적 전형은 있을까라는 것이다. 그러나 전형에는 반드시 '기본적인' 것은 아니지만 못지않게 흥미로운 여러 유형이 있다. 원하지 않는데도 권력을 가진 사람들이 있는가 하면, 원하지만 권력을 갖지 못한 사람들도 있다. 또 권력을 가졌으면서 그것을 원하는 사람들도 있다―이들은 권력을 너무나 절실히 원하여 마지막 숨을 거둘 때까지 그것에 매달린다. 권력을 추구하는 사람들 모두가 공유하는 한 가지 특징은 "순종을 원하는 강렬하고 채워지지 않는 갈망"이다. 기본적인 정치적 전형에 꼭 어울리는 사람들은 스스로 사회적 공간 안으로 밀치고 들어가(외부로 그리고 아래쪽으로), 과도하게 그리고 외향형의 기본적 지향 훨씬 이상으로 사람과 물건을 손아귀에 넣으려는 경향이 있다. 그러다 보면 그들은 그들의 개인적 경계선을 확장하여 가족 성원, 친구, 업무, 부하직원 그리고 심지어 동료까지 개인적 재산목록으로 탈바꿈시키는 경우까지 있다.

권력이 리더십을 만드는 것이 아니다

이 책에서 계속 언급했듯이, 정치인의 기량을 쌓기 위해서는 사교, 즉 신호를 주는 것, 신호를 받는 것, 그리고 즉각적으로 반응하는 것이 필요하다. 이 맥락에서 보면, 혼자 힘으로 자수성가했다거나 스스로 자기 완결적인 남자(또는 여자)라는 신화는 오해를 불러올 소지가 크다. 그리고 원형들에 대한 논의로 넘어가기에 앞서 나는 리더십, 특히 권력과 리더십 간의 유사성과 미묘한 차이에 관해 몇 마디 하고 싶다. 리더십은 언제나 추종자들의 반응에 좌우되며, 신호를 주고받는 순환원(교환)이 늘 끊어짐 없이 이어져 있어야 성립한다. 리더십은 개인이 언제나 어느 상황에서나 가지고 싶다고 해서 가지는 어떤 것이 아니다. 사람들이 당신의 신호에 반응할 때라야 리더십은 존재한다. 하지만 만약 사람들이 호의적이고 자발적으로 반응하지 않으면—만약 그들이 신호를 받지 않으면—리더십은 없다. 예외는 없다.

당신이 리더십의 의미를 제대로 이해하고 있는지 확인하고 싶다. 정치학자 앤드루 맥팔랜드Andrew McFarland의 정의와 거기에 더하여 그의 추론을 읽어보자.

"**리더**는 비범한 **영향력**을 가진 사람이라 정의할 수 있다."

여기까지는 좋다. 그러나 권력은 영향력과 똑같은 것이 아니다. 영향력이란 무엇인가? 그것은 권력과 어떻게 다른가? 맥팔랜드는 다음과 같은 도움이 되는 정의를 제시한다.

"영향력은 사람들을 그것이 없을 경우와 다르게 행동하도록 만드는 능력이다.”

이 정의가 유익한 것은 권력에 대한 우리의 정의와 겹치지 않기 때문이다. 권력이란 무엇인가? 한 인간의 다른 인간에 대한 **통제**를 용이하게 하는 것이라면 그것은 뭐든 권력이다. 그렇다면 영향력과 권력의 차이는 무엇인가? 차이는 통제다. 리더십이 있으면 당신은 (다양한 기법을 사용하여) 사람들을 다르게 행동하도록 **원인 제공**을 할 수 있지만, 권력이 있으면 당신은 사람들을 다르게 행동하도록 **강제할** 수 있다.

맥팔랜드의 추론 과정을 계속 따라가보자.

“리더는 또한 평범치 않은 권력을 가진 사람으로 정의할 수도 있다. 여기서 ‘권력’이란 다른 사람들로 하여금 하지 않을 어떤 것을 하도록 만드는 한 개인의 능력이라 할 수 있다.”

이것을 읽으면, 마치 리더십과 권력이 상호 의존적인 것처럼 보일지도 모른다. 그러나 아니다. 왜냐고? 리더는 권력이 셀 **수도 있다.** 그들은 권력을 행사할 **수도 있다.** 그러나 반드시 그렇지는 않다. 리더십과 권력은 겹치는 부분이 있을 수 있으며, 종종 겹치기도 하지만, 반드시 그런 것은 아니다. 요점을 분명히 하기 위해 극단적인 예를 들어보자. 1963년 11월 22일, 리 하비 오스왈드Lee Harvey Oswald는 존 케네디를 암살했다. 이날 오스왈드는 주요 사건들의 추이에 지대한 영향력을 행사했다. 오스왈드는 단지 영향력만 셌던 것이 아니라 여느 국회의원보다 더 권력이 셌다는 주장도 가능하다. 이것은 리더십이 될 수 있는 걸까?

당연히 아니지만, 여하간 확인을 해보자. 오스왈드는 지대한 영향력을, 그리고 잠시 지대한 권력을 행사했다. 이것은 일방이 모든 것을 잃은 극히 한쪽으로 치우친 권력 관계의 사례였다. 오스왈드는 당신을 쏘아

죽이고는 당신의 지갑을 훔쳐가는 강도가 권력을 행사하듯 권력을 행사했다. 강도는 당신에게 선택의 기회를 주지 않는데, 이것은 '권력 교환'을 불공정할 뿐만 아니라 비자발적으로 만든다. 각본을 살짝 바꾸어보자. 강도가 먼저 당신의 지갑을 요구하고, 그런 연후에 당신이 그것을 넘겨주지 않으면 쏘겠다고 위협한다라고. 이 각본에서 강도는 당신의 행동을 바꾸기 위해 위협을 가했다. 이 교환은 권력이 도입될 때 상황이 어떻게 정치화되는가를 전형적으로 보여준다. 그러나 리더십은 권력에 의존하지 않는다. 그것은 추종자들의 자발적 반응에 의존한다. 그렇기 때문에, 이 권력 교환에 리더십은 없다.

진정한 리더십

언급했듯이, 리더십은 누군가가 리더십 신호에 호의적으로 그리고 자발적으로 반응하는 구체적인 사회적 또는 대인관계적 상황이다. 리더십은 언제나 구체적 상황에 의해 정의되고 추종자들의 반응 속에서 실현된다. 만약 추종자들이 호의적이고 자발적으로 반응하지 않는다면 리더십은 없다. 사람들을 지도한다는 것은 —인생에서건 사내에서건— 어느 정도는 언제 권력을 사용하고 언제 안 사용할 것인가를 안다는 것을 의미한다. 언제 권력을 **안** 사용할 것인가를 알면 관계를 정치화하지 **않는** 데 도움을 받을 수 있다. 만약 당신이 이미 권력이 세어서 주위 사람들이 으레 당신의 권한을 인정하는 반응을 보이고 있다면 리더십을 발휘하는 데 어려운 일이 될 수 있다. 그러나 이것은 도전해 볼 만한 일이 될 수도 있다. 당신이 리더십을 조종conditioning의 한 형태, 즉 신호 주기/신호 받기의 순환원(교환)이 늘 끊어짐 없이 이어져 있음에 좌우되는 조종의 한 형태로 여긴다면 말이다.

정치와 리더십을 얼마든지 혼동할 수 있는 것은 둘 다 사회적 상호작용을 필요로 하기 때문이다. 어떤 정치적 관계에서는, 리더십에 대한 부정적 반응(순환원을 다 그리지 못하는 것)에는 제재(처벌)가 따른다는 예상을 할 수 있다. **내가 말하는 대로 하지 않으면 당신은 해고다.** 이것은 징벌적 권력으로, 위협, 협박 또는 강압을 통해 누군가의 행동을 바꿀 것을 추구한다. 또 이런 정치적 관계도 있다. 긍정적 반응(순환원을 다 그려내는 것)에는 보상이 따를 것이라는 예상을 할 수 있다. **내가 요구하는 대로 하면 당신은 승진할 것이다.** 이것은 보상적 권력으로, 돈, 선물, 인정, 일자리, 승진 등을 제공함으로써 누군가의 행동을 바꿀 것을 추구한다. 4장에서 말했듯이, 동의에는 허락, 긍정, 수용, 그리고 의향이 전제되는데, 이들은 모두 실제 순환원을 완성하는 반응들이다. 하지만 처벌의 위협이나 보상의 약속을 사용하여 이런 종류의 학습된 반응을 끌어내는 것으로는 리더십의 기준에 미치지 못한다. **리더십은 따르는 사람들의 지지(동의)에 의해 승인을 얻어야 한다.**

진정한 리더십을 위해서는 지식과 노하우—예컨대 미시정치의 원칙들을 아는 것, 그리고 어떻게 그것들을 적용하여 자원들을 최대한 활용하고 정치적 지지를 끌어모을 것인가를 아는 것—가 필요하다. 리더십 순환원—신호 주기와 신호 받기—을 유지하는 것은 신뢰 만들어내기의 문제다. 먼저 당신이 자신의 말대로 행할 것이라는 기대를 만들어내고 그런 연후에 그것을 실제로 행함으로써 말이다. 기대를 만들어내고 이행하는 것은 당신의 정당성을 강화하며, 사람들이 당신에게 느끼는 믿음과 신뢰를 늘려준다. 그러나 가장 중요한 것은 기대를 만들어내고

이행함으로써 신호 주기와 신호 받기의 순환원이 늘 끊어짐 없이 이어
지도록 할 수 있도록 하는 것이다. 직장에서라면 절대로 약속을 하지 않
는 편이 위험 부담이 더 적을 것이다. 이것이 더 적은 실망과 불만을 의
미할 것임은 틀림없다. 하지만 이것은 또한 리더십의 기회가 줄어드는 것
을 의미할 것이다. 그러니까 약속을 해라. 약속을 하고 지켜라. 당신이 무
언인가를 할 것이라고 말한다면, 그것을 하고 목록에서 지워라. 이렇게
하여 당신은 사람들이 당신에게 느끼는 믿음과 신뢰를 늘린다. 그것은
어쩌면 당신이 익힐 수 있는 최상의, 가장 비용 대비 효과가 큰 리더십
습관일지도 모른다.

두 상황에서 품게 되는 기대가 어떤 효과를 낼까를 보는 것은 어렵지
않다. 바꿔 말하면, 당근이나 채찍을 쥐고 있는 리더가 끊어짐 없이 언
제나 순환원을 잇고 있으려고 할 때 추종자의 동기가 무엇인가를 보는
것은 어렵지 않다. 조종적 권력conditioned power의 경우는 어떨까? 이 상
황에서는 승인된 기대가 어떤 효과를 낼지 알기가 더 어렵다. 리더십이
언제나 특정 상황에 의해 정의되고 언제나 추종자들의 반응 속에서 인
정된다면, 추종자를 지도하는 일은 어떻게 가능할까? 순환원을 끊는 일
이 리더나 추종자에게 똑같이 너무 쉬운 상황에서 말이다. 조종적 권력
은 누군가의 행동을 설득과 교육을 통해—당근도 채찍도 보상도 처벌
도 전혀 없이—바꾸는 능력을 함축한다. 솔선수범에 의해 이끌고 타인
들이 따라 했으면 하고 당신이 소망하는 행동에 대한 모범을 보임으로
써 말이다. 5장 말미에 내가 자기숙달은 자제력과 거의 같은 의미라고
말했을 때 내가 말하고자 한 것이 바로 이것이다. 당신이 오로지 조종적
권력에만 의지하려는 의식적인 선택을 할 때, 당신은 스스로에게 제한

을 가하고 있는 것이다.

이 시점에서 나의 목적은 미시정치의 상호적이고 즉응적인 요소들을 강조하는 것이다. 정치적 원형들은 일련의 구체적 기준을 충족시키는 환경을 필요로 하며 우리는 원형들이 어디에 살고 있는지 알고 있다고 내가 말할 때, 나는 신호 주기와 신호 받기의 교차 지점을 지목하여 말하는 것이다. 이곳은 권력과 리더십이 합일되는 교차 교차지점이기도 하다. 그렇다고 주어진 정치적 관계에서 기대의 승인이 이루어지는 지점이라고 하여 권력과 리더십이 동의어라고 말하는 것은 아니다. 그럼에도 불구하고 당신이 어떤 권력의 수단을 사용하든, 그리고 도대체 당신이 권력을 사용하든 하지 않든 상호작용의 지속적인 흐름 ─ 신호 주기와 신호 받기 ─ 은 절대로 필요하다. 가까이 다가가서 개인적으로 상호 작용하고 반응하는 것의 필요성 때문에 패턴을 인지하여 현장을 읽는 것은 또한 우리에게 도전이 되기도 한다. 하지만 원형적 접근이 가지는 한 가지 실질적인 이점은 그것이 당신을 조금 뒤로 물러서서 패턴을 보고 상황 안에서 어느 원형이 우세한가를 알게 해준다는 것이다.

8개의 정치 원형

중국의 민간전승에 나오는 팔선八仙은 번영, 장수, 건강한 아이, 좋은 평판 등을 상징하는 유명한 신화 속의 인물들이다. 팔선은 수많은 그림, 조각, 태피스트리 안에 등장하는데, 전설에 따르면 그들은 학자, 정령, 요정으로, 또는 생명을 부여하고 고통을 겪는 사람들을 도우며 나쁜 짓을 한 사람들을 벌주는 힘을 가진 철학자라고 알려져 있다. 정치적 원형들도 그들과 같다. 여기서도 전통에 부응하여 나는 원형의 개수를 여덟로 제한했다. 왜 여덟이냐고? 제임스 힐먼을 시켜 대답하게 하려 한다.

"리더십을 위해서는 패턴들을 배우는 것, 신들의 수법들을 배우는 것
이 필요하다. 그렇게 하여 **모든 것에 두루 적용되는** 일신교적 단순화의
위험에 빠지지 않기 위함이다."

비록 8개의 뚜렷이 다른 유형들이 있다고는 하지만 하나를 나머지들
에게서 떼어내서 그것을 고립시켜 검토하는 것은 불가능할 것이다. 하나
하나는 보다 복잡한 시스템에 속하는 하위 시스템이거나, 당신이 괜찮
다면 공구상자 안의 한 공구라 하겠다. 여기 8개의 정치적 원형들, 정치
적 인간anthropo politicus의 구성요소들에 대한 간략한 요약을 제시한다.

1. 섬김의 리더The Servant-Leader: 이 원형은 솔선수범을 통해 추종자들을
인도하여 그들의 동의를 얻어내며, 처벌의 위협이나 보상의 약속에 기대는
일이 없다.

2. 반항인The Rebel: 대립하는 반대파 리더를 구현하고 있는 원형으로, 어느
만큼의 정치적 갈등은 불가피함을 증거하는 좋은 본보기가 된다.

3. 멘토The Mentor: 이 원형은 중요한 결정들에 대하여 수월하게 처리하고,
중재하며, 협상하고, 그렇게 하여 큰 영향력을 획득하는 상담역이다.

4. 은둔자The Recluse: 이 원형은 전문가적 초연함을 구현하고 있으며, 정치
판에 참여하기를 거부한다(또는 거부하는 듯 보인다).

5. 유도 사범The Judo Master: 이 원형은 아르키메데스의 지렛대 사용의 원리
와 당신의 적이 가지고 있는 권력을 사용하여 싸우지 않고 이기는 것을 구현
하고 있다.

6. 저항인The Resister: 이 원형은 힘으로 제압당할망정 계속 그녀의 정치적

양심을 따르고 힘에 의해 충성을 바치기를 거부하는 개인을 구현하고 있다.

7. 기회주의자The Opportunist: 이 원형은 전술적 혼란, 즉 상대편의 집중을 방해하고, 그들의 계획에 지장을 초래하며, 그들의 가장 취약한 점을 최대한 활용하는 것을 구현하고 있다.

8. 생존자The Survivor: 이 원형은 모든 것을 잃었지만 그녀의 도덕적 권위는 절대로 내어주지 않는 개인을 구현하고 있다.

언급했듯이, 미시정치는 체스를 두듯 1회의 추산과 일반적 패턴 인식의 조합이다―이 장의 나머지에서 이제 주안점은 패턴 인식으로 옮겨 갈 것이다. 이 장의 남은 부분의 각 절을 읽을 때 권력과 리더십 간의 유사성과 미묘한 차이에 관해 숙고하여라. 언제나 사전대책을 강구하는 원형들(예컨대 유형 1: 섬김의 지도자)이 있는가 하면, 반면에 오직 대응을 통해서만 선제적으로 나서는 원형들(예컨대 유형 5: 유도 사범)도 있음에 주목하여라. 타성적으로 한두 가지에 의존하는 대신 원형들 모두를 숙달함으로써 당신은 단지 처벌의 위협과 보상의 약속에 의해서가 아니고도 사람들을 당신 편으로 끌어들일 수 있다. 만약 당신이 참으로 사람들을 지도하고 싶다면―사내 정치에서보다 이것이 더 적확히 들어맞는 분야는 없다―이제 당신에게는 윤리적인 대안이 마련된 것이다.

원형 1: 섬김의 리더

데이비드 린David Lean의 서사 영화 〈아라비아의 로렌스Lawrence of Arabia〉에서 내가 가장 좋아하는 장면에는 T. E. 로렌스(피터 오툴Peter O'Toole 분)와 위대한 베두인 전사 아우다 아부 타이(앤서니 퀸Anthony

Quinn 분)가 등장한다. 로렌스와 아우다는 맛있는 식사를 마치고 아우다의 천막 안에 앉아 있다. 극적 효과를 노려 과장되게 연출된 장면 속에서 로렌스는 아우다를 설득하여 아랍 반란the Arab Revolt에 가입하게 하려고 애를 쓰고 있다. 로렌스는 아우다에게 그가 아카바에 있는 중요한 항구도시를 지배하고 있는 튀르크인들의 '종servant'인 것은 아니냐고 묻는다. 로렌스의 질문은 모욕보다는 비웃음에 가까운 것이지만 아우다는 미끼를 물지 않을 수가 없다.

"내게는 전투에서 얻은 모두 스물 세 군데의 큰 상처가 있소. 전투를 벌이다가 내 손으로 죽인 사람이 일흔 다섯이라오. 적의 천막들을 흩어 놓고 불을 지르고, 그들의 양과 소를 빼앗지. 튀르크인들은 내게 황금의 보물을 내어주지. 그런데도 나는 가난하다오. 왜냐하면 나는 나의 인민들에게로 흐르는 강이니까. 섬김service이라 해야 할까?"

섬김이라 해야 할까? 우리는 아우다의 물음에 어떻게 답해야 할까? 그것은 당신의 가치관에 달려 있다. 만약 당신에게 리더십이 개인의 부를 쌓는 것보다 더 중요하다면, 그렇다면 아우다는 섬김의 리더의 원형이다. 비교해보라는 뜻에서 역사가 래거번 아이어의 섬김의 리더에 대한 의미심장한 묘사를 소개하려 한다.

"그는 인민의 고난, 활동, 꿈에서 자신의 정체성을 찾아야 한다. 동료 인간들을 우선하여 섬기다 보면 그의 삶은 끊임없는 자기희생일 수밖에 없다. 그는 성자가 되려고 분투하는 기꺼이 순교자가 되려는 수도자이어야 하고, 비폭력 혁명가이어야 하며, 대중들 속에 새로운 정치적 양심과 창의적인 사회적 의식을 불러일으킬 수 있는 도덕적인 교육가이어야 한다."

166

아이어는 틀림없이 간디를 염두에 두고 이 말을 했을 것이다. 왜냐하면 그는 그런 리더는 절대로 어떤 공적 직책이나 권력의 직책도 맡지 말아야 한다고 했으니까. 간디가 고위 공직을 맡은 적이 없음은 사실이다. 그러나 이것 때문에 섬김의 리더십과 공직에서 비롯되는 관료적 권위가 상호 배타적이 되는 것은 아니다.

간디는 어느 정치학자 못지않게 권력에 매료되었고, 어느 심리학자 못지않게 권력에 대한 양가감정을 가졌다. 아이어는 이것이 간디가 일관되게 통치자가 아니라 반항인의 관점에서 정치를 바라보았기 때문이라고 말했다(반항인 원형에 관해서는 다음 절에 더 자세한 내용이 나온다). 간디가 카리스마, 의사소통 기량, 도덕적 권위를 갖춘 인물이었음을 감안해 볼 때, 그에게 공적 직책이나 권력의 자리는 전혀 필요하지 않았을 터이다. 왜냐하면 간디는 어떤 관료 체제든 그 공직자들에 대해 회의적이었으며, 이것은 (내가 믿기로는) 그가 인간 본성을 너무나도 잘 이해했고, 자신의 약점과 결함을 너무나 잘 알고 있어서, 사람들이 전적으로 공적 위치의 자신의 말과 행동에 근거하여 그들의 행동 유형을 결정할 것이라고 생각하면 스스로가 불편해질 것이기 때문이었다.

언급했듯이, 정치는 권력을 원하는 누군가와 그 권력을 다른 누군가에게 부여하고 싶어 하는 어떤 사람(또는 집단) 간에 이루어지는 교환이다. 리더십을 위해서는 지배와 복종에 근거한 관계에 수반되는 제약을 넘어서는, 다른 종류의 반응과 동의가 필요하다. 이런 이유로, 섬김의 리더 원형에게는 단지 자신만이 아니라 주위의 사람들까지 보살피는 일이 불가피하다. 누가 되었든 간에 조직도 상의 자리에서 비롯할 수 있는 리더십은 거의 없으며, 그렇기 때문에 섬김의 리더들은 자신의 책무와 인간적 잠재력 사이의 괴리를 메울 수 있어야 한다는 것을 잊지 말아라. 물론 처벌의 위협과 보상의 약속을 사용하여 학습된 반응을 끌어낼 수는 있다. 그러나 이 권력 수단들은 당신의 지도력을 저해할 수조차 있다.

예를 들어보겠다. 1963년, 존 케네디가 암살되고 린든 존슨이 대통령이 된 며칠 후, 존슨은 한 의회 연설에서 시민의 권리에 관한 법률을 통과시킬 것과 인종에 근거한 차별을 없앨 것을 의회에 촉구하면서 케네디를 추모하는 그보다 더 좋은 방법은 있을 수 없을 것이라고 말했다. 그는 말했다.

"우리는 이 나라에서 평등의 권리에 관해 충분히 오래 이야기했다. 우리의 이야기는 100년이 넘었으며, 이제는 (역사의) 다음 장을 쓸 때, 그것을 써서 법전에 담을 때다."

최고의 실력자―미합중국의 대통령―인 그에게 시민의 권리를 위한 싸움을 지도하는 일은 여전히 어려웠다. 싸움을 지도하는 것, 권리의 절박감을 조성하는 것, 그리고 정치적 의지를 끌어내는 것은 마틴 루터 킹 목사와 로이 윌킨스Roy Wilkins(당시 NAACP전국흑인지위향상협회의 사무국장)의 몫이었으며, 반면 존슨은 전화를 걸고, 의원들에게 로비를 하며, 승리의 연대를 조직하는 것 뿐이었다. 결과적으로 1962년의 역사적인 시민의 권리에 관한 법Civil Rights Act이 명문화되었다. 다시 말하지만 요점은 리더십은 어느 개인이(심지어 대통령조차) 어느 상황에서든 가지는 어떤 것이 아니라는 것이다. 리더십은 조직도 상의 위치에서 나오지 않으며, 심지어 그 위치로 인하여 당신은 지도를 못 할 수조차 있다. 지도하는 것은 따라오도록 만드는 일이다. 아무도 따라오지 않으면 당신은 지도하고 있는 것이 아니다.

명성에 집착하는 우리 대중문화에서 도덕적 권위라는 생각은 진기한 유물처럼 보일지 모르지만 섬김의 리더는 **우리 본성의 더 나은 천사들**에 호소해야만 한다. 왜냐하면 누구든—회의론자, 이타적 행동을 인정하지 않는 냉소가, 또는 정치학자조차—자신의 인간 본성이라는 멍에를 완전히 벗어 던질 수 있는 사람은 없으니까. 정치의 법칙은 우리의 선호에 영향받지 않는다는 것을 잊어서는 안 된다. 또 정치는 그 자체의 고유한 논리, 그 자체의 기준, 그리고 성공을 측정하는 그 자체의 방식을 가지고 있다는 것도 잊어서는 안 된다. 섬김의 리더십은 당신에게 목표를 이루기 위해 당신의 일이나 자유를 희생하는 순교자가 되기를 요구하지 않는다. 그와는 반대로, 미시정치를 완전히 익히는 것은 순교자가 되는 것을 피하는 가장 확실한 방법이다. 섬김의 리더와 순교자는 같은 목표를 공유하고 심지어 유사한 전술을 사용하는 듯 보이지만, 섬김의 리더는 성공하기 위해 죽을 필요가 없는 데 반해 순교자는 고난과 죽음에서 성공을 분리해낼 수 없다.

내가 사용하는 **도덕적 권위**라는 말은 엄격하게 적용되어야 한다. 왜냐하면 섬김의 리더가 되기 위해서는 사람들이 갈등을 개시하거나 확대하기 전에, 그들이 다시 한 번 생각하게 할 수 있을 정도의 설복의 힘이 있는 정신의 위대함을 길러내는 일이 전제되기 때문이다. 융은 다음과 같은 시적 묘사로 다가간다.

"그는 본디 바람을 닮은 본성에 보조를 맞추어, 정신은 언제나 활발하고, 날개 달린 듯 빠르며, 쏜살같이 움직이는 존재일 뿐만 아니라 생명을 불어넣고, 흥분케 하며, 선동하고, 불을 댕기며, 그리고 영감을 주는 존재이기도 하다."

도덕적 권위는 진정한 리더십에 선행한다. 목표는 외적 장식이 아니라 정신의 성장이다. 이것은 필연적으로 내면적이고 눈에 보이지 않으며 타인들은 헤아리기 어렵다.

도덕적 권위는 안에서 바깥쪽으로 작용한다. 이것은 당신의 언어 소통이 당신이 하는 행동이나 당신의 직업적 삶의 다른 측면들과 모순되는 일이 없어야 함을 특히 의미한다. 만약 당신의 말을 뒷받침하는 것이 아무것도 없다면, 당신의 말은 아무 의미를 못 가질 것이고 당신은 처벌의 위협과 보상의 약속을 넘어서는 영향력을 전혀 갖지 못할 것이다. 당신이 하는 말은 그것이 당신의 행동에 영향을 미칠 때, 그리고 그에 이어 다른 사람들의 행동에도 영향을 미칠 때 힘을 얻는다. 뿐만 아니라, 당신의 행동은 시간이 지나도 한결같아야 한다. 이것은 당신이 엄격한 정통을 고수해야 한다거나 새로운 것은 아무것도 배우지 말아야 한다는 뜻이 아니다. 그것은 당신이 전통적인 믿음과 관습을 지키고 있는 바로 그 순간에도 당신의 시야는 좀 더 미래 지향적이어야 함을 의미한다. 간단명료하게 정리하면, 진정한 리더십은 미래를 내다보는 능력을 늘리고 즉각적인 만족의 필요를 줄이는 것이다.

당신이 섬김의 리더라면—아니, 능하든 서툴든, 사내건 사외건, 어떤 종류의 리더라도 그렇지만—당연히 당신은 보는 주체인 동시에 목격의 대상이다. 당신이 높은 곳에서 먼 곳의 조망을 즐기고 있다면, 그러면 당신 또한 멀리에서도 보인다. 우리의 문화 경관에서 이것은 낯설지 않은 현상이다. 당신은 이것에 따르는 책임에 관해 주의 깊게 숙고해본 적이 있는가? 첫째, 당신이 당신의 삶을 어떻게 사는가는 당신이 입으로 말하는 어느 것 못지않게 중요하다. 그렇다고 당신이 수도자이어야 한다는 것은 물론 아니지만. 둘째, 멀티미디어가 주도하는 우리 문화에서 당신이 화술을 통해 이름을 알릴 수는 있겠지만, 내면의 삶을 일구지 않는다면 당신이 하는 말은 대부분 항구적인 결과를 낳지 못할 것이다. 정치는 상호적이고 즉응적인 데 반해 그에 대한 반응은 보장되는 것이 아니기 때문에 리더십 기량을 기르는 것과 내면의 삶을 일구는 일은 병행이 되어야 한다. 이 길러내는 일과 정신의 성장은 또 다른 종류의 조종 conditioning이라 할 수 있다.

주제에서 벗어난 듯하다. 미시정치는 여전히 권력에 관한 것이다. 미시정치는 여전히 사회적 기량이다. 섬김의 리더 원형을 모범으로 삼는다는 것은 당신이 자기숙달에 매진하는 것을 의미하며, 이것은 내가 몇 차례 강조한 요점이다. 당신에게 허락되지 않는(해서는 절대로 안 되며, 당연히 하지 말아야 할) 한 가지는 당신이 자신의 자기숙달에 대하여 스스로 폄하하거나 원칙을 굽히거나 아니면 우를 범하여 그것을 포기하는 일이다. 현대 유도의 창시자 지고로 카노Jigoro Kano는 섬김의 리더십과 자기숙달의 관계에 대한 다음과 같은 소박한 통찰을 들려주었다. 그는 이렇게 말했다. 당신이 사회를 돕기 위해 무언가를 하고자 한다면, 스스로의 일부터 돌보는 것이 먼저라고. 이것은 유도에 관한, 그리고 무도 수련의 많은 유익한 점에 관한 언급이지만, 카노는 사무라이(또는 그 점에서라면 베두인 전사라도)라면 누구나 놓치지 않고 이해하는 불변의 진리를 전하고 있었다. **사무라이**侍, さむらい는 문자 그대로 '섬기는 사람'이라는 뜻으로, 그의 섬김의 원칙은 용맹, 명예, 예의, 관대함, 충성 같은 중세 기사들

과 같은 모든 고결한 특성과 품행을 강조하는 규율이다.

　이것은 섬김일까? 이것은 리더십일까? 래거번 아이어더러 대신 대답하도록 하겠다. 아이어에 따르면, "참된 리더는 자기보다 약한 사람들의 실수와 결함을 자신의 것으로 떠안음으로써 책임의 무거운 짐을 떠맡는 포용력을 보여준다." 다시 한 번 아이어는 간디를 언급한 것이었다. 간디는 일종의 원형의 원형이었으니까. 이 원형의 핵심은 당신이 당신의 사람들과 함께하고, 언제나 소통을 하며, 그들의 삶의 고락이 곧 당신의 것이어야 한다는 것이다. 리더는 사슬을 이루는 첫 번째 고리지만, 사슬의 튼튼한 정도는 가장 약한 고리에 의해 결정된다. 만약 위만 바라보고—당신을 승진시킬 수 있는 사람만을 향해—결코 바깥이나 아래쪽은 바라보지 않는다면, 당신은 리더십에 필수가 되는 신호 주기/신호 받기의 순환원을 끊어버리게 될 것이다. 관리 분야의 용어로 말하면, 이것은 위계구조를 수평하게 하는 것, 즉 당신과 당신의 동료, 당신의 고객, 그리고 당신이 이끌고자 하는 모든 사람 사이의 장벽을 없애는 것을 의미한다.

　'참된' 리더가 책임의 짐을 떠맡아 자신보다 약한 사람들의 실수와 결함을 자신의 것으로 떠안는 존재라면, 그러면 가짜 리더는 어떻게 묘사될까? 기업 환경에서 그들은 쉽게 알아볼 수 있다. 그들은 아무리 사소한 성공이더라도 그것을 자신의 공적으로 돌리며, 일이 잘못 되었을 때 책임을 지는 법이 거의 없다. 그들은 자신이 근시안적이어서 일어난 결과를 침체된 경제, 전임자, 경쟁 상대, 또는 무슨 다른 편의적 요인 탓으로 돌리지만 그들 자신의 결함 있는 전략을 탓하지는 않는다. 가짜 리더는 약하고, 자신이 없으며, 그래서 불충이나 은밀히 진행되고 있을지도 모르는 저항에 대한 자신의 두려움을 극복할 능력이 없다. 가장 중요한 것은, 그들이 처벌의 위협과 보상의 약속에 지나치게 의존한다는 것이다.

심리학자 에이브러햄 카플란Abraham Kaplan은 진짜 리더십과 가짜 리더십을 차별화하는 흥미로운 방법을 제안했다. 카플란의 접근을 이해하려면 관료적 구조와 매우 흡사한 '책임의 구조'를 관찰할 필요가 있다. 진짜 리더는 복화술사가 하는 말을 입모양으로만 따라 하는 꼭두각시가 아니다. 진짜 리더는 공식적인 방침을 거듭 되풀이하는 대변인이 아니다. 진짜 리더는 그녀가 결정을 내리기 전과 후에—오랜 후까지—책임을 지는 반면 가짜 리더는 그렇지 않다. 진짜 리더는 스스로 내린 결정에 따른 결과를 마땅히 감수해야 한다고 여기지만, 반면 가짜 리더는 전형적인 IBG-YBG 사고방식—'너도 나도 자리에 없을 것I'll be gone and you'll be gone'—에 따라 움직인다. 마치 책임 소재를 가리는 날이 도래할 때쯤이면 자신은 그 조직이나 직책을 떠났거나 타지로 가 있을 것처럼 말이다.

가짜 리더는 아론 윌더브스키Aaron Wildavsky가 최고 단계의 리더십이라 부르는 것에 결코 이르지 못할 것이다. 이 말은 윌더브스키의 책 《길러준 아버지: 정치 지도자로서의 모세The Nursing Father: Moses as a Political Leader》에 나오는데, 이 책에서 윌더브스키는 모세를 "자기가 없어도 스스로 지도하는 방법을 배움으로써 스스로 행동하라고 그의 백성들을 가르친 리더"로 묘사한다. 나는 모세에 관한 윌더브스키의 평가에 동의하지만 사람들에게 리더가 없어도 그들이 스스로를 지도할 수 있도록 행동하라고 가르치는 것은 가장 높은 단계의 리더십은 아니다. 스스로를 지도하는 것은 가장 낮고, 가장 기본적이며, 그리고 그렇기 때문에 가장 필수적이다. 만약 당신이 사람들에게 당신 없이 행동하라고 가르치고 있지 않다면, 당신은 지도하고 있는 것이 아니다. 월더브스키는 썼다. "좋은 리더는 필요할 때 영향력을 사용하지만," 반면 "위대한 리더는 영향력을 불필요하게 만드는 것을 추구한다." 나는 래거번 아이어가 이 논평(좋은 리더십과 위대한 리더십의 차이)에 동의할 것이라고 자신 있게 말할 수 있다. 영향력을 불필요하게 만드는 간디의 장구한 투쟁을 생각할 경우 특히 그러하다. 이것은 권력 없는 리더십, 아니 좀 더 구체적으로는 처벌의 위협과 보상의 약속 없이 지도하는 것(가르침, 조종)의 한 예이다.

• • •

조지 오웰의 걸작《동물 농장Animal Farm》에는 권력이 얼마나 사람을 취하게 하는가, 그리고 사람들이 얼마나 자만, 선망, 탐욕, 위선, 자부심, 허영에 흔들리기 쉬운가를 보여주는 상징들과 원형들로 가득하다. 당신의 기억을 되살리자면,《동물 농장》은 매너 농장의 농부 존스가 잠들고 난 후 농장의 모든 동물들이 모여서 '메이저 영감'이라 불리는 빼어난 돼지가 연설하는 것을 들으면서 시작한다. 메이저 영감은 미래를 예언한다. 미래 언젠가에는 인간이 아니라 동물들이 농장을 경영하고 그들 자신이 노동의 과실을 누리게 될 것이라고 말한다. 어느 날, 농부 존스가 술에 취해 동물들에게 먹이를 주는 일을 잊자, 동물들이 격분하여 반란이 일어난다. 동물들은 농장을 인계받고 '동물 농장'이라고 개명한다.

돼지들은 동물 농장의 창업자이자 리더가 된다. 가장 영리한 둘 스노볼과 나폴레옹은 메이저 영감의 예언을 이른바 동물주의라는 이념으로 바꾸는데, 이것은 모든 동물은 평등하다와 같은 계명들을 제대로 갖추고 있다. 스노볼은 타고난 리더이자 통찰력과 전문성을 갖춘 관리자다. 나폴레옹은 일류의 전술가다. 예상할 만한 일이지만 반란이 일어난 뒤 결속은 와해되고, 스노볼과 나폴레옹은 자주 언쟁을 벌인다. 스노볼이 분주하게 농장을 꾸리는 동안 나폴레옹은 새끼들을 교육하는 것이 무엇보다 중요하다고 선언하고는 농장에서 갓 태어난 강아지 새끼 두 마리의 후견을 맡는다. 어린 강아지들은 자라서 큰 개가 되어 나폴레옹의 경호원이 된다. 스노볼과 나폴레옹 간의 빈번한 의견 충돌이 곪아터지기 직전, 나폴레옹은 개들을 풀어 스노볼을 기습하고는 그를 농장에서 쫓아낸다. 이렇게 하여, 반란은 쿠데타가 된다. 나폴레옹은 돼지우리를 나와 전에 농부 존스가 살았던 농장의 안채로 이사를 하고, 계명들을 잇따라 어기더니 상황은 과연 파탄이 나기 시작한다.

당신이 속한 조직 안에서 당신은 거의 예외 없이 자신의 직함에 대한 자의식이 매우 강한 가짜 리더들과 만나기 마련이다. 그들은 위계 구조 안에서 그들 자신의 위치를 기준으로 하여 모든 이들을 분류하는 식으로 자의식(그리고 심리적인 자신 없음)을 드러내 보인다. 복종과 순응에 대한 이 잘못 이해된 지나친 강조가 유해한 까닭은 그런 '리더들'이 그들의 관료적이고 법률 존중주의적인 사고방식을 당신도 공유하기를 기대하기 때문이다. 그렇게 되어야 자신이 인정받고 있다는 갈증이 채워질 것이니까. 그들이 당신에게 원하는 것이 어쩌면 사소해 보일 수도 있겠지만, 인간 본성 안에 담긴 인정을 받고자 하는 본능적 충동은 아무리 강조해도 거의 지나침이 없을 정도다. 가짜 리더에게 얼마간의 인정을 줄 수는 있겠지만, 너무 많이 주면 당신은 영리한 어린 돼지를 괴물로 바꿀 위험을 무릅써야 한다.

가짜 리더들, 특히 위계 구조 최상위에 자리한 가짜 리더들의 자아인식은 미국 건국자들이 나열했던 인간의 꺼림칙한 악덕 모두를 무색하게 만들 정도다. 크든 작든 조직의 위계 구조에서 당신이 가장 높은 위치에 있을 때, 그것은 당신의 마음에 농간을 부려 당신의 판단을 왜곡한다. 조직 내 위치에 대해 늘 불안해하고 만족을 못 할 때 당신은 의미 있는 성취보다는 오히려 뭔가 보상을 찾아 도모하고 싶은 유혹을 느낄 것이다. 사다리를 오르고 직함을 모으는 일을 자신의 직업적 삶의 경력으로 삼는 데 타성이 붙은 사람들에게 섬김의 리더십은 자연스럽게 찾아오지 않기 마련이다. 불가능하지는 않더라도, 직함이라는 장식을 버리고 몸소 모범을 보여 이끄는 일은 누구에게나 똑같이 쉽지는 않다. 도덕적 권위라는 발상과 마찬가지로 자연스럽지 않은 또 하나의 발상처럼 들릴지 모르지만, 당신은 땅에 보물―특히 도둑에게 매력적인 종류의 보물―을 쌓아두는 일에 끝없이 저항해야 한다. 섬김의 리더는 소박함에 만족하고, 타인을 섬기는 일에 집중하며, 자신의 재능과 기운을 가치 없는 사람들과 물건에 낭비하지 않는다.

당신이 섬김의 리더가 되어 호의적이고 자발적으로 반응할 때, 추종자들은 당신에게 끌려올 것이다. 리더는 자신과 믿음을 공유하고 자신의 메시지를 전파하는 일을 돕는 추종자들을 가진다. 이것은 가장 상서로운 형태의 상호 침투로, 정치인의 예술을 구성하는 필수 요소다. 여기서 당신은 진정한 추종자와 거짓 추종자를 구별할 줄 알아야 한다. 이것은 추종자가 자신을 어떻게 인식하느냐와는 관계가 없다. 거짓 추종자들은 열성 추종자들을 엄중 감시하고, 회의하는 자들을 자신의 편으로 개종시키며, 그리고 비非신자들을 규탄하는 것을 그들의 엄숙한 의무로 여기는 사람들이다. 그들은 당신과 조직의 심리적 불안감을 주된 먹잇감으로 활용하여 살아가며, 권력의 핵심으로 잠입하여 아첨을 통해 영향력을 늘리는 아첨꾼sycophant들이다. sycophant라는 낱말은 그리스어에서 왔는데, 지나치게 순종적이고 공손한 개인을 묘사한다. 이들의 행동은 굽실거리고, 고분고분하며, **그리고 결국은 자기 잇속만 차리는** 그런 행동이다. 당신은 당신에게 아양을 떨고 아첨하는 사람들로 둘러싸이고 싶은가? 그런 사람이 되고 싶은가? 아무도 그들을 존경하지 않고, 아무도 그들을 신뢰하지 않는다. 섬김의 리더는 가짜 리더십을 가능하게 만드는 알랑쇠들과 아첨꾼들로 자신이 둘러싸이는 일을 피해야만 한다.

특히 조직의 심리적 불안감이 조직에 해로운 것은 그것을 해소하기 위해 매우 많은 에너지가 필요하기 때문이며, 그리고 그로 인해 시간과 에너지를 외부로(조직의 임무를 향해) 돌리지 못하고 내부로(직원들을 향해) 돌리게 하기 때문이다. 당신이 조직에 몸담은 적이 있다면, 거의 어떤 조직에서든 당신은 요직을 맡은 사람들 중에 자기보다 조직 경영을 더 잘 할 수 있는 사람을 주위에 두는 것에 질색을 하는 사람들, 그리고 알랑쇠, 아첨꾼, 무능력자들을 자기 주위에 두루 포진시키는 사람들 때문에 곤란을 겪었던 일이 있을 것이다. 요직을 맡은 사람들의 심리적 불안감이 크면 클수록 자신에게 권한을 집중시키고 조직을 장악할(또는 장악하려고 시도할) 필요는 커지기 마련이다. 가짜 리더들은, 그들의 심리적 불안감으로 인해 불구가 되어 조직을 파괴하고 그곳에서 일하는 사람들의 삶에 피해를 입힌다.

추종자를 끌어 모으는 일이 하지 말아야 할 경험이라는 말을 하려는 것이 아니라 덜 긍정적인 면에 관해 잠시 주의를 환기하고자 하는 것이다. 만약 섬김의 리더 원형이 춤이라면, 그것은 틀림없이 프리 스타일은 아닐 것이다. 그것은 탱고를 더 닮았을 것이다. 자세와 태도, 정교한 발놀림, 복잡한 동작. 리더와 추종자는 부드러운 포옹을 하며 하나가 된다. 알베르 카뮈의 말을 빌리면, 이것은 "행동하는 인간이 수많은 인간성과 접촉하여 경험하는 오묘한 기쁨"이다.

그럼에도 불구하고, 섬김의 리더가 되려면 특별한 자제력이 필요하다. 당신이 처벌의 위협과 보상의 약속을 삼간다 하더라도, 권력은 부식 효과를 가진다. 칼 융이 말했듯이, "구두 진술에 대한 미신적 신봉"은 우리 문명의 가장 큰 실패 가운데 하나다. 처음 이것을 읽을 때 나는 융이 상반된 증거에도 불구하고 선동가들의 말을 그대로 믿어버리는 미신적인(그리고 교육을 못 받은) 대중들을 언급하고 있다고 생각했다. 그러나 지금 나는 그가 우리가 스스로에게 하는 거짓말과 설득이 언제나 너무나도 놀라운 거짓말임을 말하고 있었음을 이해한다. 반복하려 한다. 아첨꾼들은 아첨을 통해 그들의 영향력을 늘리는데, 이는 당신의 심리적 불안감을 주된 먹잇감으로 활용하며 당신이 스스로에게 거짓말을 하도록 돕는 식으로 이루어진다.

섬김의 리더 원형은 뒤에 이어지는 나머지 원형들 중 어느 것보다 더 인간 본성의 내면 작용을 이해하고 상황이 당신에게 요구하는 것이 무엇인지 알기를 요구한다. 상황 인식으로 거슬러 올라가보자. 상황 인식은 현장을 읽는 것 훨씬 이상이다. 여기에는 상황 안의 모든 참가자의 강점과 약점에 대한 평가와, 그에 못지않은 엄격한 자기평가가 포함되어야 한다. 여기서 당신은 균형점을 찾아야 한다. 당신은 스스로 외적 환경에 의해 인도되는 것을 허락해야 하며(외향형 인간의 지향), 그것은 당신의 행동을 지배하는 보편적 법칙들을 위반하는 일이 없이 이루어져야 한다(내향형 인간의 지향). 플라톤이 말했듯이, 당신 안에는 서로 불화하고 있는 당파들이 있으며, 당신은 당신 자신과 타협하면 안 된다. 당신은 당신의 원칙들에 끝까지 충실해야 하며, **이상적 자아**의 요구에 부응하여 살아가야 한다. 다시 말해서, 섬김의 리더는 내면의 혁명에서 싸워 이겨야만 한다.

유형 2: 반항인

내가 박사 논문을 쓰느라 공을 들이고 있을 때 심리학을 하는 지인이 내게 비꼬는 듯한 찬사를 던진 적이 있다. 그는 내가 존경스럽다고 말했다. 왜냐하면 정치는 가장 복잡한 연구 분야니까 ― 물론, 심리학을 제외하고. **도대체 인간의 마음보다 더 복잡할 수 있는 것이 무엇이 있을까요?** 물론 수사적인 질문이었다. 그는 우쭐거리며 느긋이 앉아 웃고 있었는데, 그것은 그리 오래 가지 않았다. 인간의 마음human mind보다 더 복잡한 것이 무엇이 있냐고? **두 개의 인간의 마음들**two human minds, 그러면 됐겠지? 더 복잡하게 만들고 싶은가? 얼마간의 다양성 ― 성별, 문화, 언어, 민족성, 국적 ― 을 추가해보고, 그런 다음에는 그것을 자원이 부족하고 권력이 비대칭적인 환경 안에 넣어보라. 느긋하게 앉아 응시하면 눈앞에는 기하급수적으로 복잡해지는 광경이 펼쳐진다.

이 일화를 통해 두 번째 원형, 즉 반항인이 탄생한다. 이것은 섬김의 리더 못지않게 중요하지만 섬김의 리더와는 반대의 것이다. 첫째 원형에서, 나는 리더와 추종자 간의 신호 주기/신호 받기 관계를 서술했다. 두 번째 원형에서의 리더는 여전히 신호를 주고 있지만 반응은 많이 다르다. 정치적 행동이 인간 종種 안에 내재되어 있는 것과 꼭 같이, 정반대 물들 간의 긴장 역시 그러하다. 정반대물들의 쌍으로 이루어지는 이 경쟁 구조—이 구조 안에서는 모든 요소(또는 하위 시스템)들이 자신의 정반대물들과 대등하고 등가적이다—는 사회적 및 정치적 시스템들을 포함하는 모든 복합 시스템들의 자연스런 평형을 유지하는 데 필요하다. 상호보완적(즉 쌍으로 이뤄진) 정반대물들은 서로를 완화시키고 균형을 잡아주는 지점至點이다. 정치에 최소한 반대하는 두 사람이 관여되는(그리고 필요하기까지 한) 것은 이런 이유에서다. 정치에 있어, 적을 가지는 것은 불편이 아니라 필요조건이다.

정치에는 당연히 반대—대립하는 힘들의 발산과 수렴에 근거한 변화의 과정—가 수반된다는 생각은 한 힘이 과다하면 불가피하게 그것의 정반대물을 낳기 마련이라는 것을 의미한다. 이 과정은 시스템이 기능이 정지되거나 모종의 너무나 곤란한 상황에 맞닥뜨릴 때 시작된다. 조직의 문제를 극복하는 방법은 조직 시스템의 능력을 제고하는 것, 그리고 더 높은 수준의 새로운 '창발적' 행동을 배우는 것이다. 모든 시스템은 그 자체의 부정과 긍정, 손실과 이득, 어둠과 빛의 주기와 리듬을 가질 뿐만 아니라, 거기에 더하여 성장의 어느 시점에 낡은 껍질을 벗어 던지고 새롭게 발달할 것인가를 위한 진화의 시간표도 가지고 있다.

언급했듯이, 정치에서 어느 정도의 갈등과 반대는 불가피하며, 반항인의 원형은 이 불가피성을 체현하고 있다. 반항인이란 무엇일까? 알베르 카뮈에 따르면, 반항인은 처음에는 아니오라고 말하지만, 자주적으로 생각하기 시작하자마자 예라고 말하는 사람이다. 양심이 일깨워지고 자주적으로 생각하기 시작할 때, 그는 타인의 명령과 원칙이 아니라 자신의 도덕적 권위에 인도되는 스스로 결정하는 행위자가 된다. (기억할지 모르지만, 아이어는 정치적 개성 형성을 권위의 내면화라고 정의했는데, 권위의 내면화는 이 원형의 특징이기도 하다.) 카뮈는 원형 반항인은 "어떤 명령이 그의 내부에 있는 무언가를 침해했다는 결론에 이를 때 세계의 모든 이들을 위해 단호하게 자기를 주장한다"라고 말했다. 이 **무언가**는 전적으로 원형 반항인에게만 속하는 것은 아니다. 그것은 인간 본성에 속하는 것이고 그렇기 때문에 모든 이, 심지어 그를 모욕하고 학대하는 사람들의 것이기도 하다.

역설적으로 들릴지 모르지만, 이 원형의 중요한 요소는 연합의 구축이다. 왜냐고? 현실의 리더와 추종자는 고립되어서 존재할 수 없다. 우리 모두는 대체로 수많은 집단과 당파, 그리고 서로 겹치는 다수의 네트워크들의 구성원이다. 권력 격차가 너무 비대칭적이어서 한 개인으로서는 동등한 대항력을 갖을 수 없을 정도의 권력 격차에 직면하면, 사람들은 자연스럽게 정당, 노동조합, 특별한 이익집단, 지역 결사, 새로운 교회들, 심지어 새로운 나라들의 일원이 된다. 이러한 승인과 소속감은 집단적 요소의 원시적이고 본능적인 충동들에 속하는 것으로, 미국 문화라든가 현대 사회 일반에 한정되지 않는다. 이 충동들은 소속감(매슬로의 가치 위계론에 나오는)과 모순되지 않으며, 우리가 알고 있듯이 제임스 매디슨이 인간 본성 안에 잠복해 있다고 믿은 당파심의 원인들과도 모순됨이 없다.

원형 반항인은 동의와 소속감이라는 필요에 대응해 섬김의 리더와 마찬가지로 상황 인식을 발휘해야 한다. 그것은 관련된 인물들의 강점과 약점, 그리고 개인적 개입이 결과를 좌우하게 될 공산에 특별한 주안점을 두어야 한다. 특히, 사람들을 하나로 합치치 못하게 하는 요인들에 대하여 언제나 경계해야 한다. 이 말이 너무나 당연하게 들리는 독자들도 물론 있을 것이다. 때로는 사람들 사이에 부족한 어떤 것을 채워넣는 것이 아니라 그들을 분열케 하는 힘들 자체를 극복하여 해결해야 할 때도 있는 법이다.

5장에서, 나는 상호 관계의 네트워크에 관해 언급했는데, 이것은 마틴 루터 킹 목사가 그의 1963년 〈버밍엄 감옥으로부터의 편지Letter from Birmingham Jail〉에서 사용한 말이었다. 우리는 모두 "피할 수 없는 상호 관계의 네트워크" 안에 포섭되었다고 그는 썼으며, 그렇기 때문에 "한 사람에게 직접 영향을 미치는 것은 그것이 무엇이든 모두에게 간접적으로 영향을 미친다." 내가 말하려는 핵심은 이렇다. 지배적인 당파와 반대 당파, 지배적 당파 리더와 반대 당파 리더가 있다고 할 때 당파로 쪼개지는 경향성은 기본적인 인간 본성과 결합되기 때문에 당파들은 모든 일을 자기 스스로 조직하기 마련이라는 것이다.

원형 반항인은 처음에는 아니오라고 말하지만 결국에는 예라고 말하는 사람이다. 그녀를 아니오라고 말하게 만드는 것은 무엇일까? 그녀가 현실을 받아들이기를 거부하기 때문이다. 그러면 그녀를 예라고 말하게 만드는 것은 무엇일까? 그녀가 가능성의 예술을 알고 있다는 것이다. 다시 말해서, 그녀는 그녀의 첫 번째 선택을 획득 불가능하게 만드는 조건과 제약을 인지하면서도 그녀의 제2의 선택을 못 보는 일이 없다. 간단히 말하면, 원형 반항인은 권력 격차에 의해 발생하는 불합리한 현실에 대해 아니오라고 말하던 그녀가, 정치를 알면서 현실에 불만 또는 안주하지 않고 하나의 대안, 즉 미래에 대한 창의적 전망에 대해 예라고 말한다. 그러나 미래에 대한 대안적 전망은 거의 어느 것이나 갈등을 초래하기 마련이다. 이는 특히 현상을 유지하는 데서 기득권을 얻는 사람들과의 갈등은 피할 수 없다. 왜냐하면 창의성은 현실 파괴적이면서 건설적이니까. 현실과 우리의 전망 간의 불협화음은 자연스럽게 긴장을 만들어내는데, 이것은 파괴와 끝없는 갈등의 원천이 될 수 있을 뿐 아니라 엄청난 성장의 원천이 될 수도 있다. 3장에서 말했듯이, 권력은 다른 형태의 권력들과 대립한다. 이 긴장은 인류 진화의 원동력이다.

만약 우리가 조지프 슘페터에게서 '창의적 파괴'라는 어구를 잠시 빌려서 이 낱말들을 한쪽 끝에는 창의성, 다른 한쪽 끝에는 파괴가 분포하는 스펙트럼 위에 놓을 수만 있다면, 원형 반항인의 과제는 긴장을 창의적 긴장으로 탈바꿈시키는 것이 될 것이다. 권력의 행사에는 불가피하게 긴장이 수반될 것이다. 이러한 창의적 긴장은 권력을 생각하는 한 방법이 된다. 하지만 다른 방법도 있다. 긴장을 어느 조직에서든 자연발생적이고 예견 가능한 것으로 이해하는 것이다. 긴장은 정치적 행동으로 이어진다. 의견 차이나 의견 대립에서의 긴장, 한 개인이 소망하는 것들이 다른 사람의 행동과 관련하여 빚어내는 긴장이 크면 클수록, 정치적 행동에 관여할 동기 부여는 그만큼 더 커진다. 제임스 매디슨이 말했듯이, 야심은 야심과 대결하게끔 만들어지는 법이다.

하지만, 대체로 사람들은 긴장을 대하는 너그러움이 적으며 감정의 긴장과 창의적 긴장 간에 구별을 두지 않는다. 이 지점에서 당신의 객관성 감각을 확대할 필요가 발생한다. 왜냐고? 창의적 긴장은 감정이 아니어서 딱히 무엇이라고 **감각되는** 것이 아니다. 그것은 불안감, 슬픔 또는 우울증과 같은 것이 분명 아니다. 만약 창의성이 배고픔이나 성생활과 견줄 만한 기본적 본능이 될 수 있다면, 그렇다면 정치적 본능이 그렇듯이 그것은 우리 모두에게 주어진 것이라 할 수 있다. 이것은 창의성이(정치가 그렇듯이) 위대한 인격체들의 독점적 영역이 아니라는 것을 의미한다. 이것은 또 우리가 창의성을 예술적 적성과 혼동하지 말아야 한다는 뜻이며, 우리가 인류를 이분법적으로 나누어 창의적인 사람들은 인간 본성의 법칙 바깥에 있다고 주장하여 자신과는 무관하게 그들을 특별한 범주의 사람들로 취급하는 일은 없어야 한다는 것을 의미한다.

● ● ●

당신이 한 회사의 작은 부서를 이끌고 있다면, 성공의 핵심 요인은 그 회사가 관심을 갖는 집단이 주목하고 있는 중심을 찾는 것이다. 나는 사람들이 '최소 공통분모'라는 수학적 비유를 사용하는 것을 종종 듣는데, 이것은 일련의 분수들을 비교하는 데는 유용한 장치다. 그러나 그것은 정치에 적용하기에는 틀렸을 뿐만 아니라 냉소적이고 모욕적이기까지 한 비유다. 당신의 목표는 그 집단이 주목하고 있는 중심을 발견함으로써 그 집단에 권력 중심의 정확한 위치를 찾아내는 것이어야 한다. 주목하는 권력 중심이 단 하나의 개인에게 한정되면 될수록, 그만큼 더 그 특정 개인은 집단 안에서 지배적인 역할을 할 것으로 예상된다. '예상'이라고 말한 것은 주목하는 권력 중심이 하나보다 많을 수도 있기 때문이다. 이것은 집단의 규모가 클수록 그렇다. 하나 이상의 권력 중심이 있는 곳에서는 불화, 질투, 타락, 그리고 그렇기 때문에 하나의 당파 안에도 파벌이 존재하기 마련이다.

권력의 중심이 하나여야 할 이유는 충분한 듯하다. 가령, 사회적으로 유익한 적지 않은 수의 활동들을 조직화하고 소통시키려 할 때 더욱 그러하다. 권력의 중심이 하나일 때 불화와 질투는 줄어들고 효율성은 배가된다. 주목받고 있는 권력 중심의 정확한 위치를 찾아내는 것은 **한 인간의 다른 인간에 대한 통제를 용이하게 하는 것이라면 무엇이든**이라는 우리의 권력 정의와 (대체로) 부합한다. '대체로 부합'이라고 말하는 이유는 정치는 권력에 관한 것이지 주목에 관한 것은 아니기 때문이다. 주목받고 있는 권력의 중심을 발견하는 것 외에 당신은 또한 그 집단에서 가장 덜 눈에 띄는 리더를 찾아야 한다. 그런 개인들은 가장 목청을 높이는 타입은 아닐지 모르지만, 말을 할 때는 그들은 도덕적 권위를 실어서 한다. 주고받기의 징후, 미묘한 리더십 신호들, 그리고 그 집단의 긍정적 반응을 찾아라. 만약 당신이 가장 덜 눈에 띄는 리더의 승인을 얻을 수 있다면, 그러면 다른 이들은 당신을 받아들이고 반갑게 무리 안으로 맞아들일 것이다.

하지만, 당신이 어떤 집단을 이끌려면 먼저 그 집단에 합류를 해야 한다. 이것은 당신 자신의 의지를 통해서 되는 것이 아니라 그들의 초대에 의해서만 가능하다. 그 집단에 입회를 해낸 뒤라야 당신은 집단의 내부 운용 방식을 보고 이해할 수 있다. 이것은 사람들이 변화를 준비할 때, 즉 새로운 방침과 새로운 리더십을 준비할 때 특히 중요하다. 당신은 그 집단의 사람들에게 과거와 완전히 결별하라고 권하고 싶어질지 모르나 이것은 거의 언제나 잘못이다. 과거와의 중요한 관련을 단절하고 당신의 전임자들에게 불경을 드러내는 것은 당신의 시간이 다 되었을 때 당신의 후임자로부터 똑같은 경멸을 자초하는 한 가지 분명한 방법이다. 당신의 당면 목표를 당신 자신을 집단의 최상위가 아니라 중심에 두는 것으로 삼아라―단순히 오늘의 중심이 아니라, 미래를 과거와 연결하는 중심에.

이것은 통제가 아니라 자율적 선택에 달려 있다. 가령, 자율적 선택이 거의 또는 전혀 없는 교도소, 주립 정신병원, 공립학교를 생각해보라. 판사, 국회의원, 이사회, 인가기관들은 선택 결정뿐 아니라 선택(또는 입회) 기준에 관해 통제권을 가진다. 이들의 회원을 끌어 모으는 방법을 자율적 선택에 의존하는 자원봉사 조직과 비교해보라. 회원의 자격은 자율이 아닌 '선택적 가입'에서 나오며, 잠재적으로 골칫거리가 될 소지가 있는 개인들은 조직으로 하여금 그들의 가입 허가를 거부함으로써가 아니라 차라리 가입을 시도하지 않게 함으로써 그들을 물러나게 한다. 이와는 다르게 자율적 선택은 리더십 신호에 대해 추종자가 긍정적으로 반응하도록 하는 방안이 될 수 있다.

이것은 원형 반항인에게 특별한 도전을 제기한다. 왜냐하면 반항인의 반대 당파의 사람들은 틀에 박힌 사회의 바깥에다 자신들의 자리를 설정하는 것에 자랑스러움을 느끼는 자들이기 때문이다. 그들의 배타성, 이념적 경직성, 그리고 과장된 행동은 광신적 교단에서 찾아볼 수 있는 특징들을 띨 수 있으며, 이것은 장기간 반대파에 머물수록 더욱 그러하다. 당신이 조직의 일원이 된다는 것은 당연히 법률적 의미에서가 아니다. 당신에게 주어지는 새로운 소속은 당신의 임무를 확대하고 당신이 물러난 후에도 여전히 지속될―즉, 당신의 목표가 그 영원한 반대파의 일원이 되는 것이 아니라면—정치적 목표들을 정한다는 의의를 가지는 것이다. 당신의 정치적 목표 가운데 하나는 관료적 권위의 제약들을 뛰어넘고 도덕적 권위를 늘리는 것이어야 한다. 현대 영어에서 우리는 이것을 유산legacy이라고 부른다. 규모가 큰 조직, 작은 부서, 또는 반대 당파, 이 중 당신이 어느 것을 이끌든 당신의 리더십은 회사 안에서 보내는 당신의 시간과 심지어 지상에서의 당신의 삶을 초월할 수도 있다. 이 말이 의심스럽다면, 에이브러햄 링컨과 프랭클린 루스벨트(그리고 어느 정도는 존 F. 케네디) 같은 리더들이 그들이 죽은 오랜 후까지 계속 가지는 권력을 생각해보라.

언급했듯이, 간디는 일관되게 정치를 통치자가 아니라 반항인의 시각에서 바라보았다. 만약 우리가 이것을 뒤집어서 정치를 통치자의 시각에서 바라본다면 어떻게 될까? 당신에게 원형 반항인은 어떻게 보일까? 당신은 반항에 어떻게 반응할까? 의미 있는 반응이 되려면 당신은 반항인이 취하는 그 반대에 대한 분명한 정의를 내려야 할 것이다. 상대를 선택하는 것뿐만 아니라 더 나아가 당신을 당신의 상대와 구별 짓는 원칙, 방침, 그리고 전략에 대한 선택까지. 성공의 결정 요인은 모든 것을 담아내는 것이 아니라 선택적으로 담아내는 것이다. 누구든 초대하라, 모든 이를 환영하라, 그러나 따르기를 꺼려하는 사람을 쫓아다니지 마라. 설령 당신이 당신의 연합체에 가입하는 데 당신과 근본적으로 의견이 다른 사람을 설득한다 할지언정 그것은 와해되기 마련이다.

조지 워싱턴은 이 주제에 관해 근사한 조언을 들려준다. 고등학교 국민윤리 수업을 기억하는가? 워싱턴은 절대로 영원한 벗도 영원한 적도 만들지 말라고 말했다. 왜냐고? 왜냐하면 당신은 벗에 대한 애정 때문에 당신의 이익과 그의 이익 사이의 간극을 보지 못할 수 있고, 반면 적을 향한 증오 때문에 서로 간에 공유하는 상호 이익을 보지 못할 수도 있기 때문이다. 원형 반항인에게 도전은 정치가 가능성의 예술이지 완벽의 예술이 아님을 잊지 않는 것, 그리고 오랜 우정이나 오랜 원한이 영원해지거나 경직되도록 내버려두지 않는 것이다. 반항인이 아닌 모든 사람에게 도전은 반항이 인간종種 안에 내장되어 있으며 정치는 저절로 반대의 양상을 띠기 마련임을 잊지 않는 것이다.

유형 3: 멘토

이 원형에 적용할 이름을 고르는 일은 어려웠다. 적확히 들어맞는 낱말이 영어에는 없기 때문인데, 나는 '멘토'가 내가 숙고한 다양한 대안 가운데 최선이라고 믿는다. 당신은 멘토 원형이 그리스 신화에서 나왔다는 것을 알게 되면 깜짝 놀랄지도 모른다. 최초의 멘토는 호메로스의 서사시 《오디세이Odyssey》의 영웅 오디세우스(율리시스라고도 알려진)의 벗이자 상담역이었던 멘토르Mentor였다. 원형 멘토는 언제나 다가가기 쉽고 책임감 있으며, 프로테제(멘토의 상대자. 멘티,멘토리라고도 함_편집자 주) 넘치는 관심과 솔직한 의견을 주는 지혜롭고 믿을 수 있는 조언자다.

멘토-프로테제 관계는 흔히 자연스럽게 발전하는 것이긴 하지만 오늘날 많은 조직들은 신입 사원들을 위한 공식적인 멘토링 프로그램을 짜서 그들의 경력 개발을 돕는다. 멘토-프로테제 관계가 쌍방 모두에게 유익하다는 것을 사람들이 깨달았기 때문이다. 멘토는 다른 사람들이 그가 쌓아 놓은 지혜를 적용하는 것을 보면서 큰 만족을 얻으며, 반면 그의 프로테제들은 네트워크들에 다가갈 수 있는 기회를 얻고, 의사 결정 과정을 직접 관찰하며, 소속된 기관의 서면 기록에서는 거의 찾지 못하는 내부 정보를 얻고, 얼굴이 없고 보이지 않는 적들을 알아보는 방법을 배운다.

멘토-프로테제 관계는 과거 옥스퍼드 대학에서 시행된 개인교수법과 닮았다. 이 시스템 하에서는 도제/생도 한 사람을 선배 생도 한 사람이 맡아서 학습 과제를 배정하고, 피드백을 제공하며, 진척도를 추적 관찰하는 학습 지도 과정을 진행시켰다. 뒷줄에 앉아 몸을 숨길 방법이 없는 프로테제는 대화에 낄 수밖에 없는데, 이것 때문에 개인교수법은 엄격하게 진행될 수 있었다. 목표는 이중의 효과를 기대하는 것이었으니, 연구 주제를 숙달하는 것과 논리적으로 생각하고 명확하게 의사를 전달하는 프로테제의 능력을 개발하는 것이었다. BBSThe Big Brothers/Big Sisters 프로그램은 이러한 점에 착안하여 멘토와 위기 청소년을 짝지어준다. 나이 어린 청소년들은 학교를 떠나지 않고 남아 학교생활을 더 잘해내고 약물과 술을 멀리하며 그들의 가족과 더 잘 지내는 데 도움을 받는다.

멘토링 관계에는 매우 강력한 뭔가가 있는데, 이것은 왜 많은 다양한 조직에서 이 동일한 원형이 재현될 수 있는가를 설명해줄 수 있다. 심리학자 리처드 브리슬린Richard Brislin은 이렇게 썼다.

"원주민 치료사들은 식물에 관한 비밀을 들려주고, 주교들은 선발된 젊은 사제들에게 재무 건전성과 영혼 구제를 결합하는 방법에 관한 조언을 해주며, 정교수들은 권위 있는 학술지들의 편집자들과 함께 일하는 최선의 방법과 관련하여 책에 나오지 않는 지식을 전해주고, CEO들은 그들의 폭넓은 네트워크들을 넘겨준다."

기업가, 프로 운동선수, 연예인, 그리고 특히 정치인들은 멘토의 서비스에 의지하여 그들의 회사, 그들의 경력, 또는 그들의 정치 캠페인을 관리하는 데 도움을 받는다. 조지 부시에게는 딕 체니, 카렌 휴스, 콘돌리자 라이스, 그리고 칼 로브가 있었다. 빌 클린턴에게도 제임스 카빌, 조지 스테파노풀러스, 그리고 버넌 조던을 포함하여 여럿의 멘토가 있었는데, 클린턴이 자신의 중도 노선triangulation을 실행에 옮기기 위해 활용한, 그래서 그를 재선에 성공하도록 도운 공화당의 여론조사관 딕 모리스도 여기에 포함된다.

일본에서는 멘토의 역할을 **센세이**先生가 맡는데, 이 말은 그야말로 '먼저 난 사람'이란 뜻이다. 센세이는 공식적인 직함이자 경칭으로, 스승뿐 아니라 권위를 가진 인물, 그리고 여타의 숙련된 전문가를 지칭하기도 한다. 프랑스인들은 이 역할을 표현하는 그들 나름의 방법을 가지고 있다. 말 뜻 자체로는 '회색의 명망the gray eminence'이라 할 수 있는 **막후 실력자**éminence grise가 그것인데, 어떤 사람이 하는 일을 성사시키고, 중재하며, 협상하는 것이다. 그리고 그렇게 하여 중요한 결정에 대한 큰 영향력을 획득한다. 막후 실력자는 내부자 중의 내부자라 할 만하지만 그 위치는 당신이 조직도를 읽어서 추측하는 것보다 더 복잡하고 불안정하다. 막후 실력자란 단순히 직함일 뿐만 아니라 어떤 독특한 관계이기도 하기 때문이다.

막후 실력자에 관해 생각을 하자면 내게는 **눈에 잘 안 띄는**inconspicuous이라는 말이 떠오른다. 막후 실력자는 그리 세지는 않지만 언제나 같은 방향으로 꾸준히 불어오는 산들바람과 같다. 샌프란시스코의 골든 게이트 파크에 있는 해안을 따라 늘어선 상록수들을 관찰하면 그런 산들바람이 빚어낸 결과를 볼 수 있다. 이 나무들은 더없이 흥미로운 형태로 꼬여져 빚어져 있다. 요점은 이렇다. 멘토에게 권력은 미묘한 영향력과 많은 작은 성공들이 축적된 결과다. 그런 성공들은 눈에 잘 띄지 않으며, 관심을 끌지 못하고, 드물거나 이례적으로 보이지 않으며, 육안으로 감지할 수 없다. 이들과 같이 당신이 균형을 잃지 않고 훌륭한 것들을 이루어내는 것은 꾸준한 노력을 통해 작은 성공들을 쌓았을 때 가능하다.

이 역할은 특권화된 지위라 할 수 있지만 실권자와의 관계에 의존하고 자주적이지 못하다. 센세이, 막후 실력자 또는 상담역consigliere(부르는 것이야 무엇이 되었건)의 역할은 상호 이익과 상호 신뢰가 관건이다. 〈대부The Godfather〉에 나오는 한 장면에서 예를 들어보려 한다. 배경은 L. A.이고, 상담역 톰 하겐(로버트 듀발 분)은 영화 제작자 잭 월츠(존 말리 분)를 만난다. 하겐의 임무는 월츠를 설득하여 조니 폰테인(비토 콜레오네의 대자代子)을 그의 신작 영화에 출연시키는 것이다. 조용하고 정중하게 열변을 토한 뒤 그에게 돌아온 것은 다음과 같은 모욕적인 반박이다.

"조니 폰테인은 절대로 그 영화에 출연할 수 없소. 도대체 이탈리아 촌놈 마피아 나부랭이들은 왜 이렇게 수도 없이 설쳐 대는 거야!"

하겐은 그가 독일-아일랜드 계라고 대꾸하지만, 장면의 전개를 지켜보면 월츠의 모욕이 하겐에게는 중요한 것이 아님이 분명하다. 그는 심지어 월츠에게 자기가 그가 만든 영화의 팬이라고 이야기하는 침착함을 보이기까지 한다.

다음 장면으로 넘어가면, 월츠는 하겐이 대부代父 비토 콜레오네 밑에서 일한다는 사실을 알아내고 하겐을 저녁 식사에 초대한다. 월츠가 여전히 폰테인에게 그의 영화의 배역을 맡기기를 거부하고 다시 하겐에게 모욕을 주지만 하겐은 결코 화를 내지 않으며, 결코 목소리를 높이지 않으며, 월츠에게 '매우 즐거운 저녁'을 보내게 해주어 고맙다고까지 한다. 당연한 일이겠지만, 다음날 아침 월츠는 잠에서 깬 뒤 침대 위 그의 바로 옆에 그가 아끼는 경주마의 절단된 머리를 발견한다. 그러나 이것은 초점이 벗어났다. 내가 말하고 싶은 핵심은 당신은 비난, 적의, 모욕에 대처할 두꺼운 낮을 가져야 한다는 점이다. 당신이 불특정 다수의 너무 많은 사람의 인정을 갈망한다면, 그것은 당신의 기반을 약화시킬 것이다. 중요한 것은 당신이 당신과 관계한 사람들에게서 받는 개인적인 인정에 만족하는 것이며, 이것은 이 원형에 있어 성공의 기준이다.

이 원형을 이해하기 위해 당신에게 또 하나 예를 들려 한다. 당신은 아마 영화 〈매트릭스The Matrix〉에 나오는 신비스럽고 꾸밈없이 쾌활한 오라클Oracle(처음에는 글로리아 포스터 분)을 기억할 것이다. 주인공 네오 Neo(키아누 리브스 분)는 그녀와 상의하여 자신이 '구원자the One'가 맞는지 알아내려 한다. 고대 그리스에서 신탁oracle은 살아 있는 인간, 신, 건축물(신전과 같은), 또는 특별한 예언의 힘을 가진 인공물이었을지 모르지만 〈매트릭스〉의 이 오라클은 담배를 피우고, 쿠키를 구우며, 누군가의 할머니처럼 생겼다.

"당신이 오라클이지?"

네오가 말한다.

"맞혔네."

그녀가 말한다. 그리고 오라클은 네오에게 **너 자신을 알라**Know thyself 고 조언한다. 이것은 미시정치에서 이런 뜻이다. 種 전체 안에 내장된 원시적이고 본능적인 요소들을 이해하여라. 문화적 조종의 막강한 영향력을 이해하여라. 그리고 너 자신을 이해하여라. 이 순서대로. 매트릭스와 매트릭스에 살고 있는 사람들을 이해하면서 네오가 자신과 자신의 길을 찾은 것처럼 우리 역시 그래야 한다.

워쇼스키Wachowski 남매(〈매트릭스〉의 대본을 쓰고 감독한)는 그네들의 그리스 신화를 이해하고 있음이 틀림없다. **너 자신을 알라**는 고대의 격언으로, 많은 사람들이 지구의 배꼽이라 여겼던 델포이(그리스 중부 파르나소스 산 가까이에 위치한)의 신탁이 내려지는 신전에 새겨져 있었다고 전해진다. 이 지역에 사는 사람들은 무슨 중요한 시도를 하기 전에 델포이에서 신탁을 구하곤 했다. 문제는 신탁의 조언이 늘 명확하지는 않다는 것이었다. 그래서 신탁을 받는 사람의 해석이 늘 필요했다. 리디아의 왕 크로이소스는 신탁의 예언을 잘못 해석하고 페르시아 제국에 맞서 군사작전을 개시했고, 이것은 그의 죽음과 왕국의 파괴로 이어졌다.

〈매트릭스〉에 나오는 오라클은 가장 확률이 높은 사건을 예측할 수 있는 컴퓨터모델─분명 매우 세련된 컴퓨터 모델일 터이지만─이긴 하지만 미래에 대한 예측을 할 수는 없는 '신탁 기계'에 지나지 않는다. 당신도 그와 같이 컴퓨터 모델을 사용하여 '만약에' 게임을 벌여 당신의 의사 결정에 도움을 받을 수는 있다. 그러나 그것이 **전략가의 사고방식**을 갖춘 멘토를 대신하지는 못한다. 내가 말하는 **전략가**는 미래에 대한 계획을 세우는 사람 그 이상이다. 어떻게 현장을 읽고 권력 격차를 계산해낼 것인가를 아는 사람이 그 사람이다. 당신의 판단에 도전하고 당신의 생각 속에 담긴 결함을 드러내며 당신을 도와 당신의 좁은 시야와 편협한 마음을 극복하도록 해주는 사람 말이다.

좋은 전략가는 (좋은 멘토처럼) 좋은 전략적 중개인의 역할을 하기도 한다. 전략적 중개인은 단지 조언만 제공하는 것이 아니라, 당신이 중재자의 역할을 해달라고 요청할 수 있는 사람, 그리고 당신을 대신해서 협상을 타결지을 수 있는 사람이다. 되풀이하는 얘기지만, 〈대부〉에 나오는 콜레오네 가문의 상담역 톰 하겐은 원형적 중개인/멘토다. 비토 콜레오네를 암살하려는 시도가 실패한 뒤 상담역은 전쟁을 벌이는 가문 간에 거래를 중개하여 화해를 시켜달라는 요청을 받는데, 이는 어느 등장인물이 말하듯이 톰이 '가문의 근육 부분'에 속하지 않기 때문이다. 이 점과 관련하여 보면 권력 중개인은 멘토이자 조력자다. 정직과 불편부당함에 대해 정평이 나 있고, 함께 일하여 얻을 가장 많은 것을 가진 사람을 식별해내며, 그들에게 그들이 필요한 자원이라면 무엇이든 구해주고, 그러고 나서는 방해가 안 되게 비켜설 수 있는 멘토이자 조력자다.

현실에서 전략가/중개인/멘토 원형의 좋은 예는 헨리 키신저Henry Kissinger다. 그는 여러 해를 리처드 닉슨의 국무장관과 국가안보보좌관으로 재직했는데, 이를 통해 우리는 행정부에 두루 관여하는 키신저의 능력 범위를 볼 수 있다. 로버트 그린Robert Greene은 "키신저의 영향력은 **광범위**했다. 그는 직접 행정부의 너무 많은 부서들과 측면들에 개입해서 그의 개입은 마치 그의 손 안에 든 카드나 마찬가지였다." 이렇게 하여 키신저는 닉슨에게 절대 필요한 존재가 되었다. 하지만 동시에 키신저는 많은 친구와 적을 만들었으며 **스벵갈리**Svengali와 같은 평판을 얻게 되었다. 스벵갈리는 조르주 뒤 모리에George du Maurier의 1894년 중세풍의 공포 소설《트릴비Trilby》에 나오는 등장인물이다. 주인공 트릴비는 19세기 중엽 파리에서 모델 아르바이트를 하는 아름다고 젊은 여자였다. 스벵갈리는 트릴비에게 주문을 거는 최면술사였는데, 음정도 구별 못 하는 그녀를 성공한 가수로 탈바꿈시켰다. 어느 운명의 날, 트릴비는 스벵갈리가 병이 나 최면을 걸지 못하게 되어 연기를 할 수 없었다. 청중들의 야유에 트릴비는 무대를 내려와야 했다. 훗날 **스벵갈리**는 다른 사람에게 너무 많은 영향력이나 통제를 행사하는 사람을 지칭하는 말이 되었다. 이것은 운동선수나 연기자에게서 자기가—오직 자기만이—가장 좋은 것을 끌어낼 수 있다고 믿는 지나치게 영향력이 큰 코치, 멘토, 또는 영화감독을 경멸하는 말로 쓰인다.

트릴비와 스벵갈리 이야기는 이 원형이 가지는 덜 긍정적인 면을 도드라지게 한다. 문제는 멘토가 아무리 영향력이나 권력이 커진다 하더라도 그 위치는 본질적으로 불안정하다는 점이다. 왜냐하면 멘토에게 있어 고객과 맺는 관계란 곧 권력과 근접해 있다는 것이고, 근접해 있다는 것은 그로 인해 영향력이 커진다는 것인데, 권력자의 자리는 늘 불안정하기 때문이다. 게다가, 만약 당신이 고객의 사고 안에 담긴 결함들을 알아보거나 전달할 수 없다면 가치 높은 조언을 하는 것은 어려운 일이 된다. 가장 중요한 것은, 권력에 근접해 있다는 이유 때문에 당신은 집행인의 시각을 갖게 되기 쉬우며, **마치** 권력의 자리에 앉아 **있는 양** 착각하여 여러 대안적 행동 방침들을 강요하게 될 수 있다는 것이다. 멘토 원형이 성공하기 위해서는 권좌에 가까이 가지 말아야—그리고 권좌를 멀리해야—한다. 어쩌면 말할 필요도 없는 것이겠지만, 자신의 성공은 고객의 성공에 달려 있기 때문에, 멘토는 자신의 고객들을 세심하게 선택해야 하며, 그리고 그들에게 오만, 자만심, 탐욕, 타락, 독단, 허영, 그리고 당연히 돈에 매수되는 본성의 징후들이 있는지 확인해야 한다.

가령 돈에 매수되는 본성에 관해서 말하자면, 어쩌면 세계에서 가장 유명한(그러나 그리 성공을 거두지는 못한) 멘토/상담역은 니콜로 마키아벨리Niccolo Machiavelli일 것이다. 오늘날 마키아벨리는 저술가로서 유명하지 상담역으로서 유명하지는 않다. 왜냐하면 16세기 피렌체의 대공大公에게 한 그의 날카로운 조언은 청을 받아 한 것도 아니었고 주목을 끌지도 못했기 때문이다.《군주The Prince》에 나오는 한 장에서 마키아벨리는 사랑받는 대상이 되는 것과 두려움의 대상이 되는 것 중 어느 것이 더 나은지에 관해 상술하면서, 사랑과 두려움 둘 다의 대상이 되는 것이 가장 유리하지만 둘 다 가능한 것이 아니라면 두려움의 대상이 되는 것이 더 낫다고 결론을 내린다. 이 상투적 표현은 오늘날 도덕성을 배제하고 편의에 근거하여 행동하는 것을 허락(심지어 고취까지)하는 것을 뜻하는 '마키아벨리식' 정치와 동의어가 되었다.

이것을 2장에 나오는 인간관계의 정치적 법칙들과 비교해보면 어떨까? 언급했듯이, 정치는 그 자체의 고유한 논리를 가지는데, 이 논리는 정치적 행위와 도덕성 간의 잠재적 모순을 인정하는 논리다. 이 때문에 당신은 정치적 행위를 도덕성과 구별하고, 정치적 행위에 따르는 윤리적 함의를 숙고할 필요가 있다. 정치적 행위가 달라지면 그 윤리적 함축도 달라진다. 당신은 이 점을 반드시 숙고해야 한다. 정치의 관점에서 생각하고 행동한다고 해서 당신이든 누구든 윤리적으로 행동할 의무가 면제되는 것은 아니다. 이 원칙은 그것이 정치적 행위자의 역할에 적용되는 것과 동일하게 정치적 멘토, 전략가, 중개인의 역할을 맡는 당신에게도 적용된다. 미시정치에서 이중의 기준은 없다. 예외는 없다.

마키아벨리가 쓴 글은 16세기 이탈리아의 공국들을 이끈 사람들을 대상으로 한 것이었음을 잊지 말아야 한다. 이 나라들은 21세기의 조직들과는 다른 성공 측정 방법과 다른 행동 기준을 가졌다. 섬김의 리더를 다룬 절에서, 나는 거짓 리더는 쉽게 알아볼 수 있는데, 그것은 다른 이유도 있겠지만 특히 그들이 약하고, 심리적으로 불안정하며, 자신의 두려움을 극복할 능력이 없기 때문이라고 언급했다. 그것은 두려움이 인간 본성에 뿌리를 내리고 있기 때문이지만, 그렇다고 해서 당신이 두려움, 위협, 협박 또는 강압에 의지해야 된다는 얘기는 아니다. 두루 알고 있듯이, 에드워드 데밍W. Edward Deming이 경영자를 위한 14가지 자질 가운데 하나라고 말한 것은 **두려움을 몰아내는 것**이었다. 데밍은 최고의 경영 컨설턴트/상담역이었으며, 두려워하는 사람들은 최고의 성과를 내지 못할 것이고 새로운 기술과 지식을 배울 수 없을 것임을 설득력 있게 주장했다. 두려움은 생산성에 나쁜 형향을 끼치고, 팀워크를 저해하며, 사람들로 하여금 이용당하고 학대당하는 느낌을 가지게 한다. 끝으로, 두려움은 당신의 객관성 감각을 왜곡하고, 당신이 학습하는 방식, 당신이 소통하는 방식, 그리고 당신이 주위의 세계와 반응하는 방식을 왜곡한다.

두려움은 정치에 고루 스며들고 인간 본성에 뿌리를 둔 것이다. 그렇다면 이에 대한 해독제는 있는 것일까? 단답형의 답은 예이다. 이 주제에 관해 거장 래거번 아이어는 두려움의 해독제는 **충분히 생각하여 이해하는 것**thinking things through이라고 말했다. 당신이 가지는 두려움은 죽음에 대한 당신의 두려움과 연결되어 있고, 그 죽음에 대한 두려움에 의해 당신은 시험을 당한다. 사람들마다 많은 다른 원천에서 오는 다양한 두려움—크건 작건—이 존재한다. 어쩌면 당신은 죽음에 관해서는 두렵지 않지만 정치에 관해서는 비위가 약할지도 모른다. 서문에서 말했듯이 어쩌면 당신에게 혈액 공포증—피를 보는 것에 대한 비합리적인 두려움—이 있는지도 알 수 없는 일이다. 당신의 두려움이 무엇이건, 해독제는 **충분히 생각하여 이해하는 것이다.**

상황에 관해 충분히 생각하고 이해하여 그에 따른 논리적 결론에 도달할 때, 당신은 당신의 삶을 제어하고, 삶에 방향과 의미를 부여하며, 당신의 두려움을 비웃을 수 있다. 앨버스 덤블도어가 어린 해리포터에게 말했듯이, **죽음은 잘 정리된 마음에게는 또 하나의 위대한 모험일 뿐이다.** 모든 것에 의문을 품고, 그 어느 것도 당연하게 여기지 않으며, 문제를 다방면에서 충분히 생각하여 이해하는 능력은 잘 정리된 마음의 증거다. 자신의 죽음에 대한 두려움을 극복하는 법을 배우지 못했다고 누구도 자기숙달을 주장할 수 없다고 말하는 것은 너무 과할 터이지만, 두려움을 극복하는 것은 당신이 당신의 내면 세계의 지배자가 되기 위한 선행조건이다. 왜냐하면 두려움은 삶의 도처에서 당신을 공격할테니까. 만약 당신에게 프로테제가 있다면, 이것은 당신이 그녀에게 가르쳐주고 싶은 것이 아닐까? 만약 당신에게 멘토가 있다면 이것은 당신이 그녀에게서 배우고 싶은 것이 아닐까?

마지막 조언의 말을 덧붙이자면 멘토가 되려는 사람의 경우, 성공을 위해서는 조심과 신중함이 필요하며, 성공은 당신이 프로테제를 돕는 위치임을 절대로 잊지 않는 것에 달려 있다. 성공은 자신에게 관심을 끌어모으는 당신의 능력에 좌우되는 것이 아니라, 당신의 고객 즉 프로테제를 위한 최대의 긍적적 결과를 만들어내는 능력에 좌우된다. 이 역할은 상대적으로 방어력이 취약한 것이어서, 당신은 당신의 고객의 신뢰를 유지하기 위해 무대 뒤에서 신중하고 재치 있게 일해야 한다. 재정적인 것이건 다른 것이건, 어떤 이해의 충돌도 일어나지 않도록 주의를 기울여야 한다. 그런 충돌은 당신의 관계를 위태롭게 하고, 그에 따라 당신의 권력에 대한 근접을 위태롭게 할 것이다. 너무 순종적이거나 너무 적극적이어서는 멘토 원형을 충분히 익히는 것이 불가능할 것이다. 당신의 일의 결과는 당신보다 더 눈에 띄어야 한다. 호사를 피하고 명성은 다른 사람들에게 미루어라.

유형 4: 은둔자

성서(《창세기》 2장 1~30절)에 따르면, 하느님은 모두 엿새 만에 천지를 창조하고, 빛으로부터 어둠을 가르고, 물을 가르고, 계절을 창조하고, 세상을 식물과 동물과 모든 생명체로 채우고, 그러고 나서 인간을 창조했다. 마침내 하느님은 말했다. '보라!' 하느님은 일곱째 날에 일을 마치고 안식을 취했다. 지금 나는 개종을 시키려는 것이 아니라, 그저 내 생각을 밝히고 있을 뿐이다. 하느님이 일에서 물러나 안식을 취한 날―일곱째 날―은 그녀가 모든 창조물에 축복을 빌고 자신을 거룩하게 한 날이다. 이것이 우리에게 이야기하는 것은 무엇일까? 이것이다. 오직 모든 일에 철수함으로써만 하느님은 세상을 창조할 수 있었다. 창조는 신성하지만, 지적 자제력도 신성하다. 왜냐하면 그것은 당신의 창조를 완성케 할 수 있으니까.

통제를 용이하게 하는 것이라면 무엇이든 권력이라 할 수 있다. 하지만 이 원형의 가장 중요한 특성은 정치적 상황으로부터 퇴각하여, 당신이 상황을 주도하고 있다는 공상에서 물러나는 것이다. 이 원형은 퇴각함으로써 에너지를 보존하는 것이 핵심이다. 외견상으로 퇴각하지만, 내부에서 당신은 당신의 도덕적 권위와 영적 자유를 배양할 수 있는 시간을 벌고 가상의 대저택을 건설해야 한다. 이 가상의 대저택은 적의 공격으로부터 자신의 전열을 정비하는 공간으로, 이곳에서 당신의 훈련과 자기계발이 계속 진행된다. 은둔자 원형은 항복하는 것이 아니라 적으로부터 거리를 두어 자신을 적의 힘이 닿지 않는 곳에 두는 것이다. 이것은 반항의 행위가 아니라(원형 2: 반항인을 볼 것) 철수의 행위다. 이 유형과 결부된 폭력이나 분노는 없으며, 잠시 정치로의 관여를 제한하려는 당신의 조용한 투지가 있을 뿐이다. 1장에서 말한 것을 기억하고 있다면, 이것은 법의학자나 검시관에게서 보이는 일종의 냉정하고 과학적인 초연함이다.

당신이 어떤 상황에 처하든 당신은 대립을 일삼는 사람들로 인하여 스스로의 원칙을 외면하는 일이 없도록 해야 한다. 대립을 일삼는 사람들은 미시정치의 달인들일 수 있고, 그래서 그들 뜻대로 당신을 움직이기 위해 당신이 정치로부터 은둔해 있는 것을 활용할지도 모른다. 하지만 그런 사람들은 사람들과 관계를 맺는 다른 방법에 대해서는 전혀 모를 가능성이 훨씬 더 크다. 정치적 갈등은 인간 본성 안에 내재하고 있는 것이다. 하지만 단지 갈등이 불가피하다는(그렇기 때문에 예견할 수 있다는) 이유만으로 당신이 갈등을 불러들이거나 갈등을 향해 달려들어야 하는 것은 아니다. 당신이 원하는 목표가 시야에 들어올 때 인내심을 잃기는 쉽다. 당신이 당신의 목표를 향한 가장 짧고 적확한 길을 택해야 하는 상황에 직면했다고 스스로 잘못 판단해 상황이 개인적 개입을 요구한다고 생각하는 것 또한 쉽다. 상황이 좀처럼 풀리지 않을 때, 때로 당신은 세상으로부터 철수하는 은둔자, 아무것도 제의하지 않고 아무것도 추구하지 않는 은자隱者를 모방할 필요가 있다. 이것은 현실도피를 의미하는 것이 아니라, 당신이 주위 세계에 가지는 영향력을 따져보고 미래의 도전들을 위해 스스로를 비축하는 것을 의미한다.

미시정치는 혼자 하는 기술이 아니라 사회적 기술이라는 것을, 따라서 참여자들 간의 상호 의존을 전제한다는 것을 잊지 말아라. 우리 현대 사회에서, 스스로를 세계로부터 차단하여 자기갱신을 추구하고 당신의 정치적 동물을 길러내는 것은 어렵다. 어떤 사람들, 특히 휴대폰이나 인터넷을 멀리하는 것에 애를 먹는 사람들에게는 은둔자 원형을 실행시키는 것이 어려울 것이다. 그러나 걱정하지는 말아라. 은자 또는 은둔자를 모방한다는 것은 그저 비유일 따름이니까. 다시 말하면 당신이 은둔자가 되기 위해 와이파이, 케이블 텔레비전, 또는 휴대폰 서비스가 없는 두메산골로 이사갈 필요는 없다. 하지만 당신은 전문가적 초연함을 위한 능력을 기를 필요는 분명 있다.

전문가적 초연함은 감정을 쏟아 붓는 것과는 반대다. 변호사의 경우, 이것은 의뢰인들을 변호하되 미리 예단하지 않는 것이며, 의사, 간호사 그리고 소셜 워커들에게 이것은 환자, 고객, 대상자들에게 감정이 개입되지 않도록 하는 것을 의미한다. 탈 애착이란 사람들과의 접촉이 없어지거나 타인들을 즐겁게 해주는 능력을 잃는 것을 의미하지 않는다. 주제넘게 나서는 것이 아니라면 다른 사람들의 일에 관심을 가지는 것은 무방하다. 당신이 은둔자 원형의 나라에 주민일 때, 당신은 마치 당신이 마을을 처음으로 찾아온 사람인 듯, 아니 어쩌면 좋은 이웃인 듯, 친절하지만 극성맞지 않고, 기꺼이 돕지만 거슬리지 않는 이웃인 듯 행동해야 한다. 상대방을 피하는 것이 아니라 오히려 큰 소리로 인사를 하고, 기분을 상하게 하는 행동을 하지 않고 호의에는 호의로 갚는 것을 잊지 않는다.

개인적이든 직업적이든 삶을 살아가는 동안 당신은 어려운 상황에 처하기 마련이다. 만약 당신에게 야망이 있다면, 당신의 야망이 다른 누군가의 야망을 방해하고 거꾸로 누군가의 야망이 당신의 야망에 걸림돌이 될 것이라고 추정해도 별로 틀리지 않을 것이다. 언급했듯이, 미시정치를 완전히 익히는 데 중요한 한 요소는 상황 인식, 즉 현재의 상황 안에서 현장을 읽으면서 미래의 상황을 예측하는 것이다. 하지만 아직 절반일 뿐이다. 왜냐하면 미시정치는 관계의 기술이니까. 나머지 절반은 언제 항복하고, 언제 저항하며, 언제 공격에 나서야 하는가를 아는 것을 의미한다. 그런 다음 피드백을 통해 처음부터 다시 시작해야 한다. 왜냐하면 당신은 다른 사람의 것을 평가할 때와 마찬가지의 객관성을 가지고 자신의 수행 결과를 평가해야 하니까. 당신의 여정이 언제 끝나는가는 어떻게 알 수 있을까? 언제 그만두어야 하는가는 어떻게 알 수 있을까?

은둔자 원형의 성공 여부는 시기 선택, 즉 목표 달성에 맞춘 속도 조절에 좌우된다. 두 가지 방법이 있다. 첫 번째 방법은 반주되는 음악에 맞추어 춤추는 무용수의 동작을 닮았다. 두 번째 방법은 작곡가(또는 음악가)가 음악의 템포를 올리거나 내리거나 하듯 하는 것과 닮았다. 성공한 무용수, 음악가, 코미디언, 공연 예술가 ─그리고 모든 성공한 정치인─

들은 리듬과 템포를 사용하여 결정적인 순간에 청중에게 정서 반응을 만들어내는 미효한 방법들을 이해하고 있다. 가속이 붙은 리듬과 템포의 탄력을 자연스럽게 마무리져야 하는 순간을 아는 것은 중요하며, 이것은 언제 멈출 것인가를 알기 위한 필요조건이다. 당신의 목표는 전면적 승리보다 더 복잡하다는 것을 잊지 말아라. 당신의 목표 달성은 가급적 경제적이어야 하는데, 이것은 당신이 부족한 자원을 현명하게 사용하고 낭비를 최소화해야 한다는 의미다. 정치적 행동에 나서 상대를 주도하는 것은 가슴 설레는 것일 수 있으며, 선을 넘는 유혹은 솔깃할 수 있다. 당신이 마련한 전술보다 과도해지는 것을 피하기 위해, 리듬과 템포에 춤을 추듯 당신은 당신의 전술을 시간의 요구들과 조화시켜야 한다. 미시정치는 움직임과 정지에 좌우된다. 움직여야 할 때 움직이고, 움직이지 말아야 할 때 정지해야 한다.

은둔자 원형은 참을성 있게 말하고 행동하는 법을 배우는 것이다. 다른 곳에서 강조했듯이, 여기에 담긴 함축은 감정의 자제(저 지독한 두려움을 극복하는 것)가 미시정치의 중요한 요소라는 것이다. 감정에 휘둘리는 것이 특히 자멸적인 것은 그것이 당신의 장기 목표들에의 집중을 흩트리고, 이성의 등장을 막으며, 정치적 행동과 하찮은 복수의 환상을 차별화하여 볼 수 있는 능력을 흐려놓기 때문이다. 미시정치에서, 당신은 당신의 감정 본위를 흔드는 요소가 무엇인지 완전히 익히는 것은 긴요하다. 만화광들이라면 누구나 알고 있겠지만, 수퍼맨의 고향 행성인 크립톤Krypton에서 온 크립토나이트를 생각해보라. 크립토나이트는 이 행성이 핵 연쇄 반응으로 파괴되고 남은 잔해다 ─그리고 수퍼맨에게 해를 끼치는 단 하나의 것이다. 미시정치에서, 이와 유사한 것이 감정 본위다.

하기는, 울화통보다 더 낭비적인 것이 과연 있을까? 안타깝게도, 우리는 모두 사소한 이유로 화를 내기 십상이다. 화는 다른 기본적인 감정(가령 두려움이나 슬픔 같은)과 결합하여 더 크고 더 복잡한 감정으로 바뀌는데, 이것은 당신의 마음을 흐리며, 당신의 지각을 과장하고 변조하며, 자기숙달을 방해한다. 마음이 쏜살같이 질주하고 있을 때 스스로를 억누르는 것이 얼마나 어려울 수 있는지 당신은 아마 이미 알고 있겠지만, 어쨌거나 평정은 자기숙달의 또 하나의 시금석이다. 당신의 평정은 자기숙달을 통해 자연스럽게 오도록 해야 한다. 왜냐하면 힘으로 평온을 불러올 수는 없으니까. 당신은 먼저 당신의 감정 본위가―조지 워싱턴의 표현을 빌리자면―관련이 없는 것들에 휘말려 흔들리지 않도록 해야 한다. 만약 당신이 명백한 힘의 우위를 가진 적과 마주하고 있을 때조차 앞뒤를 재며 망설이지 말고 뚜벅뚜벅 당신의 갈 길을 갈 수 있어야 할 것이며, 신의 섭리를 시험하는 행동 따위란 하지 말아야 한다. 당신의 적이 힘의 우위를 가지고 있다면, 맞대결을 할 것이 아니라 침착하고 통제된 퇴각을 실행하라. 이와 같이, 은둔자 원형을 모방하는 것은 약점이 아니라 지혜다.

• • •

언급했듯이, 원형은 농축된 형태의 상징이며, 미시정치 안의 모든 원형들은 특히 인간의 형태를 하고 있다. 이 원형을 설명하는 데 도움이 되고자 시점視點을 바꾸어보겠다. 은둔자 원형을 검토하는 대신, 은둔자 원형의 일원이 되어보자. 자, 당신이 감옥에 갇힌 죄수라고 상상하고 눈을 감았다가 떠 보라. 어디인가? 당신은 감옥 안에 — 최고의 권력 수단 내부에 — 있다. 감옥이 당신에게 얼마만큼의 권력을 행사하는가를 숙고해보라. 감옥은 당신을 가두고, 당신의 몸을 통제하며, 당신에게서 당신의 자유를 빼앗고, 당신을 관찰하며, 그리고 당신의 행동 목록을 작성할 권한을 가지고 있다. 감옥은 (며칠, 몇 달, 몇 해를 계속) 당신이 식사를 하는 시간뿐 아니라 먹는 분량과 먹는 횟수까지 결정할 것이다. 감옥은 — 딱히 당신의 취침과 기상 시간은 아니더라도 — 당신이 잠을 자고 잠에서 깨어나면 좋을 적절한 시간을 결정할 것이다. 만약 당신이 죄수라면, 당신은 감옥을 최고의 권력 수단으로 볼 것이다.

감옥을 그렇듯 막강하게 만드는 것은 무엇일까? 나는 지금 외관상의 얘기를 하는 것이 아니다. 감옥에 작용하는 정치적 법칙들이 무엇인가를 물으려는 것이다. 그런데 우리는 그 법칙들을 2장에 나오는 정치의 법칙들처럼 나열할 수 있을까? 가능하다. 프랑스의 철학자 미셸 푸코 Michel Foucault에게서 얼마간의 도움을 받아서 말이다. 푸코에 따르면, 감옥의 법칙들 가운데 으뜸은 당신(죄수)을 외부 환경으로부터 격리시키는 것이다. 이것은 생각하기에 따라 아주 좋은 것일 수도 있고 아주 나쁜 것일 수도 있다. 격리는 힘을 행사하는 것이며, 따라서 전적인 순종을 요구한다. 격리는 당신을 도리 없이 고독 안에 처하도록 하며, 이것은 대부분의 사람들(사교적인 사람들)에게 형벌이다. 격리는 장벽을 만들어내며, 그렇기 때문에 당신을 사회로부터 도려낸다. 다른 의미에서 격리는 수도사의 수련을 강요하여, 자신과 대면하고, 자신의 양심에 귀 기울이며, 그리고 자신의 존재를 응시하도록 당신을 강요한다. 격리는 또 적어도 이론상으로는 재활을 위한 기회를 제공하기도 한다.

평범한 개인에게 격리는 형벌일 것이다. 하지만 어느 정도의 자기숙달을 이룬 사람들에게 이것은 보상이다. 이것은 칩거이고 고독이다. 은둔자 원형에게 이것은 성찰, 자기계발, 그리고 궁극적으로는 개성 형성을 위한 무한한 기회를 제공하는 놀이터다. 그렇기 때문에, 은둔자 원형을 따라 하기로 선택할 때 당신은 그것을 충분히 이해하고 받아들이는 선택으로 삼아야 하며, 은둔과 격리에 따른 고통을 겪을 각오가 되어 있어야 한다. 이때 고통은 희생이 아니라 자기숙달의 과정이다.

주어진 상황과 무관하게, 마치 당신이 성공과 실패에 대하여 똑같이 태도로 그것을 바라보는 듯 행동해라. 당신의 생각과 감정을 통제하는 법을 배우는 과정에서 현장을 읽고 당신의 상대에게서 약점을 찾고, 그리고 언제나 행동을 취할 수 있도록(공격적이건 방어적이건) 스스로 준비하여라. 이따금 은둔자는 아무것도 하지 않고 있는 것과 똑같아 보일 수 있으며, 그렇기 때문에 지도하고 행동을 취하는 일에 익숙한 사람들에게 이것은 가장 지난한 도전의 하나가 된다. 이것의 좋은 예는 2009년 이란에서 있었던 부정선거에 뒤이어 일어난 폭동에 대한 오바마 대통령이 보여준 침착한 대응이다. 오바마를 비판하는 사람들은 그에게 미국의 연대를 보여주기 위해 시위자들에 대해 경고의 발언과 행동(군사 개입을 포함하여)의 수위를 높일 것을 촉구했다. 오바마의 자제력은 내게 1989년 베를린 장벽이 무너졌을 때, 그리고 후에 소련이 해체되었을 때의 조지 부시와 제임스 베이커를 떠오르게 한다. 이와 같은 상황들에서, 가장 좋은 것은 또한 가장 어려운 것이다. 절제된 불개입.

행동을 취하는 데 익숙한 사람들의 경우, 꼼짝 않고 앉아서 당시의 형세에 묵묵히 따르는 것은 엄청난 도전일 수 있다. 슬프게도, 그런 결정적인 순간들이 **지나가고 있는 그 당시에** 그것을 알아볼 수 있는 정치적 통찰력을 가진 사람은 정말 거의 없다. 이 원형에게 주어지는 난제 가운데 하나는 자신의 생각을 당면한 상황에 제한하는 것이다. 자신이 통제할 수 없는 잠복한 문제들을 알아보고, 최악의 경우까지 고려한 시나리오를 숙고하며, 'B 안'이라고도 알려진 대안적 행동방침을 개발하는 것은 대체로 현명한 일이긴 하다. 하지만 만일의 사태에 대한 대비가 너무 과도하면, 그것은 사기를 떨어뜨리고 문제를 오히려 키우는 것이 될 수도 있다. 만약 당신이 어떻게 대처해야 할 지 판단이 서지 않는다면, 목표를 생각하라. 목표를 단단히 마음에 새겨둘 수 있다면 당신은 결정을 못 하고 왔다갔다하며 표류하지 않아도 될 것이다. 목표를 마음에 새기면서 자제와 자기수양을 기르면 당신은 때가 되기도 전에 행동하는 일은 없을 것이다.

끝으로, 이 원형에서 특히 강조되는 것은 일사불란한 내면의 태도, 즉 생각이 딴 데 팔려 만성적 불만의 상황을 자초하는 일이 없는 태도를 유지하는 것이다. 이따금 성공과 실패가 사회의 잠정적 기준에 의해 결정되는 것을 용납하지 못해 무작정 불만을 토로하는 위대한 영혼들이 있다. 당신은 이들처럼 무작정 돌격 앞으로 하려는 유혹에 저항하는 것을 배워야 한다. 시간을 낭비하거나 시간을 잃고 있는 것은 아닌가 하는 두려움은 갖지 말자. 왜냐하면 당신은 실제로 아무것도 잃고 있지 않으니까. 만약 공공을 위해 살려고 하거나 영웅의 삶을 살려고 하는 마음에서 자유로워질 수 있다면—물론 말보다 실천이 어렵기는 하지만—당신은 당신의 능력을 숨길 수 있고 쓸데없이 이목을 끄는 일을 피할 수 있을 것이다. 언제나 당신의 목표를 시야에서 놓치지 말되 억제하는 것을 배워라.

단념할 줄 아는 능력, 그리고 감정의 자제력을 기르면서도 동시에 결정적인 정치적 의미를 갖는 순간을 알아보는 능력을 길러라. 고독을 추구하고 뒤로 물러나 칩거하는 거룩한 현자의 길을 따른다면, 당신은 가능한 선택들에 대해 살펴보고 당신의 다음 단계를 준비할 수 있다.

유형 5: 유도 사범

이 원형을 소개하기 위해, 두 사람 사이—가령 상사와 부하 직원 사이—에 권력 격차가 존재하는 시나리오를 상상해보자. 권력 등급은 1에서 10까지이며, 상사는 10을, 그리고 부하 직원은 1을 가지고 있다고 하자. 만약 상사가 그녀의 권력을 모두 행사하고 부하 직원도 그녀의 것을 모두 행사하여 맞부딪치면, 상사가 이기기 마련이다. 하지만 부하 직원이 상사가 밀어붙일 때 저항하는 대신에 그 힘을 잡아당긴다고 가정해보자. 부하 직원의 파워는 그녀에 위치의 한계를 훨씬 넘어서는 수준으로 증가하고, 상사는 균형을 잃는다. 이것은 주지츠jujitsu, 柔術에서 유래한 오래된 일본의 속담, **부드러움이 강함을 제압한다**柔能制剛를 떠올리게 한다. 이것이 실제로 의미하는 것은 무엇일까? 권력의 불균형에서 대결은 패배의 원인이 된다. 당신이 파워에 파워로 대항한다면 더 많은 파워를 가진 자가 이길 것이다. 오히려, 당신은 지렛대 효과를 찾아내어 목표를 이루기 위한 대안적 방법들에 관해 숙고해야 한다. 이것은 파워의 능숙한 사용이다. 이것은 부드러운 길柔道이다.

이 원형의 이름은 19세기 후반 일본의 카노 지고로(1860~1938)에 의해 창시된 비무장 전투의 현대적 변형인 유도judo에서 나왔다. 일본어로 ju는 '부드럽다' 또는 '양보하다'라는 뜻이고, dō는 '길' 또는 '원칙'이라는 뜻이다. 문자 그대로 옮기면 judo는 '부드러운 길'이라는 뜻이다. 양보 또는 부드러움의 원리는 주도권을 넘겨주는 것이 아니라, 힘에 저항하기보다는 오히려 힘을 지렛대로 활용하는 것을 의미한다. 공격자가 밀 때 당신은 당기고, 그녀가 당길 때 당신은 민다. 유도는 당신의 적에 파워를 당신에게 유리하게 사용하여 승리를 얻는 기술이자 실기이며, 그렇기 때문에 공격적이기보다는 방어적이다. 이 원형의 제 1원칙과 궁극 목표는 **싸우지 않고 이기는 것**이다.

무술 훈련을 받은 사람들이 길거리 싸움을 벌이는 경우가 얼마나 드문지 알아차린 적이 있는가? 내게 문득 이런 생각이 떠오른 것은 《샌프란시스코 크로니클San Francisco Chronicle》에 실린 유도에 관심이 있는 두 남자에 관한 기사를 읽고 있을 때였다. 두 남자는 서로 모르는 사이였는데, 자이언츠 야구 경기가 끝난 뒤 역에서 열차를 기다리다가 우연히 만났다. 한 남자가 유도복을 입은 상대를 보고는 다가가 대화를 시작했다. 둘은 대련(한 판 겨루기)을 시작했는데, 어쩌다 사태가 확대가 되었다. 한 남자는 병원에 실려 갔고, 다른 남자는 교도소로 갔다. 뉴스 기사에 인용된 지방검사보의 말에 따르면 피고(그는 공교롭게도 국가 대표 유도 선수였다)는 자제력을 잃고 '자신의 힘이 더 우월하다는 것을 입증하려다가 일어난 불상사'라는 것이었다. 앞서 말했듯이, 이 이야기가 내 관심을 끈 것은 이러한 종류의 훈련을 받은 사람들은 이런 종류의 길거리 싸움을 벌이는 일이 좀처럼 없기 때문이다. 하지만 개중에는 자신의 자기숙달을 입증하여 자신을 과시하는 것보다 자신의 힘의 우월을 입증하는 데 더 관심을 쏟는 사람들도 있게 마련이다.

옛 격언을 보면 경거망동하지 말고 은인자중하여 자신에 관하여 너무 많은 것을 드러내지 않는 것이 최선일 때가 있다는 말이 있다. 이렇게 하면 당신은 쓸데없이 주목을 받지 않게 될 것이다. 이것은 유도 사범 원형이 되는 비결 중 하나다. 외견상으로, 당신은 겸손하고 고분고분하다. 내심으로는, 당신은 당신의 의지가 승리하는 것이 보장되는 적기適期를 참을성 있게 기다리고 있다. 당신은 미친 듯이 돌진하지 않고, 당신 주위 세계에서 벌어지는 소란과 상관없이 조용히 자기숙달 능력을 기른다. 실제로, 당신의 행동은 사전 대책을 강구하는 것이기보다는 대응적인 것이어야 하고, 당신의 상대가 선수를 칠 경우에만 시작되어야 한다. 당신의 상대는 종종 공격의 전조를 미리 전하기 마련이다. 유도 사범의 원형을 익힌 당신이라면 불리한 공격이 예상된다 해도 감정의 초연함을 유지하고, 간단히 길을 비켜줄 수 있다. 좋은 시기 선택과 바른 태도는 당신의 결과에 차이를 만들어낸다.

무술의 고수처럼 당신은 행동하기 전에 당신의 균형을 찾아야 하고, 말하기 전에 당신의 마음을 가다듬어야 한다. 당신의 행동이 바르지 못하고, 목소리가 격앙되어 있으며, 요구 사항이 도를 넘은 것이라면, 당신은 상대에게 협력보다는 오히려 적대의 마음을 품게 할 것이다. 하지만 만약 당신이 이 원형을 효율적으로 할 수만 있다면 당신은 적의 파워를 활용하고, 그것을 당신의 지렛대와 결합하여 효과를 증폭시키는 승수효과를 창출할 수 있다. 그러면 이 승수효과는 점점 조직 내부에 샅샅이 스며들어 위계 구조의 위로, 아래로, 그리고 전체에 걸쳐 영향을 미치게 된다. 이렇게 하여 당신은 두려움, 분노, 그 밖의 부정적 감정들이 구조화하여 더 크고 더 파괴적인 시스템들로 발전되는 것을 미연에 막을 수 있다. 효과는 즉시 분명해지지 않을지 모르지만, 누적 효과는 크다. 이 원형을 따라 하는 것의 가장 큰 효과는 장기적이고 지속적인 영향을 미치기 때문에 강제로 되돌리기란 어렵다는 것이다.

미시정치의 목적은 대체로 더 약한 사람들로 하여금 더 강한 사람들에 맞서 스스로를 방어할 수 있게 하는 것이다. 이 특정의 원형에 궁극 목표는 모든 충돌에서 이기는 것이 아니며, 당신의 우월을 입증하는 것 또한 아니라 충돌이 시작되기 전에 그것을 미연에 방지하는 것이다. 더 나아가, 유도 사범 원형은 대등하지 않은 충돌을 벌이는 것을 삼간다. 이 것은 당신보다 권력이 더 많은 사람에게든 적은 사람에게든 똑같이 적용되며, 심지어(특히) 당신의 상대보다 더 권력이 세거나 더 영향력이 클 때조차 당신이 부드럽게 행동할 것을 요구한다. 상대에 대한 우위를 얻는 것은 그들을 패배시키거나 그들에게 굴욕감을 주는 것에 있지 않다.

본디 비폭력적인 이 원형을 적용하여 승리를 얻을 때, 당신은 필요한 만큼만 힘을 사용하는 것이 필요하다. 권력은 둔기와 같아서, 필요할 때를 제외하고는 사용을 피해야 한다. 그것은 언제 필요할까? 이를 위해서는 동작 경제economy of motion에 대한 이해가 필요한데, 동작 경제가 미시정치에 적용될 때, 그것은 최소의 노력으로 최대의 긍정적 결과를 만들어내는 것을 의미한다. 동작 경제를 이해하는 것이 중요한 것은 권력은 오직 단기 갈등의 경우에만 결정적 요인이기 때문이다. 갈등이 오래 지속되면 될수록, 지구력이 그만큼 더 중요하게 되고, 그렇기 때문에 만약 당신이 자신의 권력을 과대평가하고 적의 지구력을 과소평가한다면 당신은 곤란한 지경에 처할 것이다. 돌이킬 수 없는 행동을 취하기에 앞서, 갈등이 장기화될 것인지, 그것에 관여하는 것이 당신에게 최대의 이익이 되는가를 숙고해야 한다. 당신이 절대적인 권력 우위를 가졌다면—

그리고 당신에게 다른 자원이 전혀 없다면—당신은 가급적 최소의 힘을 사용하여 당신의 적을 무력화해야 한다. 그렇지 않은 경우라면, 당신은 에너지를 보존하고, 당신의 적으로 하여금 에너지를 소진하도록 부추기며, 당신의 때가 오기를 기다려야 한다.

정치는 사회적 기술이기 때문에, 정치에는 친구와 적을 가리지 않는 긴밀하고 지속적인 상호작용이 필요하다. 미시정치를 능숙하게 실행에 옮기는 사람들은 무자비할 정도로 교활할 필요는 없으며, 그들의 상대를 제압할 필요 또한 없다. 설령 그들을 손쉽게 그렇게 할 수 있다 해도 말이다. 기업, 정부, 고등교육 분야에서 오랜 경력을 쌓는 동안 내가 알아차린 것 가운데 하나는 특별한 기술도 없는 경영자가 지위로 권력을 행사하려는 태도다. 그들은 자신이 존경—그리고 복종—을 받아 마땅하다고 믿는데, 그것은 단순히 그들이 맡는 직함 때문이다. 족벌주의, 정실인사, 명목주의, 그리고 다른 형태의 편애의 시대라지만 여전히 그런 믿음을 갖고 있다는 것도 놀라운 일인데다가 그들은 그럼에도 불구하고 그것을 믿고 있다.

미시정치를 능숙하게 실행에 옮기는 사람들은 그들의 지위로 인해 획득된 권위에 의존하지 않는다. 대신에 그들은 총명함, 창의성, 미시정치의 기술을 사용하여 목표를 성취한다. 이렇게 하여, 유도 사범 원형은 권위적 문화의 탈바꿈을 일구어낼 수 있는데, 이것은 즉응적이고 협력적이며, 부드럽지만 약하지 않다. 이것은 쉬운 과제가 아니며, 분명 장기간에 걸쳐서가 아니라면 가능하지 않을 것이다. 그러나 조직 내의 모든 이들이, 자신의 권력이 많든 적든, 다른 누구에게나 '부드러운 길'을 적용하는 것을 상상해보라. 만약 당신이 본을 보임으로써, 당신 주위의 사람들을 설득하여 당신의 행동에 동화되도록 한다면, 그것은 진정한 리더십, 그리고 조종적 권력의 미묘한 효력을 전형적으로 보여주는 예가 될 것이다.

이따금 절호의 순간에, 가장 필요로 하는 곳에 당신의 권력을 집중하는 것이 필요할 때가 있다. 하지만 그러한 순간에도 종종 직접 대결은 성공으로 가는 최단 코스가 아니다. 이에 앞서 먼저 당신은 권력 격차를 계산해야 한다. 당신의 적이 명백한 권력 우위를 가지고 있다면, 당신은 직접적인 공격에 착수해서는 안 된다. 왜냐하면 더 많은 권력을 가진 사람이 이길 터이니까. 또한 자신이 놓인 상황을 정확히 인식하는 것이 중요하다. 왜냐하면 최대의 긍정적 결과를 달성하는 것은 행동해야 할 때 행동하고 기다려야 할 때 기다리는 것에 좌우되기 때문이다. 정치적 행동에 나설 때 그것이 불러올 위험, 비용, 이득에 관해 계산해야 함은 물론이다. 이것을 더 잘 이해하면 할수록, 그만큼 당신은 대등하지 않은 충돌을 벌일 공산은 낮아지고, 그만큼 더 당신은 불필요한 에너지 소모를 피할 수 있을 것이다.

직접 대결이 더 현명한 선택이 되는 상황이 과연 있는 것인지 궁금할 수도 있다. 있다가 답이다. 더 높은 대의에 봉사하려고 당신 스스로를 위험에 처하게 할 도덕적 또는 법적 의무를 가질 때 그렇다. 의무—이 낱말은 너무 흔해빠져서 이제는 그 의미를 잃은 듯하다—란 무엇일까? 간디에 따르면, 의무는 신념 때문에 기꺼이 고뇌하고 신념에 따른 책임을 포기하기를 거부하는 것이다. 예를들어 소방관들을 생각해보면 의무의 정의가 쉬울 것이다. 다른 사람들이 불타는 건물에서 뛰어나오고 있는데, 그들은 뛰어 들어가고 있다. 우리들 대부분의 경우, 이와 같은 상황은 매일 일어나지 않는다. 그렇기 때문에 그런 상황이 일어날 때 그 상황을 알아보는 것은 그만큼 더 중요하게 된다. 유도 사범 원형에게, 의무에의 헌신은 중도中道를 따르는 것을 의미한다. 한쪽에는 과도한 겸손함이 있고 다른 쪽에는 지나친 자신감이 있다. 두 길 모두 동일한 실수를 범할 수 있다. 왜냐하면 겸손함을 과시적으로 드러내는 것과 자신감을 과시적으로 드러내는 것은 거의 차이가 없는 것이니까. 유도 사범 원형은 중간을 걷는다. 위의 사람들에게 아첨하지 않고 아래 사람들을 협박하지 않으면서. 당신의 목표는 적당한 만큼의 겸손함으로 어떤 인상도 남기려고 애써서는 안 된다.

• • •

앞에서 judo柔道가 문자 그대로 하면 '부드러운 길'로 번역된다고 말했다. 이제 나는 미셸 푸코가 이 주제에 관해 쓴 것을 들려주고 싶다. 푸코에 따르면, 부드러운 길은 "상충하는 에너지들의 예술, 서로 결부에 의해 연결되는 이미지들의 예술, 시간에 제한되지 않는 안정된 연관들의 구축이다. 그것은 쌍으로 된 반대 가치들의 표현을 확정하는 문제이고, 반대하는 세력들 간의 양적 차이를 확정하는 문제이며, 복잡한 장애물 표지들을 세워 세력들의 운동을 권력 관계의 지배 아래 둘 수 있게 하는 문제다." 내가 이 말에 동의하는 것은 푸코의 정치적 상상력과 시적 수식에 탄복하기 때문이다.

나는 시를 좋아하지만 목록list, 특히 확인대조표checklist를 좋아하는 만큼은 아니다. 목록은 문제의 핵심에 닿아 있다. 오스카 쉰들러Oskar

214

Schindler를 기억하는가? 이런 이유로 나는 2장 서두에 한스 모겐소의 정치적 현실주의의 원칙들을 나열했다. 푸코 또한 **처벌의 부드러운 길**이라는, 유사한 처벌 원칙 목록을 만들었다. 우리가 모겐소의 원칙을 각색한 것과 같은 방식으로 푸코의 원칙들을 각색하여 우리 모두 사이의 공간으로 밀어 넣을 수 있는지, 그리고 그 원칙들이 이 원형과 미시정치 일반과 어떻게 관련이 되는지 살펴보자.

첫째, 푸코는 처벌은 임의적이어서는 안 된다고 말했다. 이것은 처벌은 논리적이어야 하고, 범죄와 처벌 간의 연관성이 명백해야 함을 의미한다. 둘째, 처벌은 범죄자의 마음속에서 '이익의 경제'를 뒤집는 것이어야 한다. 즉, 범죄에 따른 불리한 점들이 강조된다면, 범죄는 덜 매력적으로 될 수 있다. 처벌에 대한 두려움이 범죄를 저지르는 어떤 동기부여보다 반드시 같거나 크게끔 하자는 것이다. 셋째, 처벌은 만기일을 가져야 한다. 폭력적인 범죄의 경우 증거, 판결, 처벌은 즉각적이어야 한다. 덜 심각한 범죄에 대한 처벌은 그 범죄에 걸맞아야 하지만, 시간이 지나면서 서서히 보다 관대해지고, 처음보다 끝이 덜 징벌적이어야 한다.

넷째, 처벌은 범죄자뿐 아니라 잠재적 범죄자, 그리고 일반 대중까지 모든 이를 겨냥해야 한다. 범죄와 처벌은 공표되어서, 모든 사람이 처벌이 적절하다는 것을, 그리고 처벌의 시스템이 모두의 이익에 복무함을 볼 수 있도록 해야 한다. 다섯째, 처벌 시스템은 공중도덕을 전형적으로 담아내야 한다. 새로운 범죄가 발생했다면 법은 새롭게 고쳐 써야 하고, 법, 위법 행위, 처벌 간의 연관성이 계속 강화되어야 한다. 사람들은 그들 자신을 이 시스템의 일부로 여겨야 한다. 여섯째, 처벌 시스템은 엄격한 경제성을 고수해야 하는데, 이것은 과잉—과도한 물리력뿐만 아니라 과도한 관대함도—을 피하는 것이다. 처벌의 부드러운 길은 결코 범죄를 찬미하거나 공포에 떨게 하는 데 사용되어서는 안 되며, 교훈을 주기 위해 사용되어야 한다.

미시정치의 다양한 요소들, 즉 상징, 정반대물들 간의 긴장, 정치의 경제학에 중요성, **얼마나 잘**how-much-to이라는 발상 등의 요소들을 푸코가 자신의 원칙들 안에서 연결하고 돋보이게끔 만드는 수법은 경탄할 만하다. 4장에서 말했던 것이 떠오른다. 자기숙달은 피드백 회로를 갖춘 다차원적 가치 체계다. 1장에서 말했던 것도 떠오른다. 미시정치의 기본적인 분석 단위는 개인이다. 푸코의 원칙들에 있어 기본적인 분석 단위는 **처벌**로, 이 처벌은 권력이나 전쟁 또는 전체 시스템 차원의 어떤 다른 요인과도 마찬가지로 종합적 또는 '거시적' 수준의 분석 단위다. 처벌을 분석 단위로 삼았다는 점에서 이것은 중요한 차이지만 유사한 점들만큼 중요하지는 않다.

푸코의 처벌의 원칙들 하나하나는 권력에 관한 중요한 무언가를 암시한다. 즉, 당신은 권력을 임의적으로 사용해서는 안 된다. 당신은 가능하다면 갈등을 미연에 막아야 한다. 당신은 장기간의 권력투쟁을 삼가야 한다. 당신은 시스템을 개혁하려고 애써야 한다. 당신은 가장 높은 도덕적 기준에 따라야 한다. 그리고 당신은 언제나 과도한 힘의 사용을 피해야 한다. **유도 사범의 원형**은 '부드러운 길'을 의미한다는 것을 잊지 말아야 한다. 이 원형의 제1 원리이자 궁극적 목적은 싸우지 않고 이기는 것이다. 이 원형을 완전히 익히지 못하면 당신은 완성된 공구 상자를 갖지 못할 것이다.

이 원형에 관해서는 남은 것이 하나 더 있다. 그것은 우리가 5장에서 논의한 전술적 자아와 관계가 있다. 언급했듯이, 미시정치에는 많은 쇼맨십이 필요하지 않다. 하지만 복종하는 듯한 외관과 허약한 듯 보이는 착각을 만들어내어 당신의 적을 혼란에 빠뜨리고, 그리하여 그녀가 당신의 진정한 의도를 가늠할 수 없게 하는 것이 당신에게 유리하게 작용할 수 있을 법한 상황들이 있다. 하지만 상대의 과도한 자신감을 부추기기 위해 혼란, 무능, 또는 소심함을 가장하는 것은 고등교육을 받은 사람들, 또는 지적 기량의 커리어를 쌓은 사람들에게는 어려울(심지어 불가능하기까지 할) 수 있다. 당신이 내보이는 겸손함의 허울을 설득력 있는 것으로 만들기 위해서는 이러한 혼란스럽고 무능하며 또는 약해 보이는 것에 대한 당신의 두려움을 극복해야 한다.

이렇게 말하니까 아내를 살해하려 한 혐의로 기소된 사회 명사 클라우스 폰 뷜로(제레미 아이언스가 거장답게 열연한)의 유죄 선고와 후의 무죄 선고에 관해 쓴 앨런 더쇼위츠Alan Dershowitz의 책을 각색한 1990년 영화 〈행운의 반전Reversal of Fortune〉에 나오는 재치 있는 대사가 떠오른다. 한 장면에서 더쇼위츠는 주사위 놀이 게임 도중 폰 뷜로를 시켜 발언하게 한다.

"대부분의 사람들은 주사위 놀이가 운의 게임이라고 말하지만, 사실 그것은 대체로 담대함의 문제거든."

이 원형을 완전히 익히는 것은 주사위 놀이에서 이기는 것과 닮았다. 얼마간의 행운도 필요하지만 대부분 필요한 것은 전략, 유연성, 그리고 담대함을 잃지 않는 것이다.

두 사람의 권력 수준이 가까우면 가까울수록, 그만큼 정치력이 결과를 결정할 공산이 크다. 당신은 이제 쉽게 겁을 집어먹지 않기 때문에—

최소한 훌륭하게 눈가림을 할 수 있기 때문에—상대의 의견에 자동적
으로 반대 입장을 취하는 일은 없을 것이다. 당신의 적들에게 의혹을 불
러일으키지 말아야 함을 알기 때문에 당신은 직접 대결을 피하는 법을
알고 있다. 권력이란 오직 단기간의 충돌에서만 결정적 요인임을 알기
때문에—그리고 당신은 여하간 권력에 의지하지 않기 때문에—당신은
갈등을 미연에 막고 두려움, 분노 그리고 다른 부정적 감정들이 더 크고
더 파괴적인 시스템으로 구조화되는 것을 막게 될 것이다. 이 원형을 다
루는 서두 부분에서 말했듯이, **부드러움이 강함을 제압한다.** 이것이 부
드러운 길이다.

유형 6 : 저항인

이 원형을 소개하기 위해 래거번 아이언이 한 말을 앵무새처럼 흉내
내려 한다. 그는 리더가 관료적 구조의 한계를 뛰어넘어 도덕적 권위의
전형을 실천하는—별 어려움 없이 비폭력적으로—미래를 상상했다.
미시정치는 폭력을 사용하거나 폭력으로 위협하는 것을 용납하지 않는
다. 비록 일터와 시장을 명시적으로 전쟁터로 묘사하는 많은 책들이 씌
어졌음을 나는 인정하지만 말이다. 미시정치를 완전히 익히기 위해서
당신은 무기와 전투에 관한 용어를 가져다 쓰지 않고 소통하는 것을 배
워야 한다. 다행히 우리에게는 안내를 삼을 만한 것이 있다. 남아프리카
와 인도에서 시민의 권리를 위한 많은 운동을 전개하는 동안 마하트마
간디는 비폭력 시민 불복종을 옹호하였고, 그의 모범은 많은 다른 리더
들, 특히 마틴 루터 킹 목사에게 영감을 불어넣었다.

간디는 불복종이 모든 인간이 가진 천부의 권리라고, 스스로 자신의

자존감을 포기하지 않고는 결코 유보될 수 없는 권리라고 믿었다. 그는 '수동적 저항'이라는 말에 수반되는 어감을 싫어해 아힘사Ahimsa(비폭력)와 사탸그라하Satyagraha(진리-힘)와 같은 새로운 개념을 도입했다. 왜냐하면 그는 비폭력과 관련하여 수동적인 것은 아무것도 없다고 믿었기 때문이다. 미시정치도 그러하다. 미시정치와 관련하여 수동적인 것은 아무것도 없다. 단지 저항이라는 요소가 있다. 이것은 개인적이기도 하고 동시에 사회적이기도 하다. 저항이 개인적 행위인 것은 저항자의 일차적 관심이 그녀 자신의 행동이기 때문이다. 한편 다른 누군가의 나쁜 행동을 변화시키려는 의도가 담긴다면 저항은 사회적 행위가 될 수도 있다. 어느 경우든 좋은 본보기가 되려는 것이지 자신의 가치를 강요하려는 것은 아니다.

간디가 그의 신념을 가지게 된 것은 어느 정도는 레오 톨스토이의《하느님의 나라는 네 안에 있다The Kingdom of God Is Within You》를 읽고서다. 19세기 후반부터 시작된 엄청난 철학 공부를 통해 톨스토이는 신약성서의 첫 권, 특히 〈산상수훈〉을 토대로 하여 자신의 무저항주의의 논거와 이론을 구축했다. 톨스토이는 이렇게 썼다.

"폭력을 사용하는 악에 대한 무저항의 문제를 사람들은 흔히 이론 차원의 문제라고 생각하여, 진지하게 숙고하지 않아도 되는 것이라고 여긴다. 그러나 이 문제는 삶에서 모든 인간에게 출현하며, 이 문제에 대하여 사유하는 인간이라면 누구나 어떤 답변을 할 필요가 있다."

"새로운 투쟁이 일어날 때마다 내려야 할 불가피한 결정이 있다. 내가 악이라고 여기는 것에 대하여 나는 폭력으로 저항을 해야 하는가 그러지 말아야 하는가."

톨스토이에 따르면, 저항(또는 무저항)의 문제는 카인과 아벨의 이야기에 기록된 원초적 폭력의 행위와 함께 생겨났다. 그러나 그리스도가 그를 따르는 자들에게 반대편 뺨을 내밀라고, 그들의 원수를 사랑하라고, 그들에게 욕을 하고 그들을 증오하고 박해한 사람들을 위해 기도하라고 명확하게 지시를 내린 산상수훈 이후로는 폭력을 피하는 방법이 생겨났다.

이제 자연스럽게 우리는 간디의 도덕 철학과 정치 철학에 주된 영향을 미친 또 하나의 인물, 또 하나의 원형적 저항인이라 할만한 위대한 미국의 철학자 헨리 데이비드 소로Henry David Thoreau를 떠올리게 된다. 간디는 '시민 불복종'이라는 어구를 만든 공로를 소로에게 돌렸고, 동명에 소로의 에세이를 최고의 걸작이라고 생각했다. 소로는 **가장 적게 통치하는 정부가 가장 좋은 정부다**라는 모토의 확고한 신봉자였다. 그가 정부를 필요악이라 믿은 까닭은 스스로 이룩해낼 수도 있었을 일들을 국민들이 하지 못한 것은 오직 정부가 방해가 되었기 때문이라는 것이었다. 소로의 시민의 불복종이라는 발상은《연방주의자 논집》의 저자들이 지닌 것과 동일한 신념, 즉 국가에 대한 시민으로서의 역할보다 우리의 인간으로서의 지위가 언제나 더 의미 있는 최우선의 고려사항이라는 신념에 근거한 것이었다.

소로의 에세이는 마르크스와 엥겔스가《공산당 선언Communist Manifesto》을 발표한 지 불과 한 해 뒤에 발표되었다. 1850년 인구조사에 의하면 당시 3백만이 넘는 사람들—미국인의 10퍼센트—이 노예의 처지였다. 이 역사적 맥락이 중요한 것은 소로가 확고한 노예해방론자였기 때문이다. 하지만 정부는 악이라고 말할 때 소로의 말에 담긴 뜻은 노예제도의 경우처럼 정부가 항상 그리고 예외 없이 악하다는 것은 아니었다. 그의 말의 의미는 정부는 우리가 복종할 대상이 될 가치가 없다는 것인데, 왜냐하면 단지 사람들이 복종한다는 이유만으로 마법과도 같이 법法이 사람들이 따라야만 하는 고결한 것이 되는 것은 아니기 때문이었다. 그는 도대체 시민이 자신의 양심을 정부에게 왜 넘겨야 하는 것인지 의아해했다. 만약 양심을 정부에게 그냥 양도할 셈이라면, 그렇다면 애초에 당신에게 양심이 있기라도 했던 건가?

"나는 우리가 먼저 남자[그리고 여자]이어야 하고, 그런 연후에 국가의 백성이어야 한다고 생각한다. 가치 있는 것은 법에 대한 존중보다는 도덕적 옳음에 대한 존중을 익히는 것이다."

소로의 기본적인 발상은 옳은 일을 하는 것이 법에 복종하는 것보다 더 중요하다는 것이었다. 자신의 주장을 증명해 보이기 위해 소로는 몇 년 간 세금을 내지 않다가 그로 인해 철창신세(하룻밤)를 졌다.(소로는 19세기 매사추세츠 주 정부가 고수한 노예제도와 멕시코 전쟁에 반대하는 의미로 세금 납부를 거부했다. 이때 경험을 계기로 〈시민불복종〉을 썼다_편집자주) 2피트 두께의 돌로 된 벽과 쇠와 나무로 만들어진 견고한 문에 둘러싸인 소로는 정부의 어리석음을 통감하지 않을 수 없었다. 그때 전에는 결코 깨닫지 못했던 생각이 그에게 떠올랐다. 정부가 누군가의 도덕적 권위와 대결할 때 거기에 진지한 의도는 결코 없으며, 정부는 오직 그의 몸과 대결할 뿐이다라는. 왜냐고? 정부가 물리적으로 우월할지는 모르지만 도덕적으로 우월한 일은 (아예 없다고는 못 해도) 거의 없는 법이니까.

소로는 그가 세금으로 내는 달러가 어떻게 쓰이는지는 개의치 않았다. 그가 정작 관심을 가진 것은 자격 없는 정부에게 충성을 바쳤을 때 그것이 불러올 수 있는 결과였다. 소로는 도덕적 권위가 결여된 정부에게 충성을 서약하기를 거부했다. 그는 이렇게 썼다.

"국가가 개인을 더 고결하고 더 독립적인 권력으로, 그 권력으로부터 국가 자체의 모든 권력과 권위가 파생되는 그런 권력으로 인식하고, 그리고 그에 걸맞게 인간을 대우할 때까지는, 참으로 자유롭고 계몽된 국가는 결코 존재하지 않을 것이다."

잠시 생각해보자. 어떻게 정부가 당신을 '더 고결하고 더 독립적인 권력'으로 인식하게 될까? 당신이 스스로를 그렇게 인식하지 않을 경우 말이다. 이 원형을 그리도 막강하게 만드는 것이 바로 이것이다. 저항인 원형은 실제로 자신을 그렇게 인식한다. 그리고 그것이 전부가 아니다. 저항인은 자신이 힘에서 열세임을 알면서도 자신의 정치적 양심을 따르고 부당한 대상에게 충성을 바치기를 거부한다.

로자 파크스Rosa Parks는 이 경우에 딱 들어맞는 사례다. 민권운동의 우상이 되기 전, 그녀는 앨라배마의 몽고메리에 사는 재봉사였다. 어느 날 일을 마치고 시내버스를 타고 집으로 가는 길에 그녀는 자신의 자리를 백인 승객에게 내어주기를 거부했다. 경찰은 그녀를 체포했고 (소로의 말을 빌리면) 우리가 복종할 자격이 없는 법을 위반한 혐의로 그녀를 기소했다. 앞에서 말했듯이, 저항인의 일차적 관심이 그녀 자신의 행동이기 때문에 저항은 개인적 행위다. 로자 파크스가 자리를 내어주기를 거부한 것은 처음에 개인적 행위로 시작했다가, 다른 사람들이 그녀의 모범을 따르기로 결심했을 때 정치적으로 되었다(몽고메리 버스 보이콧). 그녀의 개인적 행위는 상징성을 획득했는데, 그것은 그녀의 행위가 무엇인가를 표상하였고 그 행위는 보다 더 큰 무엇인가를 명확하게 보여주었기 때문이다. 이렇게 하여 이 재봉사는 원형이 되었다.

이 원형과 반항인 원형의 차이가 무엇인지 궁금할 수 있을 것이다. 저항인 원형은 꼭 반대파 리더인 것은 아니며, 어떤 반대파 조직의 일원이 아닐 수조차 있다. 저항인 원형은 보편적인 원칙들로 이루어진 사적인 세계에 거주하면서 세계의 나머지 사람들의 회심回心을 참을성 있게 기다린다. 그녀의 목표는 체제를 정복하거나 전복하는 것이 아니라 교훈을 가르치는 것으로, 성서(《욥기》 38장 11절)는 이 교훈을 다음과 같이 요약하고 있다. **네가 여기까지 오고 넘어가지 못하리니**Hitherto shalt thou come, but no farther. 그녀는 부정의에 자신의 동의를 주지 않음으로써, 자신의 정치적 양심이 위축되는 것을 허락하지 않음으로써, 자신의 정부(또는 자신의 가족, 공동체 또는 고용주)가 그녀를 불의의 대리인으로 사용하는 것을 허락하지 않음으로써 그녀의 도덕적 권위를 강력히 내세운다. 그녀는 평화, 자유, 그리고 사회정의를 신봉하는데, 이것은 그녀가 혁명가보다는 노예해방론자나 민권 운동가를 더 닮았다는 것을 의미한다.

• • •

과거로의 여행을 마치고 다시 현실로 돌아와 논의를 계속하자. 잭 런던Jack London의 걸작 《야성의 외침The Call of the Wild》에는 저항인 원형의 본질을 전하는 소름끼치는 장면이 나온다. 안 읽은 독자가 있을지 모르니까, 줄거리를 요약하고자 한다. 이야기는 클론다이크 황금 러시 때를 배경으로 시작한다. 주인공은 버크라는 이름의 개로, 그는 알지 못하겠지만 황금 러시로 인하여 그곳에는 클론다이크에서 썰매 개 역할을 할 버크처럼 덩치가 크고 털이 긴 개들을 위한 암시장이 생겨나 번창하고 있었다. 버크는 납치되고 돈에 팔리어 북쪽으로 향하는 기차에 실린다. 그러다가 버크는 붉은 스웨터의 남자와 마주치는데, 그는 버크와 같은 개들의 의지를 꺾어 제대로 된 썰매 개로 바꾸는 일을 하는 이른바 개 의사였다.

소름끼치는 장면—저항인 원형의 본질을 전하는 장면—은 긴 여행의 *끄트머리*에서 시작한다. 먹지도 마시지도 못하고 여러 날을 보낸 후라 버크는 목이 마르고 허기가 져서 으르렁거리며 기회 닿는 대로 가장 가까운 표적을 공격하려고 단단히 벼르고 있다. 남자가 대형 상자를 열자마자 버크는 억눌렸던 격노감을 실어 공격한다. 그러나 '개 의사'인 남자는 준비가 되어 있다. 그는 버크를 강타하여 바닥에 쓰러뜨린다. 버크는 다시 또다시 공격하다가 이윽고 비틀거리다 탈진한다. 그러나 남자는 아직 끝나지 않았다. 그는 태연하게 버크에게로 걸어가 주둥이에 격렬한 일격을 날려 의식을 잃게 한다.

서서히 버크는 의식(하지만 기운은 아니다)을 회복하고 그에게 물을 가져다주고 고깃덩어리를 먹이는 남자를 경계하며 쳐다본다. 이것은 버크가 권력을 배운 첫 수업으로, 전혀 새로운 깨달음이다. 버크는 자기가 패배했음을 알고 있으며, 이 남자 또는 몽둥이를 휘두르는 누구에게도 승산이 없음을 깨닫는다. 여러 날이 지나가고 클론다이크 행 개들이 들어 있는 많은 다른 대형 상자들이 도착한다. 버크는 스웨터의 남자와의 악랄한 해후들을 빠짐없이 관찰하는데, 매번 그것은 다음과 같은 교훈을 강화한다. 몽둥이를 가진 남자가 내 주인이다. 결국 개들은 하나하나 남자에게 굴복하고 패배를 인정한다—아니면 죽는다.

개들 중에는 패배를 인정하는 데 그치지 않고, 남자에게 아양을 떨고 꼬리를 흔들며, 심지어 그의 손을 핥기까지 하는 개들이 있는데, 이 모든 것이 버크에게는 역겹다. 붉은 스웨터의 남자는 주인이자 입법자다—그가 몽둥이를 휘두르는 동안. 비록 몽둥이가 버크의 복종을 강요하지만, 버크는 복종과 동의의 차이를 이해하게 된다. 또한 패배를 인정하는 것과 그것을 받아들이는 것의 차이도 이해하게 된다. 정치적 시도를 하는 과정에서 당신은 틀림없이 패배와 맞닥뜨린다—누구나 그렇다—그러나 당신은 버크가 이해하는 것을 이해해야 한다. 그의 미묘한 저항의 행위, 꼬리를 흔들지 않으려는 그의 거부는 그의 독립 선언이다.

저항은 내향형 객관성 감각을 가진 개인들, 어디에서 절대적인 것들을 찾을 것인가(2장을 볼 것)를 아는 사람들을 위한 것이다. 인간이 만든 행동 규칙보다는 오히려 보편적 원칙들이 그녀의 행동을 지배한다. 저항은 거부할 권리, 고통을 겪을 권리, 그러나 가장 중요한 것은 홀로 설 권리다. 저항은 모든 개인의 생득권이다. 그것은 스스로 생각할 권리, 그리고 비굴하게 복종할 것인가 아니면 당신의 독립을 선언할 것인가를 결정할 권리다. 끝으로, 저항은 개인의 선택이지만, 이것은 누군가 당신이 보인 좋은 본보기를 따르는 순간 강력한 정치적 수단이 된다.

유형 7 : 기회주의자

이 원형에 맞는 이름을 고르는 것은 유형 3: 멘토의 경우 못지않게 어려웠다. 어떻게 이 원형을 기술할 것인가는 문제가 아니었지만 지칭할 명칭이 떠오르지 않아, 나의 어머니가 좋아하는 책, 곧 사전을 찾아보았다. 처음 고른 이름은 '위기 관리자'였는데, 이렇게 하면 의미가 너무 협소해질 것 같았다. 그러다가 **위기**라는 단어와 **기회**라는 단어가 둘 다 일본어로 같은 단어로 번역된다는 케케묵은 얘기(아마 맞을 것이다)가 생각이 났다. 아무튼 나는 사전의 책장을 획획 넘겨 **기회주의** 항목을 찾았다. '정치의 경우에서와 같이, 자신의 당면 이익을 증진시키기 위해 행동, 판단 등을 상황에 맞추어 하려는 방침 또는 경향으로, 기본 원칙이나 궁극적 결과를 고려하여 이루어지지는 않음.' 사전을 쓴 사람들이 말하고 있는 원칙이 어떤 성질의 것인지 확실히는 알 수 없지만, 나는 이 정의가 이 유형을 썩 잘 묘사한다고 생각한다. 기회주의자 원형이 자신의 이익을 증진시키기 위해 행동을 상황에 맞추어 한다는 것은 실로 옳은 말이다. 하지만, 기본 원칙이나 궁극적 결과를 고려하지 않는다는 끝대목의 표현은 당연히 사실과 다르다. 2장에 나오듯이 우리는 이미 미시정치가 자체의 성공 기준, 자체의 고유한 논리, 자체의 원칙들을 가지고 있다는 것을 알고 있다.

이 원형을 다루는 데 어려웠던 다른 점은 미시정치를 설명할 때 전투용어를 차용하고 싶지 않았던 것과 관련이 있다. 그러나 그런 자율 규제는 이번만큼은 적절하지 않다. 다시 사전적 정의로 돌아가서, 우리는 어쩌면 군사 전략을 다룬 세계에서 가장 오래 된 담론이라 할 손자孫子의 《손자병법The Art of War》에서 기회주의와 유사한 부분들을 만나게 된다. 흔히 기회주의의 첫째가는, 그리고 어떤 면에서는 유일하다 할 원칙이었다. 기회주의는 당신에게 득이 되도록 작용할지도 모르는 유용하거나 흔치 않은 상황을 만났을 때, 그것이 어떤 것이냐를 가리지 않고 기회로 활용하고 그에 맞춰 당신의 전술을 수정하는 것이다. 기회주의 원형의 본질이자 사전적 정의가 바로 이것이다. 이제 나의 과제는 이 무척 호전적인 원형을 제대로 된 정치 원형으로 탈바꿈시키는 것이다.

프러시아의 군사 이론가 카를 폰 클라우제비츠Carl von Clausewitz는 전쟁을 **다른 방법의 정치** 수단이자, 정치의 연장延長이라고 생각했다. 그러나 전쟁이 정치를 대신할 수는 없다. 유도 사범 원형과 마찬가지로 이 원형에도 경제 원칙이 적용된다. 유도 사범의 무술은 치료술과 유사한데, 왜냐하면 해법이 문제에 대한 이해와 직결되어 있기 때문이다. 이 점에서 정치 기술, 무술, 그리고 치료술에 관해서 말하자면, 당신의 개입은 적을수록 좋다. 최소의 노력으로 최대의 결과를 끌어내는 경제 원칙이 의미하는 바는 이 점이다. 그렇다고 늘 당신의 개입 정도를 최소화하려고 해야 한다 해서 경계를 늦추거나 당신의 기술이 저하되는 것을 용인해도 된다는 뜻은 아니다. 위기의 시기에 침착하면서도 결단력 있게 행동하는 것 못지않게 상대적으로 평온한 순간에도 준비, 자원의 할당, 그리고 적절한 규율을 특정 목적을 위해 집결시키는 것이 중요하다. 이것이 정치 원형으로서의 기회주의자 원형을 막강하게 만들 것이다.

당신의 이익을 증진시키려면 당신의 진정한 생각, 느낌, 또는 의도를 전달하지 않는, 그리고 당신이 보여주려 하는 것 이외에는 어떤 것도 드러내지 않는 좋은 포커페이스(전술적 자아, 5장을 볼 것)가 필요하다. 최소한으로 말하여, 좋은 포커페이스는 그저 중립적인 얼굴 표정인 데 그치지 않고, 다른 사람들이 당신의 동기를 알아내지 못하게 하는 데 특별히 사용되는 일부러 꾸민 얼굴 표정(그리고 신체 자세)이기도 하다. 가장 바람직하게는—그리고 필요할 때는 언제나—당신은 무슨 유능한 첩보원이라도 되는 듯 당신의 공적 페르소나를 사용하여 당신의 적들을 유인하고 거짓 정보를 퍼뜨릴 수 있어야 한다. 이따금, 거짓 페르소나를 유지하려다 보면 당신이 옳지 못한 일을 묵인한다는 인상을 줄 수도 있겠지만, 미시정치를 완전히 익히는 과정에서 당신이 어떤 범죄 행위나 비윤리적 행위에 관여할 필요가 제기되는 일은 결단코 없을 것이다.

의도를 숨기기 위해 전술적 자아 즉 정치적 페르소나를 사용한다는 발상은 너무 추상적이어서 당신이 몸담은 조직에서 쓸모가 없을 수도 있겠지만, 이것이 현실에 적용된 좋은 사례로 전술적 교란이라는 것이 있다. 전술적 교란tactical dislocation은 상대의 계획을 방해하고 그들을 제 위치에서 이탈하도록하기 위해 고안된 주의 돌리기 전술로, 당신이 움직일 틈새를 만들어내는 것이 최종 목적이다. 군사 교리에 나오는 전술적 교란이란 적의 주력을 꼼짝 못하게 하는 것—그들의 집중을 방해하여 그들을 약화시키는 것— 을 말하며, 그러는 사이에 당신은 그들의 가장 취약한 부분을 확인하고 최대한 활용하는 것을 말한다. 패튼 George S. Patton 장군을 다룬 영화를 본 적이 있다면, 당신은 아마 그가 이것을 "그들의 코를 쥐고 바지를 걷어차라"라고 표현했던 것을 기억할지 모른다. 실제의 패튼은 전쟁, 특히 탱크와 기타 장갑차량에 관한 많은 전문적인 글을 썼는데, 교란은 그가 특히 좋아하는 전술의 하나였다.

2차 세계대전 전, 패튼은 올림픽 운동선수이자 명 검객, 그리고 검투와 펜싱을 가르치는 강사였다. 패튼은 그가 펜싱에 사용하는 전술의 일부를 전투에 적용했다. 가령 펜싱에서 페인트 동작은 공격일 수도, 후퇴일 수도, 아니면 당신의 적을 속이거나 집중을 방해하는 다른 종류의 책략일 수도 있다. 목적은 당신의 진정한 의도와 관련하여 당신의 적을 오해하게 하는 것이다. 당신이 페인트 공격을 실행하여 방어적 반응을 유발하면, 당신의 적은 그녀의 힘(또는 자원)을 한 부분에 집중시켜야 하고 다른 부분이 노출된다. 당신은 페인트 후퇴를 실행하여, 혼란을 일으키거나 아니면 당신의 적을 미리 계획해둔 매복 공격으로 끌어들인다. 페인트 공격과 페인트 후퇴는 당신의 적에 집중을 방해하고, 그녀가 탄탄한 방어적 위치를 포기하고 취약한 위치로 이동하게 하는 데 유용하다.

전술적 교란을 사용하는 것은 정치적 페르소나를 사용하는 것과 유사하다. 이것은 정치적 기법에 불과한 것이어서, 시합 전에 시합을 위한 준비를 한다거나 출근 전에 제복을 입는 것과 마찬가지로 비윤리적인 면은 없다. 전술적 교란의 사례는 스포츠에서 늘 목격된다. 야구에서 타자를 속이기 위한 '체인지업', 수비수를 속이는 미식축구의 '드로draw', 종종 선수와 관중이 똑같이 속는 농구의 '노룩패스no-look pass'가 그것이다. 예전 레이커스의 스타 어빈 존슨Ervin Johnson은 주의를 딴 데로 돌리는 이 특별한 전술의 명수였으니, 그는 코트를 속공으로 드리블해 가면서 머리를 한쪽으로 돌리고는 수비수의 견제를 안 받는 자기 옆이나 심지어 뒤에 있는 팀 동료에게 공을 던졌다.

미시정치에서도, 교란은 적절한 상황에 적용되면 마찬가지로 유용하다. 왜냐하면 이 경우에도 그것은 상대방의 계획을 방해하고, 그들이 거의 예측하지 못하는 상황에서 그들의 약점을 최대한 활용할 수 있기 때문이다. 예컨대, 당신의 적이 강하고 안정적이어서 약한 징후를 전혀 드러내지 않으면, 공격을 위한 준비를 해라. 그녀가 성미가 급하다면, 그녀의 화를 돋우는 방법을 찾아야 한다. 그녀가 자만심이 세다면, 당신은 약한 척함으로써 그녀의 치명적 자만심을 극대화할 수 있다. 기회주의자 원형은 고양이가 쥐를 데리고 놀듯 자신의 적과 노는데, 먼저 혼란스러워하는 체하거나 약한 체하다가, 그러고는 갑자기 달려들어 공격하는 식이다. 당신의 적이 휴식을 취하고 있다면, 그녀에게 평화를 즐길 여유를 조금도 주지 말아라. 적의 세력들이 결속되어 있다면, 그들을 분리시킨 다음 당파들이 다시 조직될 기회를 없앨 수 있는 방법을 찾아라.

당신의 상대가 제로섬 게임, 즉 당신의 이익과 당신의 적의 이익이 180도 반대인 상황으로 당신을 끌어들이지 못하게 해야 한다. 이러한 종류의 균형은 본질적으로 불안정한데, 이것은 새로운 평형을 찾을 때까지 다툼이 끊이지 않고 계속된다는 뜻이다. 4장에서 말했듯이, 한 방에 처리하려는 해법이나 즉석에서 외통수를 부르는 선택을 하지 말아라. 정치적으로 적극적인 자기주장을 하는 것은 소모적일 수 있다. 그러나 그렇다고 해서 실패 또는 교착 상태의 장기화로 당신의 결의가 약화된다거나 집중을 방해당하여 최후 목표를 보지 못하는 사태를 불러서는 안 된다. 가장 경계해야 할 때는 당신의 이득과 적의 이득이 정확히 균형을 이루었을 때이다. 갈등이 장기화되면 틀림없이 당신은 열의가 꺾이고 기량이 무디어지기 마련이다.

자제력, 즉 제한을 두어 행동하거나 행동하지 않는 것의 중요성에 대해 지금쯤이면 당연히 명료해졌을 것이다. 서둘러서 행운이 찾아올 때도 가끔은 있겠지만 결국 당신의 운은 다하기 마련이다. 당신이 방어 태세에 있을 때 서두르는 것은 특히 불리하다. 당신은 적의 지구력을 추정하고 그것을 당신의 의사결정 틀의 한 요소로 삼아야 한다. 단기적 갈등에서는 권력이 결정적인 요인일 수 있지만(원형 5 유도 사범에서 말했듯이), 갈등이 오래 지속되면 될수록 지구력이 그만큼 더 중요해진다. 갈등이 장기화될 때 이점은 전혀 있을 수 없다. 반면 시기적절한 단기 갈등에는 많은 이점이 있을 수 있다. 일단 행동에 나서겠다는 선택을 했으면, 추호의 의구심도 없이 그렇게 해야 한다.

• • •

당신이 이 기회주의자 원형을 학습하고(또는 이 원형을 사용하는 상대와 대치하고) 있는 정치적 갈등 상황에서 결정적으로 작용하는 요인들은 무엇일까? 언급했듯이, 권력이 결정적인 것은 단기적 갈등의 경우뿐이다. 서두름도 결정적일 수 있지만—특히 그것이 대담함의 형태를 띨 때—서두름에는 상당한 위험이 수반된다. 시기 선택이 중요하다. 손자는 이 점에 관해 매우 명확하다. 당신이 내리는 시기 선택은 당신의 상대보다 약간 앞서야 한다. 현장을 읽을 때 당신은 이 변수를 포함시키는 것을 잊어서는 안 된다—요컨대, 단순히 권력 격차를 계산하는 데 그치지 말고 가능한 대안들의 범위와 행동의 시기 선택에 대해 상대방의 시각에서 숙고해야 한다.

모든 정치적 행위의 목표는 최대의 긍정적 결과를 만들어내면서도 부족한 자원을 최대한 활용하고 낭비를 최소화하는 것이다. 그렇기 때문에, 당신의 목표는 전면적 정복보다 더 복잡하다. 당신의 목표는 상대의 저항을 싸우지 않고 꺾는 것, 당신의 첫 번째 선택을 획득 불가능하게 만들 수도 있는 모든 조건과 제약을 못 보는 일이 없이 꺾는 것이어야 한다. 정치는 차선의 해법을 찾는 기술이다. 영구적인 영향력을 낳을 수 있는 경우도 있겠지만, 대부분의 경우 당신은 상대의 어리석은 계획에 지장을 초래함으로써 그보다 한수 앞섰다는 점에서 당신의 성공을 측정해야 한다.

손자는 당신의 의사결정을 인도해줄 몇 가지 엄밀한 비율을 열거했는데, 이것은 좀 더 찬찬히 뜯어보면 정치적으로 유용할 수 있다. 만약 군사력이 10 대 1의 비율로 우세하다면, 당신은 당신의 적을 포위해야 한다. 비율이 5 대 1이라면, 당신은 공격에 나서야 한다. 비율이 2 대 1이라면, 당신은 당신의 군대를 나누어 후방으로부터 공격하거나 주의를 딴 데로 돌리는 전술을 실행해야 한다. 우리의 이야기가 전쟁이 아니라 정치를 주제로 한 것이지만, 손자의 의견은 다음과 같은 점에서 타당하다. 언제 싸우고 언제 싸우지 않을 것인지를 알라. 권력 격차의 비율이 다르면 전술도 달라질 필요가 있음은 분명하지만, 권력 격차는 유일한 변수가 아니다. 상황, 시기선택, 그리고 동원할 수 있는 모든 자원을 고려에 넣어야 한다. 알기 쉽게 옮기면 이렇다. 힘의 우위는 똑똑한 전략을 당하지 못한다.

당신이 실제로 공격에 나설 때, 상대가 충분한 방어 조치를 해놓지 않은 곳에서 맞설 경우 더 성공적일 것이다. 대통령 후보였던 존 케리가 좋은 예다. 그는 베트남에서 명예롭게 군 복무를 수행했다. 2004년 대선에서 케리는 이 점과 관련하여 명백한 우위를 가진 셈이었다. 당시 대통령이던 부시는 텍사스 주 공군에서 복무를 했지만 전투에 참가한 적이 전혀 없었기 때문이다. 하지만, 명백한 우위를 가졌기 때문에 그는 자신에게 전투 기록과 관련하여 방어해야 할 것이 있을 거라는 생각을 하지 못했다. 이로 인해 케리는 전혀 준비가 안 된 상태에서 그의 전투 기록에 쏟아지는 비판에 철저히 당하고 말았다. 이것은 광고비를 대는 정치 활동 위원회에서 따온 '스위프트 보팅swift-boating'이라는 이름으로 알려졌다.

무방위 지역이란 당신(또는 당신의 적)이 충분한 예방 조치를 취해놓지 않은 취약 지점들을 말한다. 방어 태세를 취하고 있을 때, 당신은 온갖 것에 대해, 심지어 공격의 가능성이 극히 적은 지역들에 대해서도 대비를 해야 한다. 준비는 당신의 적이 어디를 공격해야 할 것인가를 알 수 없게 만들 정도로 철저해야 한다. 방어 태세를 취하고 있을 때— 원리를 역으로 적용하면— 당신의 공격 지점은 상대가 예상할 공산이 가장 적은 곳이어야 한다. 이 지점이 실제 적의 가장 취약한 지점이냐의 여부는 차치하고 말이다. 상대가 예상할 공산이 가장 적은 장소와 시기를 택하는 것은 상대로 하여금 급작스런 방어 태세를 취하게 한다. 이것은 주도권이 여전히 당신에게 있음을 의미한다.

이 원형에게 관건은 위기를 어떻게든 부정하거나 축소하지 말고 상황에 맞추어 사고하는 것이다. 그렇다고 끝도 없이 상황에 맞추어 생각하고 있어야 한다는 뜻은 아니다. 당신은 위기를 제대로 파악하고, 행동을 취하며(또는 취하지 않으며), 철저히 행하고, 그리고 필요 이상으로 꾸물거리지 말아야 한다. 산 정상에 오른 뒤의 하산 또한 못지않게 중요하다. 위기에 너무 익숙해지면 위기가 지나간 뒤 당신의 행동은 경직되고 당신의 반응은 부적절한 것이 될 수도 있다. (나는 위기관리를 다루는 모든 과정 안에 **산 내려가기**라는 이름의 교과목 단위가 있어야 한다고 믿는다. 산 내려가기란 위기 뒤 상태가 정상으로 돌아올 때 당신의 반응을 정상화하는 것을 의미한다.)

위기치고 가볍게 보아 넘길 수 있는 위기는 없겠지만, 당신의 반응은 위기 이상으로 오래 끌어서는 안 된다. 2001년 9월 11일 뉴욕의 세계 무역 센터에 가해진 공격을 생각해보자. 위기의 첫 국면은 최초의 비행기가 북쪽 건물과 충돌한 오전 8시 45분에 시작했다. 두 개의 건물 중 두 번째 건물이 무너진 것은 두 시간이 못 되어서였는데, 이때를 기점으로 위기는 새로운 국면에 들어섰다. 공식적인 비상사태 선언, 생존자 수색, 책임자 처벌이 그것이었다. 9월 11일 오전에 일어난 사건들의 시각표를 보면, 공격은 시작부터 종료까지 두 시간이 걸리지 않았음을 알 수 있다. 이 책을 쓰고 있는 현재, 정부의 대응은 12년째 지속되고 있다. 당신이 위기에 처해 있을 때, 감정이나 행동을 과장하지 않는 것이 중요하다. 미시정치가 당신에게 당신의 적은 당신을 괴롭히지 않을 것이라는 거짓된 희망에 의지하라고 권하는 것이 아니라 준비—특히 자기숙달과 상황 인식—를 가르치는 이유가 이것이다. 물론 그것은 싸움이 일어날 경우의 준비 차원이지 당신이 싸움을 먼저 시작하기를 갈망하게끔 하자는 것은 당연히 아니다. 당신이 할 수 있는 모든 준비 가운데—공격을 위한 것이든, 방어를 위한 것이든, 또는 아무것도 하지 않기 위한 것이든—무엇보다 중요한 것은 당신의 의도를 감추는 것이다.

원형들이 저마다 소중할 수 있는 것은 원형과 딱 들어맞는 상황에서이며, 그런 상황을 알아보는 것은 당신에게 달려 있다. 미시정치는 불안정하고 변화가 많은 속성을 가지기 때문에, 현장과 참여자들을 읽고 그런 다음 당신의 반응을 적절히 조정하기 위해 자기숙달은 필수다. 당신의 목표는 자기숙달 과정에서 배우게 되는 전술들의 기계적 암기여서는 안 된다. 일단 당신에게 불리하게 작용하는 상황에서 당신이 사용할 전술들을 알아보는 방법을 학습하는 것은 당연히 도움이 된다. 그 다음 단계는 전술들을 당신 자신을 위해 동원하고 활용하는 능력이다. 습관적으로 한두 가지에 의지하는 대신 다양한 전술을 완전히 익힘으로써, 당신은 위협, 협박, 강압이 아니라 당신의 잘난 체하지 않는 겸손함과 성실성을 통해 사람들을 자기 편으로 만들 수가 있다.

당신은 상대방에게 당신의 속내를 절대로 말해서는 안 되며, 효과를 고려하여 모든 것을 계산해야 한다. 이것은 수학적 계산이 아니라 정치적 계산으로, 이는 권력의 분포, 특히 권력 시장에서 당신의 지분이 어떻게 늘고 주는가와 관련이 있다. 권력의 분포는 정치적 연합체들이 통합되거나 와해되면서 시스템 안의 다른 변수들에 반응하여 수시로 변한다. 이것은 가능성의 예술이다. 당신이 지금의 위치에서 꽤 안전하다고 느끼는 일은 절대로 없어야 한다. 이것은 대립의 소강상태가 지속되는 동안이나 승리를 이룬 뒤에 특히 더 그러하다. 소강상태가 계속되고 있다면 당신은 당신의 적이 당신을 위한 덫을 놓고 있거나 아니면 모종의 곤혹스러운 기습 사태를 계획하고 있다고 추정해도 무리가 아닐 것이다. 스스로 현실 안주를 허락할 경우, 결국 당신은 적절하고 품위 있게 권력을 쓰지 못하게 될 것이다.

전술의 효과를 고려하여 계산하고 실행하는 것이 힘든 일일 수 있는 것은 다른 이들의 정치적 전술에 대해 늘 빈틈없이 경계해야 하기 때문이다. 그 어느 것도 액면 그대로 받아들이지 말아라. 공개 사과를 예로 들어보자. 자제력이 거의 또는 전혀 없는 사람들은 무심결에 말이나 행동을 하고는 나중에 사과를 하지만, 그에 대한 대응이 준비되지 않아 상황은 더욱 악화될 수 있다. 만약 당신이 말이나 행동을 할 때 무엇을 말하거나 행하려는 것인지 알고—어떤 목표나 목적을 가지고 했다면 어땠을까? 그리고 나중에 그것에 대해 사과하게 될 것을 미리 알았다면 어땠을까? 다른 말로 하면, 미래에 하게 될 사과를 당신의 계산에 넣었다면 어땠을까? 우선, 이럴 경우라면 사과하기가 훨씬 쉬워질 것이다. 당신은 이미 목표를 달성한 뒤일 테고, 사후에 벌어질 일에 대한 대비도 준비되었을 테니까. 둘째, 사과를 계산에 넣을 수 있으면 사태가 크게 험악해지는 것을 막을 수 있고, 당신이 너그럽고 아량 있는 태도를 보일 여지가 생겨난다. 윈스턴 처칠은 전쟁에 나설 때는 결단이, 패배에 임해서는 저항이 필요하지만 승리했을 때에도 아량을 보여야 한다고 말했다. 목표를 이루고 원하는 바를 얻었을 때, 산에 오른 뒤 다시 내려가는 일을 마무리 한 뒤에 당신은 너그러워질 여유가 있는 것이다.

유형 8: 생존자

이 여덟 번째이자 마지막 원형은 주로 두 곳에서 끌어왔다. 하나는 오스트리아의 정신과의사이자 홀로코스트 생존자 빅터 프랭클Viktor Frankl이 쓴《죽음의 수용소에서Man's Search for Meaning》이다. 작품 안에서 그는 아우슈비츠와 다하우 강제수용소에서 수인으로서 겪은 경험을 이야기한다. 다른 출처는 엘리아스 카네티Elias Canetti가 쓴《군중과 권력Crowds and Power》이다. 이 작품은 인간 본성 안의 개인적 문화적 집단적 힘들에 관한 서사시적 명상이다. 카네티는 노벨상 수상 작가이자 사회심리학자로, 불가리아에서 태어났지만 여러 해를 영국과 스위스에서 활동했다.《군중과 권력》에는 '생존자'라는 제목을 단 긴 장章이 있는데, 이 장은 다음과 같이 멋들어지게 시작한다.

"생존의 순간은 권력의 순간이다. 죽음을 보고 느끼는 공포는 죽은 자는 내가 아닌 다른 어떤 이라는 만족으로 바뀐다. 죽은 자는 누워 있는 데 반해 생존자는 서 있다."

손자의《손자병법》처럼, 카네티의 책에는 전쟁과 무기에 관한 비유들이 넘쳐난다. 예를 하나 더 들겠다.

"생존자는 많은 죽음에 관하여 알고 있다. 전투를 해본 그는 자기 주변의 사람들이 수없이 쓰러지는 것을 보았다. 전투에 나설 때 그에게는 적에 맞서 한 걸음도 물러서지 않겠다는 자각된 의도가 있었다. 그의 공언된 목표는 적을 최대한 많이 처치하는 것이었고, 그가 적을 물리치고 생존하는 것은 오직 이것에 성공할 때라야만 가능하다."

한 섬뜩한 은유를 사용하여 카네티는 심문審問을 생체해부에 비유했다. 그의 기술에 따르면, 심문은 강제적 침입으로, 메스용 칼처럼 당신의 살점 속으로 파고들어가 장기를 잘라내는 권력 수단이다. 또 심문자는 특별한 부류의 외과의인데, 그는 당신을 마취하지 않고 살아 있는 상태를 유지하며 원하는 모든 것을 알아내기 위해 의도적으로 당신에게 고통을 가한다. 이것을 읽으면서 나는 (가급적 최대한) 우리가 전쟁의 폭력과 전투에 쓰이는 용어를 차용함이 없이 소통해야 함을 당신이 확신했을 것이라고 희망해본다.

카네티의 산문은 강력하고 과장이 세지만 다음과 같은 통찰에 관해서는 특별히 간결하다. 그는 이렇게 말했다. 승리와 생존은 전적으로 같다. 이 대칭적 동일성 —승리는 생존이고 생존은 승리다— 이 의미를 갖기 위해서는 당신이 정치가 가능성 모색술임을 상기할 때이다. 정치는 당신에게 생존을 선택하는 순간을 알아보는 기술을 제공할 것이다. 그래서 만약 당신이 다시 또다시 생존할 수 있다면 —당신이 모든 것을 잃었을 때조차— 당신은 '생존의 순간들'을 축적하여 미래의 도전들에 대처하여 승리하는 당신의 모습을 보게 될 것이다.

이제 이야기는 자연스럽게 아우슈비츠와 나하우 강제수용소에서 빅터 프랭클이 보여준 의미 추구로 이어진다. 그는 말했다.

"그것은 나날의 빵과 생명 자체를 위한, 그리고 스스로를 위한 아니면 좋은 벗을 위한 수그러들 줄 모르는 투쟁이었다."

프랭클과 그의 동료 수인들은 날마다 그리고 시간 단위로 가해지는 죽음의 위협을 경험했고, 굶어 죽지 않을 정도의 끼니를 먹고 살았으며, 불충분한 의료, 불충분한 거처와 옷을 제공받았다. 그들은 똑같이 잔인한 상태에서 노역하며 고통받았을지도 모르는, 아니면 여러 달 전에 죽었을지도 모르는 가족들로부터 아무런 소식도 받지 못했다. 견뎌 낼 수 없는 것—가공할 공포들과 수시로 맞닥뜨려야 하는 작은 고통들—을 견디면서 그는 자신의 태도를 선택하는 능력을 제외한 모든 것을 잃었다.

그런 평범하지 않은 조건에서 살아갈 때, 권력의 분배가 너무나도 불공평할 때, 당신은 그에 맞춰서 대응해야 한다. 프랭클은 이 수용소의 경험을 기술하면서—그는 또 정신과 의사였음을 잊지 말아야 한다— 그곳에서의 정서적 반응을 '정서의 사망', 즉 정상적 반응의 괴사壞死라고 불렀다. 늘 위험하고 아무 희망도 없는 이런 끔찍한 상태에서 사람들은 누구나 이따금 자살을 생각했다. 가장 많이 사용하는 방법은 수용소를 둘러싸고 설치된 전기가 흐르는 울타리 안으로 뛰어드는 것이었다. 프랭클에게 이것은 어쩌면 그의 태도를 선택하는 첫 기회였을지도 모른다. 하지만 그는 견딜 수 없는 것을 견디기로 선택했다. 그는 아우슈비츠 수용소의 평범한 수인들의 기대수명은 매우 짧을 것이라고 추정했다. 죽음은 언제라도, 그리고 각양각색의 모습으로—처형, 기아, 강제노동, 병, 고문—찾아올 수 있지만 프랭클에게 죽음에 대한 두려움이 없어진 것은 그가 전기가 흐르는 울타리 안으로 뛰어드는 것이 가스실보다 못하다는 현실적 판단 때문이다. 그가 자살을 하지 않기로 결심하는 데 필요한 것은 그게 전부였다.

하지만 프랭클의 책을 읽으면서 가장 마음이 아팠던 부분은 수용소 생활에서 담배가 하는 역할을 묘사하는 대목이었다. 담배는 피우기 위한 것이 아니었다. 적어도 정기적으로 공급을 받을 정도의 특권이 없는 수인들에게는 그랬다. 수용소의 미시경제에서, 사람들은 자기 담배를 피우지 않고 거래를 위한 통화로, 가령 자기 자신이나 친구에게 배급되는 비누의 개수를 늘리는 데 사용했다. 카포capo(말단 관리 업무와 가장 소름끼치는 명령을 수행하는 수인)들 외에, 자신이 가진 담배를 실제로 피우는 유일한 수인들은 살려는 의지를 잃은 사람들이었다. 그들을 알아보는 일은 가능하다고 프랭클은 썼다. 왜냐하면 그들은 담배를 모으거나 거래하는 일을 중단했기 때문이다. 살려는 의지를 잃었기 때문에, 그리고 자신의 최후의 순간들을 즐겁게 보내기 위해서, 그들은 자신의 담배를 피우다가 세상을 떠났다.

어느 면에서, 생존자 원형은 미시정치를 최후의 시험대에 서게 한다. 왜냐하면 인간의 역사에서 강제수용소의 수인과 경비원 간에 존재하는 것보다 더 큰 권력 격차는 찾을 수 없으니까. 프랭클은 이렇게 썼다.

"유사한 경험을 해본 적이 없는 사람들은 굶어 죽을 지경에 이른 사람이 경험하는, 영혼이 파괴될 정도의 마음의 갈등과 의지의 충돌을 거의 상상하지 못할 것이다."

특별한 일이 없다면 우리 중에 이와 유사한 경험을 할 사람은 당연히 극소수일 터이지만, 프랭클의 경험은 우리에게 시험대인 것 못지않게 귀

중한 학습 도구이기도 하다. 과연 감정의 괴사로 인해 당신이 생존을 당신의 목표로 삼게 되고, 그 목표에 소용되지 않는 것은 모두 무시하게 될 것인가에 대한 학습 말이다.

이 원형을 완전히 익히려면 비록 어렵기는 하지만 당신은 프랭클처럼 신체의 고통으로부터 정서적 고통을 분리해낼 필요가 있으며, 또 세계가 당신을 학대하는 방식으로부터 당신이 그 학대에 반응하는 방식을 분리해낼 필요가 있다. 환경에서 비롯되는 자극과 당신의 반응 사이에는 간극이 존재한다. 이 간극은 핀의 머리보다 작을 수도 있고 1초보다 짧을 수도 있지만, 그것은 관리가 가능하다. 만약 당신이 상이한 종류의 긴장(창조적 긴장 대 감정의 긴장)을 구별하듯 상이한 종류의 고통을 분별할 수 있다면, 당신은 그 간격, 자극, 그리고 당신의 반응을 관리할 수 있다.

프랭클은 가스실에 퍼지는 가스의 움직임을 비유적으로 표현하는데, 이것은 읽기는 고통스럽지만 유익한 교훈을 준다. 빈 방에 주입되는 가스는 방을 남김없이 그리고 균일하게 채울 것이다. 만약 방이 완전히 텅비어 있지는 않다면, 가스는 단단한 물체들과 부딪치면 그것을 우회하여 흐를 것이고, 서서히 빈 공간과 모든 갈라진 금과 틈새들 안으로 흘러들 것이다. 이 비유는 당신이 프랭클처럼 장애물들에 둘러싸여 있을 때, 그리고 당신이 실제로 수인일 때 자기숙달을 위한 실마리를 드러내 보여준다. 당신은 어떻게 반응해야 할까?

첫째, 당신은 당신이 마주한 장애물 가운데 어느 것도 직접 극복하는 것은 불가능하다고 추정해야 한다. 둘째, 당신은 당신이 마주한 장애물들이 일시적인 것이라고 추정해야 한다. 이 두 가지 추정에 근거할 때, 최선의 해결책은 장애물에 간접적으로 대응하는 것이 되며, 시간을 최대한 잘 이용하는 것—장애물은 일시적이니까—이 된다. 유형 4(은둔자 원형)를 기억하고 있다면, 그리고 감옥이 당신에게 얼마만큼의 권력을 행사하는가를 잊지 않고 있다면 이것에서 도움을 얻을 수 있다. 그러나 은둔자 원형과는 달리, 지금 당신의 목표는 정치로부터의 품위 있는 은둔이 아니다. 당신의 목표는 생존이다. 위기에 좌절하지 않도록 하라. 맹목적으로 돌격하지 말고 애써 저항하지 마라. 그럴 경우 당신이 처한 곤경은 악화되기 십상이다. 잠시 상황에 등을 돌리고 그것을 자기숙달의 기회로 삼아라. 위기가 그 자연스런 탄력을 잃을 때까지 당신의 동기, 목표, 문제 해결의 실마리가 될 만한 것이 있는지 확인하라. 다시 말해서, 자기 내부에서 결함을 찾아보아라.

사람들은 누구나 말한다. 당신이 세상을 바꾸고 싶으면 먼저 스스로 변화해야 한다고. 당신이 세계 안에서 보고자 하는 변화가 곧 당신이 되도록 하라. 마하트마 간디가 말한 것이 바로 이것이 아닐까? 그러나 방법을 이야기해주는 사람은 아무도 없다. 당신은 간디의 유명한 금언을 진부한 표현으로 치부할지도 모른다. 그러나 대안에 대해 숙고해본 적이 있는가? 당신은 문제를 당신 주변 사람들에게 떠넘길 수 있다고 생각하는가? 사람들은 당신이 싫어하는 것이라면 무엇이든 거부하고, 당신이 옹호하는 것을 무조건 대안으로 삼을 것이라 기대하는 것이 가능할까? 자극과 반응 사이의 간극을 관리한다는 것은 그 간극을 당신의 자존감, 당신의 도덕적 권위, 그리고 당신이 너무나 소중히 아끼는 가치들이 넘쳐나도록 채운다는 뜻이다. 날이면 날마다, 정치인들은 우리를 꾸짖고, 우리에게 겁을 주며, 자기들이 지킬 수도 없는 약속을 한다. **희망의 후보자**에게 모든 것을 거는 것은 가망 없는 짓을 하는 것이다. 왜냐하면 자기숙달은 외부에서 오지 않기 때문이다. 당신의 공동체, 당신이 속한 조직, 당신의 가족이 바뀌기를 기대한다면, 당신 또한 바뀌어야 한다. 당신이 직접 변화가 되라고 이야기하는 것은, 그렇게 해서 당신이 세상을 변화시킬 수 있게 하려는 것이 아니다. 당신이 스스로의 삶에 의미를 부여하여 가스가 모든 갈라진 금과 틈새를 채우듯 세상에 퍼질 수 있게 하려는 것이다.

인간관계에 있어 미시정치가 치료법은 아니지만, 시도 때도 없는 구타와 짐승처럼 다루어진 경험에 관해 프랭클이 들려주는 이야기와 그의 반응은 깊은 통찰을 담고 있다. 그는 신경과 전문의이자 정신과 의사였다. 그가 의미 추구에 관해 남긴 저술은 대단한 확신을 가지고 쓴 것이었다. 그는 가장 견디기 어려운 형태의 고통들과 인간 본성의 가장 잔인한 요소들에 관하여 증언한 믿을 만한 증인이었다. 동의를 인정하지 않고, 자신이 처한 상태의 가망 없음을 거부하며, 자기 삶에 의미를 부여하는 방법을 찾아낸 생존자였다. 나는 이것을 우리가 앞서 내린 개성 형성의 정의에도 적용하고 싶다. 즉, 개성 형성individuation이란 당신의 삶에 의미를 부여하는 지독히 사적이면서도 비할 바 없을 정도로 개인적인 행위이다. 여기서 의미란 당신의 존재 '이유'이며, 이 의미는 당신 개인의 정체성과 떼려야 뗄 수 없는 그런 것이다. 그래서 암담한 상황에 대한 당신의 이해, 삶에 의미를 부여하는 당신의 개성은 어느 정도 미래 지향적일 수밖에 없다. 다시 말해서 미래가 여전히 당신에게서 무언가를 기대한다는 것을 깨닫는 것이어야 한다. 당신에게 미래가 전혀 없을 때, 미래가 과거보다 더 나을 것이라는 기대가 전혀 없을 때, 당신은 당신의 담배를 거래하는 일을 멈추고 그것을 피우기 시작할 것이다. 이것은 당신의 삶의 가치를 평가절하하며, 미래로부터 무엇으로도 대신할 수 없는 누군가를 빼앗는다. 누군가란 곧 당신이다.

고통을 느끼거나 어려운 일을 겪을 때 사람들은 우선 고통을 끝내고 싶어 한다. 그렇기는 하지만 그들은 또 그저 그것을 잊고 싶어 할 뿐이기도 하다. 당신 앞에는 자신의 역사를 잊은 사회, 동굴에서 나와 걸어온 자신의 긴 여정을 잊은 사회가 놓여 있다. 이 사회에는 자신의 도덕적 권위를 갖출 능력을 잃고, 자신의 구원을 정부(또는 어떤 다른 외부의 존재)에 기대하는 사람들이 걷잡을 수 없이 늘어날 것이다. 그들은 결국 사회에 의존하게 된다. 인간 본성 위에 드리우는 동굴 거주자들의 긴 그림자를 잊는 것은 이 사회가 심어둔 처참하기 짝이 없는 근거 없는 믿음을 영속화하는 일을 돕는 것이다. 당신에게 주어진 또는 주어질 모든 것은 외부로부터 당신에게 온다고 주장하는 신화 말이다. 개성 형성과 정반대의 것이고, 이 책의 전체적 메시지와도 정반대인 신화 말이다. 개성 형성―권위의 내면화―은 수인을 생존자 원형으로 탈바꿈시키고, 당신을 자율적 행위자로 만들며, 그리고 당신의 삶에 의미를 줄 수 있는 그런 것이다.

자신이 말하고자 하는 핵심을 분명히 보여주기 위해 프랭클이 제시하는 그의 수인 시절의 구체적 사례는 사랑하는 아내에 대한 생각이다. 살아 있는지 죽었는지도 알지 못하는 상황에서 그는 그녀의 영상을 떠올려 명상에 잠기고, 교감을 나누며, 심지어 대화까지 주고받았다. 아내에 대한 사랑이 곧 그를 먹여 살리는 자양분이 되었고 견디어내는 힘을 주었다. 이렇게 해서 프랭클이 내린 결론은 다음과 같다. 인간이 염원할 수 있는 지고의 궁극적인 목적은 사랑이다. 물질적 부와 지위를 포함한 모든 것을 잃은, 건강과 자유마저 잃은 사람에게도 행복을 알 가능성은 여전히 있다. 사랑하는 사람들에 대한 묵상을 통해서 말이다 ― 아무리 짧은 순간일지라도. 예수가 그의 〈산상수훈〉(마태복음 5장 44절)에서 말했듯이, "너의 적들을 사랑하고, 너를 욕하는 그들의 축복을 빌며, 너를 미워하는 그들을 이롭게 할 것이고, 너를 악의적으로 이용하고 박해하는 그들을 위해 기도하라." 이렇게 하여, 모든 것을 잃은, 선택할 능력 말고는 가진 것이 없는 생존자 원형일지라도 그는 아직 사랑을 선택할 수 있다.

7장

어떤 삶을 선택할 것인가?

무슨 일이 일어나기를 기다리지 말아라. 무슨 일이 일어나기를 원하지도 말아라. 그냥 무슨 일이 실제로 일어나는지 지켜보아라.

〈언터처블The Untouchables〉에서 지미 맬런(숀 코네리 분)이
엘리엇 네스(케빈 코스트너 분)에게

지금까지의 모든 것을 요약해보자. 이 책은 권력 게임을 싫어하지만 어떤 유형의 조직에서든 정치가 일어난다는 것을 인정하는 사람들을 위한 책이다. 정치에는 저 아래 인간 삶의 근저에까지 닿아 있는 신비로움이 있다. 이 신비로움은 권력, 권력의 획득과 분배에 특별한 의미를 부여한다. 권력이라는 개념은 정치를 인간의 노력이 기울여지는 어떤 다른 분야와도 다르게 만드는 것이며, 정치학을 다른 모든 사회과학과 구별해주는 것이다. 이 개념이 없다면 정치학이 존재할 필요는 전혀 없을 것

이다. 다른 분야들도 그들의 소관, 그들 자체의 기준, 성공을 측정하는 그들 자체의 방식을 가지지만, 정치 역시, 정치 영역의 자율성은 그 어느 것에 의해서도 대체되지 않는다.

정치는 한 인간의 다른 인간에 대한 통제를 용이하게 하는 모든 사회적 관계다. 정치는 그 정의상 최소한 두 사람의 상호작용이 필요한 대인 관계의 상황이며, 이때 상호작용은 끊임없이 이어지는 나선형 쌍방 거래 속에서 서로에게서 신호를 받고 서로에게 응답을 주는 식으로 진행된다. 사람들은 본디 정치적 동물이다. 그들이 정치를 하는 것은 그것이 그들의 자기이익에 도움이 되기 때문이다. 자기이익은 정치의 핵심이며 정치적 행위를 판단하는 가장 신뢰할 만한 기준이다. 다양한 권력 수단 가운데, 가장 미묘하고 가장 효과적인 것은 문화적 조종이다.

정치적 행동 일반이 그렇듯이 리더십은 최소한 두 참여자가 필요한 사회적 행동이다. 두 사람으로 이루어진 소규모 집단일 경우더라도 집단의 한 성원이 다른 성원에게 영향력을 행사한다면 그것은 한 사람은 리더가 되고 상대방은 추종자가 된다. 그렇기 때문에 리더십은 늘 구체적 상황에 의해 정의되고, 늘 추종자들의 반응에 의해 좌우된다. 우리의 정의가 엄밀해야 하는 것은 **리더십은 관계**이기 때문이다. 그것은 당신이 재고 일람표에 담아둘 수 있는 무엇이 아니다. 신호 주기/신호 받기의 순환원이 늘 끊어짐 없이 이어져야 리더십은 계속 성립한다.

여기서 우리의 목적은 당신의 정치적 상상력을 키우고 당신의 정치적 본능을 예리하게 하는 것이다. 여기에는 당신에게서 미시정치에 작용하는 일반적 패턴을 인식할 수 있는 기량을 끌어올리고, 우리 모두 사이의 공간에서 일어나는 정치적 행동, 사건, 상호작용 가운데 전례가 없었던 독특한 상황이란 거의 없다는 것을 당신이 이해하도록 돕는 것도 포함된다. 필요한 만큼 자세히 정치 공간의 세부를 살펴보면 당연히 상황은 저마다 독특하지만, 상황의 '탈출구'는 반드시 세부 안에 있지만은 않다. 탈출구는 원형—이전에 존재했던 행동 형태와 행동 패턴—들을 사용하여 현장과 참여자들을 읽고, 권력 격차를 추산하며, 그에 맞춰 당신의 반응을 조정하는 것이다. 미시정치의 정치적 원형은 전형적인 상황들을 상징적으로 표상하며, 그 원형들은 미시정치가 대부분 무엇인가의 **예**임을 분명하게 납득시키는 역할을 할 수 있다.

성찰되지 않은 삶은 살 가치가 없다

여기까지 읽고서, 당신은 미시정치의 짐을 평생 지고 가야 할 듯한 부담을 떠안는 것에 주눅이 들었거나 주저하는 마음이 생겼을지도 모른다. 하지만 자기숙달을 향해 가는 길은 조금씩 단계적으로 밟아나가는 길이다. 해야 할 일의 대부분은 치안 업무에 적용되는 '깨진 유리창' 이론과 닮았다. 이것은 문제가 크지 않을 때 바로잡는 것—깨진 유리창을 수리하고 쓰레기를 치워 공공 시설물 파괴를 줄이는 것—을 뜻한다. 발상은 깨진 유리창 하나가 보내는 신호에는 아무도 관심을 가지지 않으며, 유리창이 하나 더 깨져도 누구도 상관하지 않기 마련이라는 것이다. 그러므로 작은 문제들과 사소한 범죄들에 관해 제대로 파악해놓고 있으면, 좋은 주위환경이 나쁜 주위환경으로 부패하는 것을 미연에 막을 수 있다. 마찬가지로, 시선을 안으로 돌려 사소한 일탈의 사례들을 단속함으로써, 당신은 당신 자신의 부패를 예방할 수 있다. 내가 진작부터 치과 진료라는 다소 지루한 직종을 존경한 까닭이 이것이다. 진료를 하는 치과 의사는 예방에 매우 헌신적이다. 이것은 어쩌면 미시정치나 자기 숙달과 가장 흡사한 사례일지도 모른다. 자기숙달은 매일 실천하고 끈기 있게 지속해 나가는 생활 방식이니까.

앞에서 정치는 위대한 인격의 소유자들만이 참여하는 배타적 영역이 아니라고 말한 적이 있다. 모순된 주장을 하게 될 위험을 무릅쓰고, 마지막으로 한 번만 더 다른 얘기를 해보려 한다. 이번에는 고대 그리스나 할리우드가 아니라 마르쿠스 아우렐리우스가 황제가 된 기원후 161년의 로마로 간다. 180년에 죽은 그는 죽을 때까지 19년 동안 명예롭고 유능하게 통치를 했다. 마르쿠스 아우렐리우스는 정치인일 뿐만 아니라 전사이기도 했으며, 여러 해를 진중에서 로마 군대를 지휘했다. 하지만 밤이면 그는 철학자가 되어 시간과 에너지를 그의 《명상Meditations》을 기록하는 일에 쏟았고, 스스로를 위한 작은 영역을 개척하는 습관을 길렀다. 이 영역은 세상의 혼란과 소란으로부터 거리를 둘 수 있고, 무엇보다도 아무 구속 없이 **충분히 생각하여 이해**할 수 있는 그만의 공간이었다. (황제에게는 내 말이 들리지 않겠지만, 나는 이것이 마르쿠스 아우렐리우스를 내향형 인간으로 규정하게 하며, 내향형 인간을 이끄는 지향이 정확히 어째서 그리도 강력한 것인지를 설명해줄 수 있다고 생각한다. 자기 자신의 내면으로 물러나 있을 때, 세계 안에서 벌어지는 소동과 분란은 당신이 불러들이지 않는 한 그 어느 것도 당신의 영혼 안에 도달할 수 없다.)

마르쿠스 아우렐리우스는 일찍이 스토아주의 교리 교육을 받았는데, 여기에는 무엇보다도 수수하게 입고 소박한 생활을 하는 것이 포함되었다. 스토아주의자들은 또 논리적으로 생각하고, 윤리적으로 행동하며, 자제력을 발휘하는 것의 가치를 믿었다. 이러한 것들은 모두 미시정치의 요소들이다. 오늘날 스토아주의는 끈질긴 참을성, 곤경에 대한 저항, 역경에 굴하지 않는 집요함과 동의어가 되었다. 역경에 굴하지 않는 집요함이란 내게는 지구력staying power을 의미한다. 이것은 매우 강한 힘이다. 1장에서 말했던 유혹과 구애의 차이를 기억하는가? 차이는 집요함이다. 이것은 평생을 한 장소 또는 한 조직 안에 머무른다는 의미가 아니다. 지구력은 하나의 구상으로 시작하고(내향형 인간의 전형적 특징), 그런 다음 그것에 헌신하는 것, 말 그대로 약속을 하고 그것을 지키기 위해 최선을 다하는 것을 말한다.

내가 직접 겪은 사례를 들려주고 싶다. 1982년 평화봉사단에 가입했을 때, 내게 주어진 임무는 가봉 남동부의 한 마을에 초등학교를 짓는 일이었다. 내게는 마을사람 여섯 명이 일꾼으로 제공되었고, 우리는 불어로 소통했다. 우리는 손으로 콘크리트 벽돌을 만들어 햇볕에 말렸다. 우리에게는 흐르는 물이 전혀 없었다. 전기도 전혀 없었는데, 당연히 동력으로 쓸 수 있는 공구도 전혀 없었다. 그러나 우리에게는 저 구식의 도요타 픽업트럭 한 대, 대형 휴대용 카세트 라디오, 최근 봉사를 마친 자원봉사자에게서 물려받은 몇 개의 낡아빠진 카세트테이프가 있었다. 어느 날 아침, 나는 카세트 라디오를 트럭 배터리와 연결하고, 그룹 템테이션스the Temptations의 베스트 앨범을 넣은 다음 '파파 워스 어 롤링스톤Papa Was a Rollin' Stone'을 틀었다. 일꾼들은 춤을 추기 시작했고, 나도 춤을 추기 시작했다. 그것은 여러 문화가 섞여 나누는 주고받기의 순간이었다. 그 경험—단지 그 순간뿐만 아니라 평화봉사단 경험 전체, 다른 나라에서 살고 다른 문화에 흠뻑 젖어 살았던 경험 전체—은 너무 절실하고 너무 강렬해서 다른 무엇과도 바꿀 수 없는 것이 되었다. 그날 아침 나는 깨달음을 얻었다. 나는 그 순간 그곳에서 결심했다. 나의 삶, 나의 교육, 나의 사회활동이 어떻게 달라지더라도 그것이 국제성을 띤 것으로 되게 할 것이라고. 그것은 내가 자신과 한 약속이었다.

지키기 쉬운 약속처럼 보일지 모르지만(고급 호텔과 이국적 풍경들), 나는 몇 번 시험대에 올랐다. 그런 시련들은 내게 성찰의 기회를 주기도 했지만, 동시에 감당하기가 만만치 않고 분통터지며, 때로는 가슴을 미어지게 하는 그런 것이었다. 가봉에서 평화봉사단 근무를 마친 몇 주 뒤 나는 부룬디(동아프리카에 있는)로 이동하여 미국 대사관과 국제개발처의 기근 구제 프로젝트 일을 했다. 부룬디에 도착한 지 몇 주 지나 고향에서 온 전보를 받았다. 아버지가 돌아가신 것이었다. 몸이 아프시다는 것을 이미 알고 있었기에 예상치 못한 것은 아니었지만, 그래도 너무 충격적인 소식이었다. 비행기를 타고 캘리포니아로 날아가 추도식에 참석했다. 지독한 상실감과 함께 아버지가 돌아가실 당시 집을 멀리 떠나 있었다는 사실에 죄책감을 느꼈다.

부룬디를 떠난 뒤, 나는 5개월 간 세계의 이곳저곳을 돌아다니는 여행을 했다. 일정이 늘어나 동아프리카와 아시아의 몇 나라에도 들렀다. 그중 하이라이트는 네팔에서 보낸 6주였는데, 여기에는 카트만두 북부의 랑탕 계곡을 타고 올라 티벳과의 국경 인근에 있는 작은 마을 칸진 곰파에 이르는 트레킹이 포함되었다. 미국으로 돌아왔을 때 내가 찾을 수 있는 최선의 일자리는 진공청소기를 파는 것이었다. 나의 아버지는 1948년 유럽에서 미국으로 이민을 온 뒤 '플로어케어floorcare 업종' 일을 하셨다. 그는 후버Hoover 제품을 방문 판매하면서 그 사업을 시작하였다. 돌아가시기 직전 나의 아버지는 새로운 회사와 새로운 일을 시작했는데, 집에 도착했을 때 그 회사의 사장은 내게도 일을 제의했다. 결혼을 해서 돈이 필요했던 나는 그 회사의 북부 캘리포니아 구역을 관리해달라는 제의를 수락했다. 나 자신과 한 국제적인 약속을 지키려고 굳게 다짐했던 터라 나는 샌프란시스코 주립대학의 국제비즈니스 석사학위 과정에 등록했다.

그러다 회사는 유럽 시장 진출을 결정했고, 회사 사장은 내게 그 회사의 유럽 자회사를 세워달라고 요청했다. 북부 캘리포니아 근무는 그대로 하면서, 나는 샌프란시스코와 유럽을 오가면서 시장조사를 하고 전략 계획을 개발했다. 1989년 봄, 나는 독일로 가 그곳에서 회사를 창립하였다. 백화점, 할인 체인점, 유통업자, 그리고 나의 영업 홍보를 들어주겠다는 사람이라면 누구든 업무와 관련된 약속을 잡기 시작했다.

유럽에 도착한 지 얼마 안 되어 더 슬픈 기별이 들려왔다. 어머니가 뇌졸중으로 쓰러지신 것이다. 어머니의 상태는 생명을 위협할 정도는 아니었지만 몸의 한쪽이 완전히 마비되었다. 이번에 나는 이전의 실수를 반복하지 않겠다고 굳게 결심했다. 나 자신에게 한 약속보다 더 중요한 것들이 있다는(어쨌거나 단기적으로는) 결론을 내리고 나는 즉시 계획을 짜기 시작했다. 내가 1년쯤 걸릴 것이라 추정하는 자회사의 정상적 운영이 이루어지는 즉시 나는 캘리포니아로 돌아갈 것이라는.

돌이켜 생각해보면, 이것 역시 또 하나의 손쉬운 결정인 듯 보일지 모르지만, 당시 독일 체류는 믿기 힘들 정도로 흥미진진한 시간이었다. 행운도 따르고 타이밍도 좋아서 베를린 장벽이 무너진 1989년 11월에 독일에 있게 된 것이다. 이것은 국제 문제에 관해 내가 너무나도 소중하게 여기는 것을 상징적으로 보여주었다. 한 번 더 같은 깨달음을 얻는 듯했다. 게다가 독일은 1990년 여름 월드컵에서 우승을 했으며, 뒤이어 벌어진 기념행사는 '철야'라는 말에 새로운 의미를 부여했다. 두 개의 독일은 그해 10월 통일을 했고, 한 주 뒤 나는 캘리포니아로 돌아왔다. 나는 내가 자란 집에서 가깝고, 어머니가 살고 있는 요양소에서 멀리 떨어지지 않은 곳에 아파트를 구입했다. 어머니는 8개월 뒤에 돌아가셨다.

나는 석사 학위를 마치고 국제비즈니스 학과에서 강의를 맡기 위해 샌프란시스코로 돌아왔다. 졸업을 한 뒤에는 하와이 대학에서 박사 과정을 시작했다. 논문을 쓰는 동안 나는 불가리아에서 하는 일을 하나 맡았다. 불가리에에 가서는 그 나라 경제를 시장경제로 전환하는 것을 용이하게 할 목적으로 만들어진 경제개발 프로젝트를 관리했다. 그런 다음 나는 하와이로 돌아와 박사 논문 작성을 끝냈다. 학위를 받은 몇 주 뒤, 체중이—적지 않은 체중이—줄기 시작했다. 늘 목이 말랐고, 빈번히 요의를 느껴 하루에 10번에서 15번쯤 화장실을 가야 했다. 의사는 몇 초도 안 걸려 진단을 내렸다. 당뇨였다. 가족력이 있냐고? 어머니 쪽에 가족력이 있다. 간단히 말해보자면, 나는 바로 하루에 3차례 인슐린 주사를 매일 맞았다. 나는 당시 36세였고, 그것만 아니라면 완전하게 건강했다. 17년 전의 일이니, 그때 이후로 나는 1만 7천 번 주사를 맞은 셈이다.

매일 주사를 맞는 일은 처음에는 얼마간 익숙해지려는 노력이 필요했지만, 결국에는 면도나 양치질처럼 일상생활의 일부가 되었다. 하지만 그 당시 나를 정말로 괴롭힌 것은 나의 학문적 성공을 그리 오래는 누리지 못하게 됐다는 것이었다. 만성적 질병이 있다고 진단을 받는 것이 부모를 잃는 것과 같지는 않음을 알고는 있지만, 그것은 승리의 순간이어야 마땅했을 것을 망쳐놓았고, 나를 마르크스 아우렐리우스가 말하는 저 작은 영역 안으로 물러나지 않을 수 없게 했다. 끈질긴 참을성은 나에게 유일한 선택이었다.

내 이야기를 계속할 수도 있지만 내 생각에 당신은 이미 대강을 파악했을 것이다. 소크라테스의 것이라고 여겨지는 격언이 있다. '성찰되지 않은unexamined 삶은 살 가치가 없다.' 나에게 성찰되지 않은이란 단어는 시험받지 않은untested이란 뜻이다. 시험받지 않은 삶은 살 가치가 없다. 당신이 당신의 삶을 시험하는 방법은 당신의 권력을 단호히 내세우는 것이다—이때 권력의 행사는 과시하듯 힘을 펼쳐 보임으로써 하는 것이 아니라 집요함을 통해 하는 것이어야 한다. 겸손하고 부드러우며 이목을 집중시키지 않는 집요함을 통해서 말이다. 원형 3 멘토를 다룬 어느 절에서, 나는 샌프란시스코의 해안을 따라 부는 산들바람을 언급한 적이 있다. 그리 세게 불지는 않지만 이 바람은 늘 같은 방향으로 불어와 나무들을 구부리고 조각하여 더없이 흥미로운 형태를 빚어낸다. 이것은 우주 안에서 가장 강력한 힘이라 할 만한 지구력의 증거다. 지구력은 결코 소멸하지 않는 영향력이다. 이러한 종류의 파워는 서서히 작용하고 주의를 끌지 않지만 오래가며, 그렇기 때문에 과소평가하기 쉽다.

미시정치의 모든 것은 다음과 같이 요약된다. **당신은 역경에 어떻게 반응하는가.** 당신은 빅터 프랭클이 강제수용소 수인으로서 겪은 것 같은 일을 경험하는 경우는 결코 없을 것이다. 하지만 당신이 살아가면서 역경에 부닥치게 될 것은 틀림없다. 4장에 나왔던 것을 반복하려 한다. 역경에 대한 당신의 장기적이고 몸에 밴 반응은 당신의 자기숙달의 정도를 알려주는 중요한 지표다. 이렇게 말하는 것은 어떤 충격적인 사건의 직접적인 심적 충격을 최소화하는 것이 아니라, 충격이 사라진 뒤에 일어나는 일을 강조하는 것이다. 다른 사람들이 두려움과 전율로 마비되었을지라도 당신이 여전히 침착함을 유지할 수 있다면, 그것은 자기숙달의 징후가 될 만하다. 당신은 역경으로부터 뒷걸음질쳐서는 안 된다. 왜냐하면―당신의 반응에 따라―역경은 역량을 길러내서 미래의 성공의 토대로서의 역할을 할 수 있으니까.

자유의 토대

토크 라디오 프로를 듣고 있자면, 정부가 너무 크고, 정부를 유지하는 데 비용이 너무 많이 들며, 정부가 우리의 일상생활에 너무 심하게 간섭을 한다는 멘트가 종종 흘러나온다. 보수적 성향의 토크 라디오 프로를 청취하면 세금을 인하하고, 정부의 크기를 줄이며, 정부의 밥줄을 끊고 정부를 약화시키는 것이 해결책이라는 제안을 듣게 된다. 그런데 만약 당신이 문제점에는 동의하지만 해결책에는 동의하지 않는다면? 큰 정부, 그리고 큰 기업, 큰 종교, 큰 교육은 동등한 강도로 싫어하지만 해결책은 더 개인적이고, 덜 이념적이며, 덜 거창한 것을 추구한다면? 만약 그러하다면, 미시정치는 현대 국가의 권력 집중에 대한 대안을 제공할 수 있다.

이 문장을 읽고 당신이 자리에서 벌떡 일어나 '바로 그거였어'라고 외쳤다면, 이제 흥분을 가라앉히고 자리에 앉기 바란다. 작은 정부의 미덕을 찬양하는 보수주의 선언을 하는 것은 아니지만, 그럼에도 불구하고 나는 현대 국가가 정책의 수혜자들 사이에서는 의존을, 자신이 끼치고 있는 해악을 볼 능력이 없는 후원자들 사이에서는 지독한 자기기만을 심어준다고 믿는다. 그렇기 때문에, 미시정치는 현대 국가가 치료를 시도하는 사회적 병폐에 대한 해독제가 될 수 있다. 그런 의미에서 미시정치는 전통적인 정치의 경쟁자라 할 수 있지만 차이가 딱 하나 있다. 정부의 월권이나 권력 남용 가능성이 미시정치에는 거의 없다는 점이다. 미시정치는 자기숙달을 강조하니까.

융은 이렇게 썼다. "결국, 본질적인 것은 개인의 삶이다." **본질적인 것은 개인의 삶이다**라고 읽으면서 잠시 생각에 잠기게 되지는 않는가? 만약 이 말에 수긍한다면, 그것은 (1장에서 말했듯이) 전적으로 개인에만 근거하여 미시정치를 이해하려 하는 것으로 그 이해는 불완전한 것이 된다. 정치에 대한 우리의 이해는 일단 개인에서 시작하지만, 그러나 그것은 동시에 나침반 위의 모든 점을 향해, 즉 정치적 동물은 사회적 동물이기 때문에 외부를 향하고, 문화적 힘과 집단적 힘이 작용하기 때문에 아래로 향하며, 뿐만 아니라 내부로 즉 당신의 **정체성, 요구, 기대**를 향해 나아간다. 거듭 하는 얘기지만 정체성이란 당신이 속한 범주이고, 요구는 당신이 요망하는 결과이며, 기대는 미래에 대한 당신의 믿음, 특히 미래가 과거보다 **더 나을** 것이라는 당신의 기대를 말한다. 만약 당신에게 미래에 대한 선호―미래가 과거보다 더 나을 것이라는 기대―가 전혀 없다면, 그것은 당신의 삶의 가치를 평가절하하여 미래로부터 무엇으로도 대신할 수 없는 무엇인가를 빼앗는다.

유감스럽게도, 미래에 대한 당신의 기대가 존재한다 해도 그것 때문에 정치에 대한 당신의 혐오감이 개선되는 일은 전혀 없을 것이다. 하지만 정치란 본질적으로 혐오스러운 것이라 여길 수는 있지만, 당신이 그것을 극복해내야 할(또는 그것과 더불어 사는 법을 배울) 과제임 또한 분명하다. 정치적 행동은 인간 본성의 필할 수 없는 기본 요소라는 것을 유념하면 도움이 될 수 있을 것이다. 당신의 선택과는 무관하게, 방(또는 동굴이나 우주선) 안에 둘 이상의 사람들이 있을 때라면 언제나 그들 중 하나가 권력을 도입할 것이고, 그렇게 하여 상황을 정치화할 공산이 크다는 것을 잊지 말아야 한다. 공격에 나서는 선택을 당신이 절대로 하지 않는다 하더라도, 그것 때문에 당신이 얼마간 방어에 나서지 않아도 되는 것은 아니며, 당신에게 항복 외에는 달리 방법이 없는 상황이 되는 것 또한 물론 아니다. 무엇보다도 다른 사람들, 특히 당신과 마찬가지로 자기도 정치를 혐오한다고 주장하는 사람들이 당신에게 겨눌 칼을 가는 일은 없을 것이라고 스스로를 속여서는 절대로 안 된다.

언급했듯이, 나는 오랫동안 인간 사이의 정치 현상을 연구하고 있으며, 일정한 패턴, 상황, 참여자들이 계속 되풀이되는 것을 관찰했다. 정치는 과장되거나 부패한 양상으로 변질된 정상적인 사회의 모종의 변종이라는 평판을 얻고 있다. 노련한 정치 현역들은 거의 범법자의 위상을 갖춘 사람들이다. 그렇다고 해서 정치가 사람들이 말하는 것만큼 나쁜 것일까? 세간의 평판과는 별개로 나는 정치를 더 나은 세상을 위한 효과적인 권력 수단이라고 생각한다. 정치는 사회가 권력과 자원을 분배하는 방법이다. 정치는 당신과 내가 우리의 자유를 지키는 방법이자 미래 세대들이 그들의 자유를 지키는 방법이다. 정치는 당신이 허락하지 않는 한 독성을 가질 수 없다. 정치가 독성을 가질 수 있도록 하는 한 가지 방법은 당신 스스로 누구에게도 이롭지 않은 종류의 유독한 정치를 위한 숙주 생명체, 즉 유독한 정치를 위한 밥이 되고 집이 되어 부지불식간에 그것이 번식해갈 수 있도록 하는 일종의 인간 인큐베이터가 되는 것이다. 그렇게 하여 당신과 당신 주위의 모든 사람들은 정치의 수인이 되는 것이다. 기소되거나 유죄 선고를 받은 일은 절대로 없지만 그럼에도 불구하고 실제로는 포로로 붙들려 있는 수인 말이다.

프랭클이 말했듯이, "도대체 삶에 의미가 있는 것이라면, 그렇다면 고통 속에도 틀림없이 의미가 존재한다. 고통은 삶의 근절할 수 없는 일부이며, 이는 숙명이고 죽음도 마찬가지다. 고통과 죽음 없이 삶은 완성될 수 없다." 슬프게도, 프랭클이 전하는 강제수용소의 삶 이야기는 진저리쳐지는 고통과 죽음의 마지막 사례가 아니었다. 2차 세계대전 이후, 대량 학살의 수많은 사례—홀로코스트 규모는 아니지만 그럼에도 불구하고 충격적인—가 있었다. 1971년 방글라데시에서 최소 50만에서 많게는 무려 3백만의 사람들이 죽었다. 1975~79년에 캄보디아에서 170만의 사람들이, 1992~95년에 보스니아에서 수십만, 1994년 르완다에서 80만, 그리고 2004년 이후 수단의 다르푸르에서 수만 명의 사람들이 죽었다. 이 사례들의 경우는 모두 권력 격차가 너무 커서 지금까지 내가 이 책에서 언급한 어떤 권력 격차와도 비교를 할 수 없을 정도다. 그럼에도 불구하고, 아우슈비츠와 다하우에서 겪은 프랭클의 개인적 경험은 물론이고 수인들이 동료 수인들을 위로하는 모습에 대한 그의 관찰은 사람들에게는 언제나 선택의 여지가 있다는 것을 입증한다. 프랭클이 목격한 많은 작은 몸짓들—수인들이 아픈 사람들을 보살핀다거나 자기가 가진 마지막 한 조각의 빵을 내어주는—은 나치 강제수용소의 극한적인 감정과 신체의 상태에서도 당신은 여전히 당신의 영적 자유와 정신의 독립을 지킬 수 있다는 증거가 된다. 다른 모든 것을 잃었을 때조차, 당신은 당신의 태도를 선택하는 능력을 잃지는 않았다. 어느 개인이든 자신이 변하여 되고자 하는 사람의 유형―곧 당신과 나―은 환경의 영향력의 소산이 아니라 개인적 선택의 결과다.

자유의 토대는 어디에 자리하고 있는가에 관해 다시 한 번 환기하고 싶다. 당신은 삶을 짊어진 존재임을 절대 잊지 말아라. 문화도 아니고 집단적 요소도 아니며, 정부는 더더욱 아니다. 당신은 삶을 짊어진 존재다. 카뮈는 이렇게 썼다.

"살아 있는 인간은 노예가 되어 하나의 객체라는 역사적 처지로 축소될 수 있지만, 만약 그가 노예가 되기를 거부하다가 죽으면, 그는 객체로 분류되기를 거부하는 또 다른 종류의 인간 본성이 존재함을 재확인하는 것이다."

나는 또 다른 종류의 인간 본성이 존재함을 재확인한다는 부분에 대해 동의하지 않지만, 저항의 행위가 인간 본성의 본질적 요소를 드러내고 재확인해준다고 말하고 싶다. 당신은 당신에게 부여된 역할―노예와 별로 다를 바 없는 거의 아무런 의미도 찾을 수 없는 역할―을 떠맡을 수도 있고, 당신이 스스로 부여하는 역할을 떠맡을 수도 있다. 당신은 스스로 사회의 한 기능이 되는 것을 허락하지 말아야 한다. 다시 말해 당신은 당신이 노동 시장 안으로 밀어넣어졌다가 잔인하게 뽑혀나가는 '인적 자원'이 되는 것을 허락하지 말아야 한다. 이것이 당신과 당신 주위의 모든 사람을 위한 자유의 토대.

되풀이하는 이야기에 양해를 구한다. 미시정치는 부드러운 기술이다. 공격적으로 행동하지 않으면서도 적극적이라는 뜻이다. 자기숙달이 늘어감에 따라 당신의 자존감과 자신감도 늘어갈 것이다. 이것은 바깥쪽으로 뿜어져 나가 당신에 대한 사람들의 인식을 바꿀 것이다. 나아가 그것은 당신 주위의 사람들, 부하직원과 상사, 그리고 당연히 당신의 동료들의 행동에 영향을 미치는 당신의 능력을 증대시킬 것이다. 진정한 리더십은 어떤 조직에서든 고급 사무실로부터 나오는 것은 결코 아니다. 왜냐하면 조직의 위계 구조나 분업 안에는 리더십을 보장하는 것이 전혀 없으니까. 당신이 일정 수준의 능숙도를 달성하자마자 당신은 당신의 기대치를 끌어올릴 것이고 자연스럽게 당신의 목표를 재조정할 것이다. 능숙도가 증가하면서, 당신의 기대치, 그리고 당신이 정한 목표의 곤란 요인 또한 증가할 것이다. 역설적인 것은 당신의 평균 타율―야구의 타자나 크리켓의 타자에게 똑같이 신뢰할 만한 성과 지표―이 아마 떨어질 것이라는 점이다. 중요한 것은 당신의 목표가 시야에서 사라지지 않도록 하는 것, 당신의 진실성을 굽히지 않는 것, 그리고 당신의 약속을 절대로 잊지 않는 것이다.

마지막으로, 영화 〈제리 맥과이어Jerry Maguire〉에 나오는 독창적인 스포츠 에이전트인 불멸의 디키 폭스가 한 말을 인용하고 싶다. (지금까지의 논의의 흐름을 놓치지 않고 있다면, 디키 폭스는 유형 3 멘토에 해당할 것이다.) 디키는 이렇게 말했다.

"이 봐. 나는 모든 답을 갖고 있지는 못해. 정직하게 말하자면, 살아오면서 나는 성공한 만큼의 실패를 했어. 그러나 나는 나의 아내를 사랑해. 나는 나의 삶을 사랑해. 그리고 나는 당신이 내가 거둔 종류의 그런 성공을 거두기를 빌겠어."

미시정치에서, 성공은 당신의 삶의 목적과 목표를 아는 것, 그리고 그 목표를 향해 겸손하게 나아가는 것을 의미한다. 당신이 그런 종류의 성공을 거두기를 나는 바란다.

사무실의 정치학

초판 1쇄 인쇄 2018년 03월 16일
초판 1쇄 발행 2018년 03월 26일

지은이 잭 고드윈
옮긴이 신수열
펴낸곳 이책
펴낸이 이종률

주소 (139-785) 서울시 노원구 동일로 207길 18, 103-706 (중계동, 중계그린아파트)
전화 02-957-3717
팩스 02-957-3718
전자우편 echaek@gmail.com
출판등록 2013년 2월 18일 제25100-2014-000069호

디자인 제이알컴
인쇄·제본 (주)상지사피앤비
종이 (주)에스에이치페이퍼

ISBN 979-11-86295-17-5 03320

이 도서의 국립중앙도서관 출판예정도서목록(CIP)은 서지정보유통지원시스템 홈페이지 (http://seoji.nl.go.kr)와 국가자료공동목록시스템(http://www.nl.go.kr/kolisnet)에서 이용하실 수 있습니다.(CIP제어번호: CIP2018007752)

잘못된 책은 구입하신 서점에서 바꾸어 드립니다.